Ges. Nr. 6/247

E

...06 in Bern Schweiz. –
...geschickte – Literatur
...6 Sprachen 3 Dolmetscherexamina.
...istin – Schriftstellerin. –

...eiz – Frankreich & Holland.
...Freie Journalistin tätig. –
...ker Spionageverdacht zu
...schlandes verhaftet.

... verurteilt. –
...die lebensl. Zuchth...
...adigung
...freigesetzt.
...t durch d...
...ept. – 1940 – ...
...

...verhaftet in Berlin
...hier polit. Häftling im
...geliefert. —
...ischen Zone frei: –
...den Brit. Behörden ...
...t – Plön – Neumünster –
...c. Lagers. – Seit Nov. 1996
...
...der verurteilt Grund ?
...nemen H. Hörg. –

N&K

Lukas Hartmann
Die Frau im Pelz

Leben und Tod
der Carmen Mory
Roman

Nagel & Kimche

O diese dunklen Zeiten,
die Knochen brechen nicht
und lassen sich nicht biegen,
viel Schlamm im Mund,
ein schrumpfendes Herz,
du denkst: was bleiben wird,
sind deine Zähne
und ein Federkiel

1

Hamburg, November 1946

Als das Telefon klingelte, war der Konsul eben im Begriff wegzugehen; draußen vor dem Gebäude, jenseits des kleinen Parks, in der Rothenbaum-Chaussee, wartete schon der Fahrer mit dem Vorkriegs-Citroën. Frau Amacher stellte den Anruf durch; am Apparat war Captain Kayser, ein energischer, für Strafsachen zuständiger Offizier, den der Konsul bei anderer Gelegenheit kennen gelernt hatte.
Gestern, sagte Captain Kayser in seiner makellosen britischen Diktion, sei eine Schweizerin, Carmen Maria Mory, geboren 1906, ins Untersuchungsgefängnis Holstenglacis eingeliefert worden; sie wünsche dringend, mit dem konsularischen Vertreter ihres Heimatlandes zu sprechen. Kayser buchstabierte den Namen: M-O-R-Y. Er klang unvertraut; der Konsul erinnerte sich nicht, ihn je zuvor gehört oder gelesen zu haben. Kayser lieferte ein paar weitere Angaben, welche, wie er sagte, die Identifizierung erleichtern würden: Heimatort Kallnach; aufgewachsen in Adelboden; ledig; von Beruf angeblich Journalistin. Offenbar las er die Stichwörter von einer Akte ab.
Was denn, fragte der Konsul irritiert, der Haftgrund sei.
Kayser antwortete, es gehe um Agententätigkeit und Kriegsverbrechen im Zusammenhang mit dem KZ Ravensbrück; mehr dürfe er im Moment nicht sagen.
Also ein schwerwiegender Fall?, fragte der Konsul. Seine Beunruhigung nahm zu; wie ausgerechnet eine Schwei-

zerin, die Angehörige eines neutralen Staates, unter eine solche Anklage gestellt werden konnte, war ihm rätselhaft.

Ja, sagte Kayser. So schwerwiegend, dass Miss Mory unter Umständen die Todesstrafe droht. Sie hat aber das Recht, Sie zu konsultieren. Ich stelle Ihnen jederzeit eine Besuchsbewilligung aus.

Der Konsul überlegte und blickte auf seine Armbanduhr, danach auf die Agenda, die aufgeschlagen vor ihm lag; zwei für den nächsten Tag vorgesehene Gespräche ließen sich problemlos verschieben.

Morgen um zehn Uhr, sagte er; teilen Sie bitte Fräulein Mory mit, dass ich ihrer Bitte nachkommen werde. Kann ich etwas mitbringen, was ihre Lage erleichtert?

Tee in begrenzter Menge ist erlaubt, sagte Kayser, Schokolade und Zahnpasta. Das Reglement beschränkt die Besuchszeit auf eine halbe Stunde.

Ich würde es vorziehen, sagte der Konsul, Fräulein Mory in ihrer Zelle aufzusuchen. Das erlaubt angesichts der schwierigen Umstände eine etwas privatere Unterhaltung.

Kayser war einverstanden; der Konsul dankte und hängte auf. Er blieb reglos sitzen und starrte aufs halb zerstörte Gebäude gegenüber, auf den zersplitterten Baum, der sich dagegen neigte, und in den grauen Himmel. Dieser Fall, das ahnte er, würde ihn belasten. Er trommelte mit den Fingern auf den Schreibtisch und fragte sich, ob es angebracht wäre, sich in Bern, im Archiv des Politischen Departements, heute schon telegraphisch nach Carmen Maria Mory zu erkundigen. Da die Telegraphenleitungen nur unzuverlässig funktionierten, entschied er sich dafür, Auskunft über die Kurierpost einzuholen; es würde ja wohl, dachte er, doch nicht so eilen.

Grau in Grau diese zerstörte Stadt, sogar die Backsteine schienen rotgrau im stumpfen Licht. Man konnte den Blick schärfen für die Nuancen von Grau: schiefer- und aschgrau bestimmte Mauerstücke, schwarzgrau der aufgerissene Asphalt, braungrau die aufgepflügte Erde, staubgrau die Kopftücher und Mäntel der Frauen, die dem Citroën nachschauten.

Der Fahrer bremste ab, beschleunigte wieder, wich, das Lenkrad bis zum Anschlag drehend, Schlaglöchern und Trümmerhaufen aus. Er kannte zum Glück die neusten Absperrungen und Schleichwege; so dauerte es bloß eine Viertelstunde, bis das Gefängnis Holstenglacis, am Rand des Stadtparks, vor ihnen auftauchte, ein lang gestrecktes, dreistöckiges Gebäude, das alles spätherbstliche Laubrot in sich aufgesogen und verdüstert zu haben schien. Die Umfassungsmauer war mit Stacheldraht gesichert und von Wachtürmen flankiert; hinter den Fenstergittern zeigte sich hier und dort, als winziger bleicher Fleck, das Gesicht eines Häftlings.

Da möchte ich nicht drin sitzen, sagte Mürner, und der Konsul, der ihn von der Seite ansah, staunte wieder darüber, wie unglaublich jung sein Stellvertreter wirkte, wie ein eifriger Gymnasiast; auch Mürner hatte es, wie die meisten seines Standes, den guten Beziehungen seiner Familie zu verdanken, dass er in den diplomatischen Dienst aufgenommen worden war.

Noch etwas, sagte der Konsul, Sie werden bitte unsern Besuch stichwortartig protokollieren und mir eine Aktennotiz aushändigen.

Wieder nickte Mürner; sein Nicken hatte etwas Schuldbewusstes, als ob er ahnte, dass er die Ansprüche seines Vorgesetzten nie ganz erfüllen würde.

Der Konsul hatte einen Passierschein; die beiden Männer wurden durch die Sicherheitstüren des Wachhauses geschleust und ins Hauptgebäude hineingelassen. Der englische Wachsoldat durchsuchte die Manteltaschen der Besucher und die Papiertüte, die der Konsul ihm vorwies, nickte dann der deutsch sprechenden Wärterin zu, die wartend daneben stand. Sie folgten ihr zwei Treppen hoch und durch einen hallenden Gang. Die Wärterin schloss die Zelle auf und sagte gleichmütig: Besuch für Sie.
Carmen Mory erhob sich vom heruntergeklappten Bett, auf dem sie gesessen war, und reichte, eine dunkle Gestalt im schwachen Gegenlicht, den beiden Männern die Hand. Sie war kleiner, als der Konsul gedacht hatte, und trug zivile Kleider, einen braun karierten Rock und eine Strickjacke; das schwarze Haar stand wirr um ihr eingefallenes Gesicht, die Augen glänzten fiebrig; am auffälligsten war jedoch ihr breiter, ausdrucksvoller Mund.
Leider, sagte sie mit dem Versuch eines Lächelns, kann ich Ihnen außer dem Bett und dem Schemel keine Sitzgelegenheit anbieten. Ihre Stimme war rau und heiser, beinahe krächzend; wer sie zum ersten Mal hörte, erschrak.
Es macht uns nichts aus zu stehen, antwortete der Konsul. Wir sitzen ohnehin zu viel. Oder nein, der Herr Vizekonsul, der sich ein paar Notizen machen wird, zieht es sicher vor, den Schemel zu benutzen, nicht wahr?
Mürner nickte, setzte sich umständlich und legte das Notizbuch auf seine hochgestellten Knie; dann fragte er als Erstes nach den genauen Personalien. Carmen Mory nannte sie bereitwillig, fügte bei, sie sei Katholikin, gelte in ihrer Heimatgemeinde aber wohl noch als Protestantin; sie sei erst vor wenigen Jahren zum Katholizismus konvertiert und habe dies, da sie den Kontakt mit der Heimat

abgebrochen habe, nie weitergemeldet. Sie presste beim Reden häufig eine Hand auf die Brust, verzog, ein Husten unterdrückend, das Gesicht und schien innerlich zusammenzufallen; dann straffte sie sich wieder und suchte, auf beinahe herausfordernde Weise, den Blick der Besucher. Der Konsul verglich, während sie sprach, das Bild der Abenteurerin und des prügelnden Monstrums, das ihm aus dem kurzen, für die Akten bestimmten Lebenslauf entgegengetreten war, mit der Frau, die er vor sich hatte, und er merkte, dass es ihm nicht möglich war, beides zusammenzubringen. Vorsichtig erkundigte er sich nach ihrem Gesundheitszustand und den Haftbedingungen.

Ich bin krank, sagte sie, die Hand auf der Brust, aber wen kümmert das schon? Meine Lungen sind seit langem angegriffen. Kein Wunder nach so vielen Gefängnis- und Lagerjahren. Ich sollte einmal für längere Zeit kuren können. Stattdessen macht man mir den Prozess, und der wird sich, so wie es aussieht, über Wochen hinziehen. Ich weiß nicht, ob ich das durchstehen werde.

Sie haben Anrecht auf ärztliche Betreuung, sagte der Konsul.

Glauben Sie, dass eine Gefangene wie ich, die als ehemalige SS-Angehörige gilt, irgendwelche Rechte hat? Auf dem Papier vielleicht, da England ja ein Rechtsstaat ist. Aber in Wirklichkeit sind die Unterschiede zwischen einem Nazigefängnis und einem Gefängnis der Siegermächte gering. Man müsste mich zum Beispiel dringend röntgen. Das hat man bisher unterlassen, man erhält mich einfach am Leben. So bin ich's inzwischen gewöhnt. Ein paar Sekunden ließ sie dem Husten freien Lauf; bellende Laute kamen aus ihrem Mund, die den Körper von Kopf bis Fuß erschütterten. Doch sie beherrschte sich und ver-

suchte, nachdem sie mit abgewandtem Gesicht ins Taschentuch gespuckt hatte, wieder zu lächeln.
Eigentlich bin ich davon ausgegangen, dass man Sie hier korrekt behandelt, sagte der Konsul befremdet.
Korrekt und mit gebührender Kälte, antwortete sie. Ich spüre deutlich, dass Captain Kayser und Major Stewart die Lügen, die gegen mich vorgebracht werden, zu glauben beginnen, obwohl ich sämtliche Anklagepunkte entkräften kann. Ihre Stimme wurde dringlicher. Sie werden sehen, Herr Generalkonsul, die Anklage wird vor Gericht wie ein Kartenhaus in sich zusammenstürzen. Ich brauche aber einen erfahrenen Verteidiger. Können Sie mir bei der Suche behilflich sein?
Das ist meine Pflicht. Denken Sie an jemand Bestimmten?
Ja. An Maître Edmond Bloch in Paris, der mir schon einmal beigestanden ist.
Hat er Sie in dieser Spionageaffäre verteidigt?
Sie streifte ihn mit einem beinahe amüsierten Blick. Das wissen Sie? Ich wurde 1940 zum Tode verurteilt und danach begnadigt. Sie wartete einen Moment, um seine Reaktion abzuschätzen. Aber das erzähle ich Ihnen nicht im Detail. Sie können es in den Akten nachlesen, wenn es Sie interessiert. Herr Bloch hat sich leider bisher auf meine Briefe nicht gemeldet. Wahrscheinlich stimmt die alte Adresse nicht mehr. Es wäre sehr nützlich, wenn Sie die Schweizer Botschaft in Paris einschalten könnten, um ihn ausfindig zu machen.
Möglicherweise, sagte Mürner, von seinem Heft aufblickend, gibt es Herrn Bloch gar nicht mehr. Der Name klingt jüdisch.
Aus Paris wurden nur wenige Juden deportiert, entgegnete der Konsul und wandte sich wieder an Carmen Mory:

Wir werden nachforschen. Sie wissen aber, dass Sie die Anwaltskosten in einem solchen Fall selber übernehmen oder jemanden finden müssten, der für sie bürgt. Andernfalls steht Ihnen bloß ein Pflichtverteidiger zu, den Sie nicht selber auswählen dürfen.

Sie warf schmollend, in einer Art verächtlicher Koketterie die Lippen auf. Das habe ich vermutet. Wenn Herr Bloch lebt, wird er sich an mich erinnern. Sie streckte um eine Spur ihr Kinn vor. Mich vergisst man nicht so leicht.

Mürner fragte sie nach Verwandten; sie erwähnte ihre in Bern wohnhafte Schwester, Leontine, die möglicherweise für die Kosten der Verteidigung bürgen würde. Sie selber, fuhr die Gefangene fort, habe in ihrer letzten Wohnung in Ratzeburg dreitausend Reichsmark in bar hinterlassen. Dieses Geld werde sie selbstverständlich für die Verteidigung reservieren. Der Konsul möge doch bei der *Field Security* darum nachsuchen, das Geld und einige Wertsachen für sie aufzubewahren.

Ich nehme an, dass dies alles schon beschlagnahmt worden ist, sagte der Konsul.

Aber unrechtmäßig!, fiel ihm die Mory ins Wort. Es gehört mir! Der Zorn strich über ihr Gesicht wie roter Flügelschlag.

Wenn es so ist, sagte er, dann gibt es eine beglaubigte Liste, und Sie werden, sobald man Sie auf freien Fuß setzt, alles zurückbekommen.

Sie hörte ihm gar nicht mehr zu, wickelte fahrig den Saum ihrer Strickjacke um den Finger. Das Schlimmste ist, die Engländer haben mir auch meinen Pelzmantel genommen. Meinen Fuchspelzmantel! Warum? Gefährde ich jemanden damit? Ich habe dafür bezahlt, Herr Generalkonsul. Er gehört mir! Ihre Stimme schlug um ins Fle-

hend-Kindliche. Bitte, sorgen Sie dafür, dass ich meinen Pelzmantel tragen darf. Können Sie sich vorstellen, wie kalt es hier drinnen wird? So lange ich nicht verurteilt bin, weigere ich mich, Gefängniskleidung zu tragen.
Der Konsul schaute hinüber zu Mürner, der, auf dem Schemel kauernd, schrieb.
Die Reglemente, sagte er, kann ich leider nicht ändern, aber ich werde mich dafür einsetzen, Ihre Lage zu verbessern.
Ich hoffe sehr, erwiderte sie mit plötzlich aufblitzendem Spott, Ihre Worte sind nicht so leer, wie sie klingen. Ich hätte allen Grund, Diplomaten gegenüber misstrauisch zu sein. Die Schweizer Botschaft in Berlin hat mich seinerzeit an die Gestapo ausgeliefert. Das glauben Sie mir nicht? Sie lächelte spöttisch, fügte dann in verändertem Tonfall hinzu: Ich wäre Ihnen im Übrigen dankbar für Stärkungsmittel, Ovomaltine zum Beispiel. Als Kind bekam ich manchmal Ovomaltine statt Lebertran. Mein Vater war Arzt in Adelboden, er wusste, was mir gut tat.
Der Konsul gab seinem Stellvertreter, der nun doch flüchtig aufschaute, einen Wink. Mürner holte aus den Tiefen seiner Manteltasche die Papiertüte hervor und reichte sie weiter. Ein kleines Geschenk, sagte er. Zur Aufmunterung. Carmen Mory griff begierig nach der Tüte, drehte sie um, leerte den Inhalt aufs Bett. Tee, sagte sie, indem sie die Päckchen rasch durchmusterte, das ist gut. Schokolade? Noch besser. Sie strich mit der Fingerkuppe über das Schokoladenpapier. Ich danke Ihnen, meine Herren. Sie werden mir helfen, ich weiß es.
Die Unterhaltung stockte; die Gefangene schien müde zu sein; es war Zeit zum Gehen. Doch als der Konsul sich verabschieden wollte, sprang die Mory unerwartet ener-

gisch auf und hielt ihn am Ärmel zurück: Herr Generalkonsul, ich habe noch eine große Bitte. Es gibt jemanden, der mich entlasten kann, eine Schweizerin. Sie heißt Anne Spörry, sie war Häftlingsärztin in Ravensbrück, wir waren im Lager eng befreundet. Sie hält sich wahrscheinlich in der Schweiz auf. Wenn Sie sie finden, dann bin ich gerettet. Bitte, tun Sie es. Anne Spörry, haben Sie verstanden? S-p-ö-r-r-y.
Die Mory stand nahe bei ihm; er roch, während sie buchstabierte, ihre Ausdünstung, ihren Achselschweiß, ihren schlechten Atem, und er versuchte, den aufkommenden Ekel zu unterdrücken.
Die Liste Ihrer Wünsche ist lang, Fräulein Mory, sagte er. Wir geben Ihnen Bescheid, sobald wir etwas erreichen konnten.
Sie ließ seinen Ärmel los, als lasse sie ein totes Tier fallen. Glauben Sie den Lügen nicht, die über mich verbreitet werden. Ich und Anne Spörry, wir beide haben alles daran gesetzt, die Lage der Häftlinge zu verbessern. Alles! Anne wird es bezeugen. Auch unter Eid.

Auf der Rückfahrt saßen der Konsul und sein Stellvertreter wieder nebeneinander im Fond des Citroën. Sie schwiegen lange; der Konsul zündete sich eine Zigarette an, um den Gefängnisgeruch zu vertreiben. Sie schmeckte ihm nicht; nach ein paar Zügen warf er sie aus dem Autofenster und schaute zu, wie sich zwei herbeirennende Jungen um sie balgten.
Nun, Mürner, was halten Sie von ihr?, fragte er schließlich.
Eine undurchsichtige Geschichte, erwiderte Mürner zögernd. Und eine merkwürdige Frau.

Sagen Sie ruhig: faszinierend. Sie wollte ja Sängerin werden, sie war Journalistin. Das schimmert durch, finden Sie nicht? Sie sucht den großen Auftritt. Aber glauben Sie ihren Unschuldsbeteuerungen?
Mürner zuckte mit den Achseln. Ich weiß nicht. Sie wirkt so zerfahren und unberechenbar.
Daran kann auch die lange Haft schuld sein. Sie hat uns ziemlich viel Arbeit eingebrockt, fürchte ich.
Mürner lachte befangen und blätterte in seinem Notizbuch. Wir sind zwar ein Service publique, aber nicht die Bediensteten des Fräulein Mory. Die schlägt ja zwischendurch einen Ton an, dass es einem kalt über den Rücken läuft.
Sie war Blockälteste in Ravensbrück, sagte der Konsul. Ihr unterstanden gegen tausend Frauen. Nur ist sie auf der falschen Seite gestanden. Das gefällt heute niemandem mehr.
Was glauben Sie?, fragte Mürner. Stimmt diese Geschichte mit der Berliner Gesandtschaft?
Nein, sagte der Konsul schroff, unmöglich. Wir haben nie mit der Gestapo zusammengearbeitet.

Das Dringendste war zunächst, einen geeigneten Verteidiger zu finden. Maître Bloch aus Paris wurde von der Pariser Botschaft ohne Schwierigkeit ausfindig gemacht. Er hatte offenbar die bisherigen Anfragen ignoriert und lehnte es auch jetzt strikte ab, das Mandat zu übernehmen. Der Attaché in Paris hatte ein paar handschriftliche Zeilen hinzugefügt: Er vermute, Herr Bloch zweifle erstens an der Zahlungsfähigkeit seiner ehemaligen Klientin, und zweitens scheine ihn die Aussicht abzuschrecken, noch einmal gegen ein mögliches Todesurteil ankämpfen zu müssen. Mademoiselle Mory sei, habe er angedeutet, eine impulsive und unberechenbare Person, der es schwer falle, sich mit geltenden Rechtsregeln abzufinden; sie neige dazu, gegen Zustände zu rebellieren, die sie, bei genauerem Hinsehen, selber verschuldet habe. Mademoiselle Mory, so schloss der Attaché, habe übrigens im Jahre 1938, kurz vor ihrer Verhaftung, bei der Botschaft Geld ausgeliehen, sprich erbettelt und es nie zurückgezahlt; ihm, dem Attaché, sei es rätselhaft, weshalb man damals auf ihre Schwindeleien hereingefallen sei.

Der Versuch, einen Schweizer Anwalt zu finden, scheiterte ebenfalls am Geld. Weder die Schwester der Angeklagten noch entfernte Verwandte waren bereit, für die Kosten zu bürgen, die Carmen Morys konfisziertes Vermögen übersteigen würden. Die Schwester, Leontine, hatte dem Beamten des Politischen Departements zu Protokoll gegeben, sie verfüge, als schlecht bezahlte Sekretärin, selber nur über das Nötigste und unterstütze bereits einen halbwüchsigen Neffen in Frankreich; mehr sei ihr nicht zuzumuten. Leontine Mory, sagte der Beamte am Telefon zum Konsul, habe einen verängstigten Eindruck gemacht und über ihre Schwester gesprochen wie über einen wildfremden Menschen, von dessen Gefährlichkeit sie überzeugt sei, was ihn angesichts der Taten, die man Carmen Mory offenbar vorwerfe, nicht wundere.

Der Konsul machte gar keinen Versuch, einen Anwalt aus der Schweiz aufzutreiben, der den Fall ohne Honorargarantie übernommen hätte; es wäre ohnehin aussichtslos gewesen: In der Schweiz gewann die Legende, man habe den Nazis kompromisslos die Stirn geboten, von Woche zu Woche deutlichere Umrisse; wer wollte sich da schon den Ruf einhandeln, die Schuldigen in Schutz zu nehmen? So blieb nur übrig, was von Anfang an auf der Hand gelegen war: einen Anwalt aus Hamburg beizuziehen. Der Konsul beriet sich mit deutschen Bekannten, die fähige Juristen kannten; ein Dr. iur. Otto Zippel, der das Entnazifizierungsverfahren bereits durchlaufen hatte, erklärte sich nach einigem Zögern bereit, Carmen Morys Verteidigung zu übernehmen. Man solle es bitte, sagte er, seinem Pflichtgefühl zuschreiben, dass er eine solch undankbare Aufgabe anpacke. Er müsse sich ja zu diesem Zweck auch ins englische Militärstrafrecht einarbeiten, und Vorwürfe von Seiten der neuen lupenreinen Demokraten, die nun den Ton angäben, würden ihm bestimmt nicht erspart bleiben; aber es liege ihm daran, das Vertrauen in einen funktionierenden Rechtsstaat wiederherzustellen. Der Konsul hatte den Verdacht, dass Doktor Zippel hinter seinem leicht pathetischen Tonfall verbarg, wie froh er war, überhaupt wieder praktizieren zu können. Es verwunderte ihn deshalb auch nicht, dass der Anwalt, nicht ohne Verlegenheit und erst kurz bevor er ging, danach fragte, wer ihn bezahlen werde, die Briten, die Schweizer oder die Angeklagte. Er habe, fügte er entschuldigend hinzu, eine Familie zu ernähren und müsse eine neue Kanzlei finanzieren; die alte sei zerbombt worden. Auch er wirkte hungrig, wie beinahe alle Deutschen, denen der Konsul begegnete. Er trug einen geräumigen Vorkriegsanzug, der seine Magerkeit ein bisschen kaschierte, aber bei bestimmten Bewegungen so viele Falten warf, dass sie umso stärker zum Vorschein kam.

Bezahlt werden Sie auf jeden Fall, sagte der Konsul; ich habe gehört, dass die Alliierten ein Minimalhonorar nach den Ansätzen der deutschen Anwaltskammer garantieren. Zippel nickte. Dann ist es ja gut. Aber denken Sie nicht, das gebe für mich den Ausschlag.

Nun nickte auch der Konsul. Was Zippel wirklich dachte, war unerheblich; er würde, das verriet sein ganzer Habitus, die ihm anvertraute Aufgabe redlich erfüllen; mehr erwartete der Konsul nicht von ihm. Es kümmerte ihn auch kaum, welche Rolle Zippel im Krieg gespielt hatte, ob er Soldat gewesen war oder nicht; ihm genügte es zu wissen, dass Zippel offiziell als entnazifiziert galt.

Der Konsul schickte Mürner noch einmal zu Carmen Mory ins Gefängnis, um sie zu bitten, Doktor Zippel als Verteidiger zu akzeptieren. Sie habe, erzählte Mürner später, mit einem Wutausbruch reagiert; besonders der Geiz ihrer Schwester habe sie in Rage gebracht. Dann sei sie zusammengesunken und habe unter Tränen in den Vorschlag eingewilligt. Sie wünsche indessen dringend, den Verteidiger zusammen mit dem Konsul zu sehen, bevor der Prozess beginne; das könne man ihr wohl kaum abschlagen. Im Übrigen scheine es ihr gesundheitlich schlechter zu gehen als noch vor zwei Wochen; sie zittere, halte sich kaum noch auf den Beinen, suche nach Worten. Die Stärkungsmittel, die das Konsulat ihr habe senden lassen, seien offenbar nie bis zu ihr gelangt. Immerhin habe sie Kraft genug gefunden, darauf zu dringen, dass ihre Freundin Anne Spörry als Entlastungszeugin aufgeboten werde; und natürlich sei sie wieder auf ihren Pelzmantel und ihr Guthaben zu sprechen gekommen.

Das haben wir längst an die Briten weitergeleitet, sagte der Konsul mit einer Spur von Ungeduld. Die sollen sich darum kümmern.

Es war schon zwei Wochen her, dass er die Schweizer Behörden darum ersucht hatte nachzuprüfen, ob unlängst eine Anne Spörry eingereist sei, und er ärgerte sich über die Saumseligkeit der Beamten, die solche Nachforschungen meist verschleppten. Da traf, zu seiner Erleichterung, ein Telegramm des Polizeidienstes der Bundesanwaltschaft ein: Die gesuchte Person wohne zurzeit bei ihrer Mutter in Männedorf, Kanton Zürich; sie sei im April 1945 mit einem Rotkreuztransport in die Schweiz gekommen und damals über ihre Erfahrungen als Häftling im Lager Ravensbrück vernommen worden. So konnte das Konsulat Carmen Mory immerhin etwas Erfreuliches mitteilen: Die Freundin, an der ihr so viel lag, lebte noch, ihr Aufenthaltsort war bekannt; dem Verteidiger stand es frei, sie für den Prozess aufzubieten.

Nach der Arbeit ließ sich der Konsul meist zur Wohnung chauffieren, die ihm die Briten zur Verfügung gestellt hatten; an diesem Abend ging er, der Gesundheit zuliebe, die Strecke zu Fuß. Er schritt, den Hausruinen entlang, eilig aus und achtete bloß darauf, nicht über Trümmerhaufen zu stolpern oder in Scherben zu treten, von denen die Gehsteige stellenweise immer noch übersät waren. Der Wiederaufbau machte in diesem Viertel nur langsame Fortschritte. Seine Wohnung, im ersten Stock eines gutbürgerlichen Häuserblocks aus der Gründerzeit, wies glücklicherweise nur leichte Schäden auf; die zerbrochenen Fensterscheiben waren bereits ausgewechselt. Der Block stand als einziger noch innerhalb der ehemaligen Häuserzeile; deshalb hatte ihn die Besatzungsmacht beschlagnahmt und die acht Wohnungen hauptsächlich an Diplomaten vermietet. Das Haus hatte einem hohen, im Krieg gefallenen Parteifunktionär gehört, dessen Frau und Kinder die Zwangsräumung mit allen Mitteln bekämpften. Während der Dunkelheit stand vor dem Hauseingang eine englische Wache. Auf der andern Straßenseite, wo die Mauern teilweise eingestürzt waren, hausten ein paar Familien in Kellern und in einem provisorisch überdachten Souterrain; Bretter führten über Gräben und wassergefüllte Löcher zu ihnen hinunter. Der Senat, der seit kurzem im Amt war, hatte zwar solche noch nicht gesprengte Häuser mit einem Wohnverbot belegt, aber es wurde weder respektiert noch durchgesetzt. Wo sonst sollten die Ausgebombten und die Flüchtlinge aus dem Osten unterkommen? Zwei oder drei ältere Kellerbewohner saßen wie gewöhnlich rauchend und plaudernd am Straßenrand; in der Dämmerung waren sie vom graudunklen Hintergrund kaum zu unterscheiden; sie rauchten, dem Geruch nach, ein fürchterliches Kraut. Der Konsul spürte, wie sie ihn anstarrten; er ließ die Lucky Strike, die zwischen seinen Fingern glühte, diskret fallen und drückte sie mit dem Absatz aus. Die Männer ahnten ja wohl, dass es in der Privatwohnung, zu der er hinaufstieg, Kohlen gab, Corned Beef, eine warme Decke; dazu kam, dass er, da seine Frau in der Schweiz geblieben war, ein Dienstmädchen beschäftigte. Er war privilegiert, das wusste er.

Oben, in der leeren Wohnung mit ihren drei hohen Zimmern, kam sich der Konsul schon nach ein paar Minuten überflüssig vor. Der Parkettboden glänzte, die Bettdecke war zurückgeschlagen. Auf dem Salontisch stand sein Abendessen, Brot, Käse, Senf, ein paar Essiggurken, ein Apfel; die Thermoskanne war mit frisch gebrühtem Bohnenkaffee gefüllt: Importware aus der Schweiz, ein Luxus. Er aß und trank; bloß um etwas zu tun, räumte er danach den Tisch ab, versuchte, mit dem Rinnsal, das aus dem Wasserhahn tropfte, das Geschirr zu spülen. Er dachte an die unerledigte Post im Konsulat, an die Magenverstimmung der Sekretärin, an den Auftrag aus Bern, eine Liste sämtlicher Auslandschweizer in der britischen Zone aufzustellen. Als ob es so einfach wäre, aus dem Durcheinander von Ausgebombten und Evakuierten, Heimkehrern und Flüchtlingen die eigenen Landsleute auszusieben! Diese Schreibtischmenschen, an Frieden und Wohlstand gewöhnt, hatten ja keine Ahnung vom mühseligen Leben in einer kriegszerstörten Stadt! Gegen seinen Willen begannen seine Gedanken wieder um den Fall Mory zu kreisen. Die Frau ließ ihn nicht los; er sah sie so deutlich, als sitze sie ihm gegenüber; ihre Augen hatten etwas Flackerndes und hilflos Aufbegehrendes, das ihn auch beim Hinundhergehen zwischen den Zimmern verfolgte. Sie war auf eine schwer definierbare Weise attraktiv; es fiel ihm leicht, sich vorzustellen, dass sie Männer und Frauen gleichermaßen in ihren Bann gezogen hatte. Aber noch immer weigerte er sich, sie, die Schweizerin auf der gleichen Stufe zu sehen wie deutsche Kriegsverbrecherinnen.

Es gab an diesem Abend keine vorverlegte Stromsperre. Der Konsul setzte sich an den kleinen Biedermeier-Schreibtisch und schrieb im Schein einer Lampe mit trübgelbem Schirm ein paar Zeilen an seine Frau. Er bemühte sich um einen launig-optimistischen Ton, den er selber unangebracht fand. *In London*, schrieb er, *wäre der Tee besser, aber hier geht es auch aufwärts, rund um den Jungfernstieg sollen wieder Geschäfte entstehen. Wenn du mich besuchst, vergiss nicht, mir Butter und ein Glas Quittengelee, hier eine Rarität, mitzubringen.* Er überlegte sich ein paar Mal, ob er etwas über die Affäre Mory erzählen solle, ob seine Frau Verständnis haben würde für seine diffuse Beunruhigung, für sein Gefühl, der Geschichte, die sich in den Akten verbarg, nicht gewachsen zu sein. Doch seine Sätze gingen in die Irre, und so knüllte er die Seite zusammen und fing, das Thema wechselnd, eine neue an. Nein, Adele, so geradlinig, so rechtschaffen in ihrer Art, hätte nicht begriffen, was ihn umtrieb; er begriff es ja selber nicht. Er müsse, hätte sie ihm gesagt, über diese Frau nicht urteilen, es genüge, dass er sie vorschriftsgemäß betreue. Und das Ärgerliche war, dass sie, wie so oft in ihrer Ehe, Recht gehabt hätte.

2

Adelboden, Sommer 1910

Wie hat es angefangen? Vielleicht so: Mit schweren Schritten geht der Vater vor dem Kind bergauf. Seine Schuhe knirschen über Steine und Wurzeln, die Spitze seines Knotenstocks bohrt sich in die Erde. Sein Rücken ist breit; immer ist dieser Rücken vor ihr, in dessen Schatten sie geht. Wenn der Weg sich krümmt, gleitet der Vaterschatten von ihr weg, sie schließt die Augen vor der Sonne, die ihr ins Gesicht scheint, fürchtet zu stolpern, und dann kehrt der Schatten zurück. Sie muss weg von zu Hause, und sie freut sich darüber, denn Mummy ist wieder krank, liegt im Bett, presst die Lippen zusammen, will nicht reden. Die kleine Schwester, die man zu ihr legt, schreit unaufhörlich, ihr Gesicht verfärbt sich dunkelrot, sie ballt die Fäuste, krampft sich zusammen im Geschrei. Deine Mummy braucht Ruhe, hat der Vater gesagt, und dir tut die Bergluft gut. Ich bringe dich zu Toni auf die Alp, dort bleibst du, bis Mama gesund ist. Auf der Alp ist sie schon gewesen, schön ist es dort, vor den Kühen hat sie keine Angst mehr, es gibt auch Gitzi, die man streicheln darf. Der Toni hat einen braunen Fleck auf der Wange und einen Schnurrbart, an dem die Milchtropfen hängen bleiben, aber er ist freundlich, der Toni, hat sie beim letzten Besuch in die Höhe gestemmt, um dem Vater zu zeigen, dass sein Unterarmknochen wieder zusammengewachsen ist. Seine Hände haben nach Kuhmist und Käserinde gerochen, anders als die Hände des Vaters, die riechen nach

Seife und nach dem, was in der bauchigen Flasche neben dem Waschkrug ist. Die Hände des Vaters sind bleich, ein bisschen teigig, die Nägel haben einen matten Glanz, aber der kommt nicht vom Nagellack der Mutter. Der Vater spottet über Mutters Döschen und Fläschchen, die ausgezupften Augenbrauen, und seine Stimme wird immer lauter dabei. Aber da schließt Carmen jeweils die Augen und betet darum, dass er aufhört. Wenn sie wieder hinschaut, hat die Mutter ein gefrorenes Gesicht, ganz durchsichtig ist es geworden, man sieht hindurch bis zu den Zähnen mit den goldenen Plomben, bis zum Halszäpfchen, das auf und ab hüpft wie das Buckelmännchen, von dem die Köchin erzählt.

Manchmal, bei einer Biegung, wo der Blick sich weitet, redet der Vater zu ihr, er nennt, ohne sich umzudrehen, die Namen der Gipfel, die sich auf der andern Talseite erheben, den Bunderspitz, den Kleinen Lohner, den Hinteren und Vorderen Lohner, das Mittagshorn, und Carmen muss die Namen nachsprechen, einen nach dem andern, wie die kleinen Gebete, die sie von der Mutter gelernt hat, kleinerlohnerhintererlohnervordererlohner, sie darf dabei nicht stottern, sonst wird der Vater zornig, köpft mit dem Stock die Blumen am Wegrand. Du bleibst hinter mir, hat er gesagt. Es ist dumm, sich aus seinem Schatten zu lösen, an ihm vorbeizuhüpfen, und doch tut sie es, eine Kraft treibt sie, stärker als ihr Wille, jetzt ist sie ihm voraus, dreht sich einmal um sich selber, dass ihr Röckchen sich hebt, winkt ihm zu, und sie weiß nicht, warum sie lachen muss. Aber der Vater winkt nicht zurück, er ruft zornig ihren Namen, stelzt auf sie zu wie ein Vogel, der mit den Flügeln schlägt. Der Vatervogel schlägt seine Krallen in ihren Arm, schüttelt sie so hart, dass aus ihrem Lachen ein Wimmern wird.

Du sollst hinter mir bleiben, schreit er, ich hab's dir doch gesagt. Oder bist du taub geworden?

Sie muss, von ganz nahe, in sein Gesicht schauen, die Augen bloß noch böse Schlitze, zitternde Härchen in den Nasenlöchern.

Hast du's jetzt begriffen?, fragt der Vater. Hier ist's gefährlich, das siehst du doch.

Nichts hat sie begriffen, gar nichts, nur in manchen Nächten träumt sie davon, dass der Vater sie aufspießt mit seinem Stock, und jemand hält ihr den Mund zu, damit sie nicht schreit. Mit einem Federgefühl im Mund wacht sie dann auf, wünscht sich weit weg, dorthin, woher die Mutter kommt, zu den Inseln mit den fröhlichen Menschen. Doch sie begreift, dass der Vater immer etwas anderes will als sie, und darum macht sie jetzt keinen Schritt mehr, ihre Füße sind mit dem Boden verwachsen, Wurzelfüße hat sie bekommen, Wurzelfüße und Steckenbeine, ein Rumpelstilzchen ist sie, ein richtiger Trotzkopf, sagt der Vater und hebt sie ungestüm hoch, ihre Beine baumeln an seiner Hüfte, er lacht und schnaubt; wo er ihren Kopf an sich presst, riecht es nach saurem Geheimnis. Er trägt sie den Berg hinauf mit Schaukelschritten, die immer kürzer werden, ein grüner Himmel schaukelt mit, und auf einmal setzt er sie wieder ab. Unten im Dorf läuten jetzt die Kirchenglocken, Carmens Beine gehorchen ihr wieder, sie geht, und der Rücken versperrt ihr den Weg. Dass man auf solche Weise oben auf der Alp ankommen kann, ist die reinste Zauberei.

Die Tage auf der Alp, so rund wie die Käselaibe, die Carmen abwischen und wieder ins feuche Tuch wickeln darf. Sie rollen dahin, und manchmal fliegen sie, gehen ineinander über mit Heuduft und dem Geschmack von kuhwarmer Milch, in die man Mund und Nase tunkt. Die Nacht, vor der Carmen sich sonst fürchtet, ist bloß der Schatten, den der Tag wirft, und nicht mehr das scharfe Flüstern von nebenan, wenn die Eltern miteinander streiten.

Mittags, wenn es heiß ist, sitzt Carmen am Bach auf ihrem Sofastein, der ist glatt und bunt gesprenkelt wie ein Vogelei und hat Glimmerstellen, die man wegkratzen kann. Mummy ist krank, sagt sie zum Bach, Daddy ist böse mit ihr, und der Bach rauscht, macht sich durchsichtig für sie, jeden Kiesel sieht sie auf dem Grund, so deutlich wie durch Vaters Lesebrille. Erst weiter unten wird der Bach wilder, springt hin und her zwischen Steinen, die sich ducken, schießt hinunter über einen Felsvorsprung; silbrig fächert sich das Wasser auf. Sie möchte dorthin, wo es tost und lärmt, traut sich aber nicht, so schickt sie bloß Halme und Zweige auf Reisen, die gleiten davon, verhaken sich am Ufer und müssen doch weiter in schwindelndem Geschaukel, bis Sog und Wirbel sie in den Abgrund reißen. Die Mutter hat vom Meer erzählt, zu dem alles Wasser fließt; tief unten muss das Meer sein, dort wo auch die Nacht sich versteckt. Carmen singt dem Bach ein Lied, das nimmt er mit zum Meer.

Es gibt Tage, da sitzen die Berge wie Kröten da, frech und dick, mit Sonnentupfen und Silberglimmer, nichts kann sie verscheuchen. Oder sie verdunkeln sich abends, wenn sie ihre Mäntel angezogen haben; langsam rücken sie heran, die Riesen. Was wollen sie denn? Das ganze Tal fressen sie auf, verschlucken die Bäche, zermalmen Blumen und Gras. Carmen umklammert einen Stein mit scharfen Kanten; gegen Stein hilft nur Stein. Die Angst flattert in ihren Mund, aber die Beine tragen sie fort in die Hütte, und alles ist gut. Toni kocht Suppe über dem Feuer, der Hüterbub schnitzt an einem Stock. Sie lässt ihren Stein fallen; wo die Kante gedrückt hat, blutet die Hand. Sie leckt die kleine Wunde ab, sie hat sich in die Katze verwandelt, die im Doktorhaus ein und aus geht, sie miaut, statt zu weinen; der Hüterbub lacht.

Dann sind die runden Tage vorbei; die andern kommen wieder, die Vater- und Köchinnentage. Der Vater macht ein ernstes Gesicht, als er sie abholt, das Gesicht mit der steilen Falte über der Nase. Er lässt sie nicht Abschied nehmen vom Bach, treibt den Hüterbub an, rasch ihre Sachen zu packen, einen kleinen Rucksack, den er über die Schulter schwingt. Nein, die Tannzapfen- und Eicheltiere, die ihr der Hüterbub geschenkt hat, darf sie nicht mitnehmen, zu Hause hat sie ja eine ganze Kiste voller Spielzeug.
Komm jetzt, drängt der Vater, wir wollen daheim sein, bevor es Nacht ist.
Toni hebt Carmen hoch, um sie zu küssen; sein Schnurrbart kitzelt. Der Vater drückt ihm einen Schein in die Hand, dem Hüterbub eine Münze.
Die Sonne steht tief, als sie den Abstieg beginnen; die Berge haben schon ihr Schattenschweigen. Der Vater schlägt bei jedem Schritt mit der Stockspitze auf Steine; plötzlich bleibt er stehen, dreht sich um und sagt: Deine Mummy ist weggegangen, du sollst es gleich wissen.
In ihrem Kopf wird es leer. Wohin denn?, fragt sie.
Sie ist für immer weggegangen, sagt er. Sie ist vorgestern gestorben. Flüchtig berührt er mit der Hand ihre Wange; seine Finger sind kalt. Wir legen sie morgen in die Erde, sagt er, da musst du dabei sein.

Ich will nicht dabei sein, sagt sie. Gestorben: das Wort rollt durch den Kopf wie ein umgeworfener Kegel. Was gestorben ist, ist tot. Wie die Amsel, die sie auf der Türschwelle fand, mit blutverklebtem Gefieder, verdrehtem Kopf; wie kann Mummy tot sein?
Der Vater versucht sie in die Arme zu schließen; sie stößt ihn weg mit aller Kraft: Ich will nicht, ich will nicht!
Du musst, sagt er und hat sie jetzt doch zu fassen bekommen.
Sie windet sich in seiner Umarmung, riecht den Tod, der sich im Hemd versteckt; sein Bart fährt ihr übers Gesicht wie ein Scheuerlappen.
Weine nur, sagt er, nah an ihrem Ohr. Weint er selber auch, der Vater? Erschreckende Laute kommen aus seinem Mund, als würde er Zweige zerbeißen. Er presst sie an sich, und sie erschlafft; nie hätte sie gedacht, dass so viele Tränen aus ihr herauswollen.

Die vielen Leute, die sie nicht kennt. Manche kneifen Carmen in die Wange, sagen tröstende Worte zu ihr und zur großen Schwester, die mit der Hand den Mund bedeckt; der Vater mag es nicht, wenn man zu laut ist. Da steht er, der Vater, streng und groß, da ist auch das Loch, in das vier Männer den Sarg an Seilen hinunterlassen. Dort unten ist es schlammig; aber Mummy spürt nichts mehr davon, Tote kann man zwicken und kneifen, es tut ihnen nicht weh, hat die Köchin gesagt. War es nicht ein fremdes Gesicht, dessen Stirn Carmen geküsst hat? Es sah Mummy ähnlich, ja, und doch war es anders, so spitz und alt, mit dieser Binde ums Kinn. Vielleicht haben sie Mummy ausgetauscht gegen eine andere, vielleicht ist sie in ihr Land geflohen; das schwierige Wort kann Carmen jetzt: PHILIPPINEN; Mummy hatte Heimweh nach den Häusern auf Pfählen, und wenn sie wieder dort ist, wird sie die Töchter zu sich holen. Aber wenn Mummy doch dort unten liegt, dann muss man sie mit einer Posaune wecken; mit Posaunen weckt man die Toten auf, hat die Köchin gesagt. Drüben, beim Friedhoftor, steht schon die Dorfmusik, die Posaunen sind die Dinger mit den Trichtern und der Stange, die sich hin- und herbewegt. Die Männer in ihren dunkelblauen Uniformen warten, bis der Pfarrer sein Gebet zu Ende gesprochen hat; sogar der Vater betet nun mit, die Hände gefaltet, den Kopf gesenkt. Schon beginnt die Musik zu spielen, die Pauke schlägt dazu, dann hebt einer die Posaune zum Mund und bläst hinein.

Jetzt, jetzt!, denkt Carmen, jetzt wird sie aufstehen und sich die Augen reiben, so verschlafen wie am frühen Morgen, wenn der Vater in die Praxis hinübergeht und Tiny in der Schule ist. Diese Stunde zu zweit, wo Mummy Leona heißt, wo sie zusammen Fotoalben durchblättern, wo Mummy ihr den Perlenschmuck, die Elfenbeinfiguren zeigt, die ihrer Großmutter gehört haben, der dunkelhäutigen Frau im Album. So war es jedenfalls, bevor das Baby kam; seinetwegen wurde Mummy traurig und fremd, das Baby hat sie ausgesaugt und leer getrunken. Die Musik spielt und spielt; Mummy muss doch die Posaune hören, die alles übertönt, aber sie wacht nicht auf, tot liegt der Sarg im Loch.

Dann ist sie eben doch nicht drin; manchmal hat Mummy sie alle überlistet. Sie war die Klügste beim Versteckspiel, fand für sich Verstecke, die niemand erriet; so klein und dünn konnte sie sich machen, dass sie unter der Nähmaschine Platz fand, im großen Waschkorb unter der Kellertreppe, zwischen dem Kanapee und der Bücherwand. Was für ein Gelächter, wenn die Töchter sie endlich fanden! Der Vater durfte nichts davon wissen, er hasst laute Spiele, nur Schach mag er, das hat er Carmen beibringen wollen. Aber Pferde laufen nicht im Zickzack über viereckige Felder, darum hat Carmen sich geweigert, das Spiel zu lernen; sie weigert sich auch, ihren Blumenstrauß ins Grab zu werfen. Tiny tut es dafür, lässt zerdrückte Rosen aus der Hand gleiten, Tiny ist immer die Gehorsame gewesen und sie, Carmen, der Dickkopf, der Wildfang. Margeriten hat sie im Garten für Mummy gepflückt, Ringelblumen für Leona; Ringelblumen riechen am meisten nach Sommer. Warum nichts Blaues?, hat Tiny gefragt; Blau gehört nicht hierher, das weiß Carmen genau, dort unten in dem dreckigen Loch werden ihre Blumen bloß zugeschüttet und zerquetscht. Sie presst den Strauß an die Brust, lässt ihn nicht los, drückt ihre Nase in Ringelblumen, und ringsum ist nur noch das Gelborange, der sommerscharfe Geruch. Jemand öffnet sanft Carmens Fäuste, nimmt ihr den Strauß weg, sie blinzelt in fallende Feuerkugeln, schreit: Nein, nein! Im Spiegel, später, sieht sie ihr verweintes Gesicht mit der gelb bestäubten Nase, und sie weiß, dass sie etwas hasst, aber was denn, wen?

3

Adelboden und Bern, 1910–22

Nun ist Frau-Bründler-Zeit, tagaus, tagein, Tante sagt sie nie zu ihr, obwohl Vater es befohlen hat. Frau Bründler mit den fleischigen Händen, Frau Bründler, die sich in Mummys rotes Seidenkleid zwängt, aber ihre Hüften sind zu breit, das Kleid zerreißt, und Carmen bekommt eine ganze Tafel Schokolade, damit sie nichts ausplaudert. Frau Bründler sitzt am Küchentisch und schält Äpfel. Je dünner die Schale, desto gesünder der Kuchen, sagt sie und schiebt Carmen einen Apfelschnitz zwischen die Zähne, der ist so sauer, dass sich im Mund alles zusammenzieht. Frau Bründler hat eine Laufmasche am Strumpf, sie bückt sich ächzend, zwischen Bluse und Rock quillt ein Fleischwulst hervor, man könnte die Finger in die Masche stecken, den Strumpf auftrennen und das Frau-Bründler-Bein aus dem Strumpf schälen, dann wäre es nackt, von blauen Äderchen überzogen, so wie es der Vater geküsst hat. Auf dem Untersuchungsstuhl war Frau Bründler nach hinten gekippt, mit hochgerutschtem Rock, der Putzeimer umgeworfen, Pfützen auf dem Boden, der Vater im Doktorkittel, das war im Sommer, wo man keine Strümpfe trägt, und er küsste die Stelle über dem Knie. Tiny hat ihr es nicht glauben wollen, doch es ist wahr, Carmen hat es durch den Türspalt gesehen.

Esther, die Kleine auf Frau Bründlers Schoß, wird mit Grießbrei gefüttert, mit zuckrig glänzendem Brei, Frau Bründler erlaubt nicht, dass auch die Schwestern davon bekommen. Die Kleine muss wachsen, sagt sie, esst eure Suppe. Die Kleine patscht in den Teller, schmiert sich Brei ins Gesicht, bekleckert das Strickjäckchen mit Brei. Carmen verabscheut die Kleine; sie hat gelernt, sich sauber zu halten, vom Vater hat sie es gelernt, der seine Hände ewig lange wäscht. Abends schrubbt er das Gesicht, die Schultern, die Brust, und die nassen Brusthaare kleben an der Haut. Der Vater stöhnt, wenn er sich trockenreibt, er wuchtet einen Fuß in die Waschschüssel, zieht den Waschlappen zwischen den Zehen hindurch. Carmen liebt Sauberkeit und Ordnung wie er, sie liebt das aufgeräumte Nähtischchen, die aufgeräumte Puppenstube, Vaters zusammengelegte Hosen. Frau Bründler, die Esther mit Brei voll stopft, tut nur so, als sei sie sauber und ordentlich, aber ihre Fingernägel haben dunkle Ränder, ihre Pantoffeln stinken, ihr Zimmer im Untergeschoss lüftet sie beinahe nie, und wenn sie sich die Haare wäscht, bleibt in der Waschschüssel eine Brühe mit dunklen Schaumfetzen zurück, vor der es Carmen ekelt.

Frau Bründler verehrt Kaiser Wilhelm, der über ihrem Bett im vergoldeten Rahmen hängt; kühn ist er, der Kaiser, stark und männlich, sechs Söhne hat er gezeugt, einer schöner als der andere. Sein Schnurrbart kitzelt nicht, er sticht, Carmen weiß es genau; Frau Bründlers Mann, der außerhalb wohnt, hat den gleichen Schnurrbart. Einmal, als er auf Besuch kam, hat er Carmen geküsst und gestochen, seither geht sie Herrn Bründler aus dem Weg. Er ist ein Deutscher, daher kommt Frau Bründlers Kaisertreue, er redet schnell und nachlässig, halb Dialekt, halb Hochdeutsch, er ist Chauffeur im Hotel Victoria; mit dem knatternden Automobil fährt er am Doktorhaus vorbei, zieht seine Mütze und hupt.

Wenn es Krieg gibt, sagt er, wird ihn der Kaiser gewinnen. Warum sollte es Krieg geben?, fragt der Vater. Wir leben doch friedlich wie nie zuvor im alten Europa.
Du musst nach Deutschland, wenn du groß bist, sagt Herr Bründler zu Carmen, hier zwischen den Bergen versauert man doch.
Sie sagt ihm Zungenbrecher-Verse auf, die Frau Bründler ihr beigebracht hat: *Dr Papscht het z Schpiez zschpät schpäckigs Bschteck bschtellt*, sie singt das Lied von den Entlein. Er lacht und klatscht Beifall, ganz anders als der Vater, der bei ihren Darbietungen meist nur den Kopf schief neigt und nickt; ja, Herr Bründler lacht und ruft: Aus dir wird mal eine Schauspielerin, wollen wir wetten?

Jetzt geht sie das zweite Jahr zur Schule. Der Kaiser führt Krieg gegen die Franzosen. An der Westfront donnern die Kanonen, hat Herr Bründler gesagt, bevor er eingezogen wurde. Soldaten marschieren durchs Dorf, Schweizer Soldaten, die nicht Krieg führen, sondern den Frieden schützen. Die andern Kinder behandeln Carmen mit misstrauischem Respekt, sie ist die Arzttochter, ihr Vater wird gefürchtet, das merkt sie wohl, über ihn laufen böse Gerüchte um.
Fritz, der einen Kopf größer ist als sie, verspricht eines Tages auf dem Nachhauseweg, ihr frisch geschlüpfte Küken zu zeigen. Sie folgt ihm, stolpert über Holzscheiter neben der Scheune. Im Hühnerhof drängt er sie plötzlich gegen den Zaun, dass der Gitterdraht durch den Stoff in ihre Schenkel schneidet. Wenn du mich küsst, sagt er, verrate ich dir ein Geheimnis. Sie schüttelt den Kopf, packt seine Hand, beißt blitzschnell hinein, er weicht mit einem Schrei zurück, sie rennt zwischen den aufgescheuchten

Hühnern hinaus, wirft das Gatter hinter sich zu, er ruft ihr nach: Dein Vater hat deine Mutter vergiftet, weißt du das?
Sie bleibt stehen, die Ohren riesengroß und wund, brennend rote Ohrensegel. Wer sagt das?
Er senkt den Blick, lutscht am Daumenballen, wo sie ihn gebissen hat.
Wer?, wiederholt sie in gefährlichem Ton.
Er zögert. Vielleicht hat sie sich ja bloß umgebracht. Die einen sagen dies, die andern das.
Das ist gelogen. Wenn du das weitersagst, bringe ich dich um!
Er blinzelt, zieht den Rotz hoch. Schon gut, murmelt er, ich sag's nicht weiter.

Aber die Gerüchte lassen sie nicht in Ruhe, schnappen wie unsichtbare Hunde nach ihr. Sie lernt, auf Zeichen zu achten und so zu tun, als ob sie jemand andern meinten. Manchmal, auf der Straße vor dem Doktorhaus, im Laden, dreht sie sich rasch um, entdeckt Mitleid in den Blicken, die ihr gelten.
Hin und wieder, an schulfreien Nachmittagen, darf sie den Vater auf der Arztvisite begleiten, zu Fuß oder im Einspänner. Bei ansteckenden Krankheiten muss sie draußen warten; sonst darf sie mit hinein. Die Kranken liegen meist in abgedunkelten Zimmern, haben fiebrige Augen, lächeln ihr zu, es riecht nach Essigumschlägen und Schweiß. Der Vater will als Erstes immer Luft und Licht, öffnet die Fenster und Läden. Carmen kennt die Instrumente, die er benötigt, sie öffnet das Arztköfferchen, reicht ihm, was er verlangt: das Hörrohr, das Hämmerchen, den Spatel, den Augenspiegel. Sie sieht die Finger

des Vaters, die Finger mit den breiten Kuppen, die Hals und Brust abtasten, seine Knöchel, die einen Rücken beklopfen. Die Hände sind in solchen Augenblicken das Zarteste und Behutsamste an ihm. Carmen hört die Kranken husten und laut atmen; sie strecken die Zunge heraus, wie es der Vater will, überlassen ihm den Arm, das Bein. Der fremde Körper ist seinem Willen unterworfen; das Krankenzimmer wird zum magischen Raum, und sie selber, Carmen, fühlt sich eins mit dem Vaterwillen, säubert wie im Traum die Instrumente, die er ihr gibt, legt sie ins Köfferchen zurück; es ist unwichtig, was seine Hände oder ihre tun, es zählt nur, dass sie den gleichen Absichten gehorchen.

Im Nebenzimmer warten die Angehörigen auf den Arzt. Die Stimmen sind gesenkt, einzelne Wörter bekommen ein gefährliches Gewicht: *Influenza, Pneumonie, Angina.* Der Vater verlangt von Carmen das Köfferchen, klappt es wieder auf, schüttet Tabletten aus Glasröhrchen, lässt braune Tinktur in ein Wasserglas tröpfeln; er redet mit ruhiger Stimme, doch auf den Mienen malen sich Bestürzung und Angst, die Leute stellen tückische Fragen, die der Vater nicht beantworten kann: Wie lange? Warum? Was sie sagen, ist voller Hintersinn. Das Angebot zu bleiben, einen Kaffee zu trinken, klingt wie Hohn; darunter, auf dem Grund der wegschwimmenden Sätze, lauert ein einziges Wort: Schuldig! Wenn sie hinausgehen, kommt's ihr vor wie Flucht, und das Cab mit dem aufgeklappten Verdeck ist ihre fahrende Festung, die sie vor Blicken beschützt.

Im Cab verschwindet die Angst bis auf einen kleinen bitteren Rest. Der Vater legt ihr die Zügel in die Hand; sie straffen und lockern sich, als wären sie lebendige Wesen.

Aber Carmen macht es falsch, ruckt zu stark; das Pferd scheut, schlägt mit den Hinterbeinen aus; der Vater nimmt ihr mit einem ärgerlichen Ausruf die Zügel ab, bändigt das Pferd, das schon wieder ruhig trabt. Daddys Ärger verfliegt, er tätschelt Carmens Hand: Du bist ja eine richtige kleine Krankenschwester, weißt du das? Sie nickt, lehnt sich ein paar Augenblicke an die Vaterschulter. Eines Tages wird sie eine weiße Haube tragen und diesen gütigen Ausdruck im Gesicht, den sie von Bildern kennt. Es ist ja immer noch Krieg im Ausland; dankbar blicken Soldaten von Bahren und Betten zu den Schwestern auf. Hände auch hier, Schwesternhände, verflochten mit den Händen Sterbender; dass es Sterbende sind, hat Frau Bründler gesagt, man sieht es am schlaffen Mund, an den hohlen Wangen. Die Sterbende, die ihr der Vater einmal zeigt, hat einen Mund mit tief eingeschnittenen Winkeln, beinahe ein Grinsen ist auf ihrem Gesicht, die Augenlider flattern, zwischendurch sieht man das Weiße. Carmen will nicht hinschauen, doch der Vater packt sie am Nacken und stößt sie vorwärts: Du willst es doch wissen, flüstert er in ihr Ohr. So schau es dir jetzt an. Sie bleibt stehen, schaut nicht weg; sie verbietet sich, an die Mutter zu denken, die schon lange tot ist. Bei ihrem Sterben war Carmen nicht dabei; sie fragt nach vielem, nur nach Mummys Sterben fragt sie nicht. Nie erwähnt der Vater sie; ihr Foto, das über dem Kamin hing, ist verschwunden. Ein falsches Wort, ein richtiges zur Unzeit könnte das Haus in die Luft sprengen.

All diese Geheimnisse. Blicke, abgebrochene Sätze; auch mit Tiny, der älteren Schwester, soll etwas nicht stimmen, aber was denn? War die Mutter, als sie den Vater kennen lernte, wirklich noch mit einem andern Mann verheiratet, einem Engländer? Carmen geht auf Zehenspitzen in Vaters Privatzimmer, durchstöbert die Schreibtischschubladen, findet eine Dokumentenmappe, die sie aufschnürt, und später, in einem leeren Zigarrenkistchen, Dutzende von Briefen in der kleinen, fliegenden Schrift ihrer Mutter. Sie liest hastig, was auf Taufscheinen, Heiratsurkunden, amtlichen Dokumenten steht: Geboren 1856 und 1875. Die Mutter neunzehn Jahre jünger als der Vater, mit fünfunddreißig gestorben an Herzschlag, tagalischer Abkunft. Geschieden von Albert von Kauffmann im Jahre 1904; wieder verheiratet mit Emil Mory in London, 1905. Wessen Kind ist Tiny, die schon fünf Jahre früher geboren wurde? *Dear Emil. Darling. O my sweet heart.* Die meisten Briefe sind auf Englisch geschrieben. Hat die Mutter mit ihnen englisch gesprochen? Tiny behauptet es; sonst sagt sie kein Wort über die Mutter, und Englisch versteht auch sie nicht.

Auf Deutsch geschrieben hat die Mutter meist die Grüße am Schluss eines Briefs: *Ich küsse dich. In Liebe deine Leona;* ganze deutsche Sätze stehen manchmal auf Ansichtskarten. Carmen gibt es einen Stich, als sie die Rechtschreibfehler bemerkt, Fehler, die sie sich längst abgewöhnt hat: *Das Weter an der Adria ist sehr schön, Tiny hustet nicht mehr so vil.* Auf der Vorderseite ein großes Hotel am Meer, eines der Fenster im zweiten Stock ist angekreuzt. *Carmen entzükt hier die ganze Gesellschaft,* dies auf einer Karte aus Biarritz. Hat Carmen also doch schon das Meer gesehen? Unter gebrauchten Löschblättern entdeckt sie einen Zettel, zerknüllt und wieder geglättet, mit Faltbrüchen, die das Schriftbild verunstalten; es ist Mummys Schrift, aber auseinander gerissen, als hätten starke Kräfte an beiden

Enden der Wörter gezerrt: *Es ist hier so dunkel im Winter, Emil. Ich leide. Helfe mir. Please.*
Im Brockhaus steht: Die Tagalen sind ein Volksstamm auf den Philippinen, Ureinwohner, dunkelhäutig, naturverbunden und friedlich, aber kriegerisch, wenn sie bedroht werden. Ihr Blut fließt also in Carmens Adern; ja, es gibt ein Ungestüm in ihr, das ihr unheimlich ist, diesen Zorn, der unvermittelt aufspringen kann, es gibt lichtlose Winkel, in denen sich ein mörderischer Hass verbirgt, der Hass auf jene im Dorf, die etwas von ihrem tagalischen Blut zu ahnen scheinen; sind es die Gleichen, die den Vater anschuldigen?

Mit vierzehn beschließt Carmen, berühmt zu werden, als Schauspielerin, als Sängerin oder, wer weiß, als Schriftstellerin; das wird die Tuschler zum Verstummen bringen. Mit hoch erhobenem Kopf geht sie an den Gleichaltrigen vorbei, die sie und ihre scharfe Zunge zu fürchten beginnen. Der Vater spaltet mit seinen Plänen das Dorf: Er tritt für den Bau einer Bahnlinie ein, die von Frutigen nach Adelboden führen und die Kurgäste zu ihnen heraufbringen soll. Das Bahnprojekt wird bald begraben; überall eckt der Vater an mit seinem Drang, den Kurort aufzuwerten. Aber auch der Autobus, der schließlich das Dorf bedient, ist besser als die Postkutsche, deren Gemächlichkeit Carmen fast nicht ausgehalten hat. Mit Autobus und Bahn, so träumt sie, wird sie eines Tages fortreisen, über Bern und die Schweiz hinaus, fort zu Ruhm und Geld. Sie wird erster Klasse reisen, sie hat die Fotos aus Modemagazinen im Kopf, sie stellt sich vor, wie sie in der spiegelnden Scheibe den Pelzkragen zurechtrückt, mit den Fingern über ihre Perlenkette fährt.

Zusammen mit den Kindern der Gutbetuchten besucht sie die private Sekundarschule im Ort; auch diese Unternehmung hat der Vater gefördert. Seine Tochter lernt Sprachen mit Leichtigkeit, sie übt sie bei Tisch, verärgert die jüngere Schwester und Frau Bründler mit Sätzen, die sie nicht verstehen. Einmal hat Tiny sie mitgenommen nach Thun ins Konzert, wo Arien und Chöre aus Bizets *Carmen* gesungen wurden. Zu Hause hat sie sich ans Klavier gesetzt, Melodieanfänge zusammengesucht; der Vater hat ihr schließlich die Noten besorgt, und nun übt sie stundenlang, will die Finger dazu zwingen, das Orchester nachzuahmen, über dem sich ihre Stimme erhebt: *L'amour est un oiseau rebelle que nul ne peut apprivoiser*. Singend zerfließt ihr Körper, nimmt in den Tönen neue Gestalt an, wächst ins Riesenhafte; sie, Carmen, und doch nicht sie, keine Wände mehr gebieten ihr Einhalt; alles ringsum schwingt und klirrt mit. Was spielt es da für eine Rolle, dass sie die Begleitung verschleppt; sie hört es kaum. Nur dass die jüngere Schwester sie belauscht, macht sie zornig. Dauernd steht Esther irgendwo hinter der Tür. Du spielst falsch, sagt sie später zu ihr, ich habe es genau gehört. Und dann rennt sie lachend davon, Carmen ihr hinterher, Treppen hinauf und hinunter, bis der Vater aus der Praxis auftaucht und sich über den Lärm beschwert.

Tiny, die um sechs Jahre Ältere, ist längst ausgezogen, hat ein Welschlandjahr und die Handelsschule absolviert, dann bei einem Kaffeeimporteur in Bern eine Sekretärinnenstelle gefunden. Grundsolid sei diese Stelle, hat der Vater mit leiser Ironie gerühmt; Kaffee werde in guten und in schlechten Zeiten getrunken. Von Tiny, das verbirgt er nur schlecht, hat er nie große Stücke gehalten; von

Carmen erwartet er mehr. In seinen seltenen Anfällen von Zärtlichkeit ersetzt er *meine kleine Krankenschwester*, wie er sie früher genannt hat, durch *meine kleine Dottoressa*. Wenn sie studieren wolle, werde er ihr's ermöglichen, sagt er gerührt.

Tiny wohnt im Berner Länggassquartier, in einer billigen Pension, wo sie ein Eckzimmer belegt, durch dessen Ritzen die Bise pfeift. Einmal im Monat darf Carmen sie besuchen, ohne Begleitung und mit wenig Gepäck. Bern ist schon Teil jener pulsierenden, mondänen Welt, zu der sie gehören will; von Bern sind die Berge so weit entfernt, dass sie niedlich wirken, weiß überpudert, hingestellt von Zuckerbäckern. In Bern gibt es Modegeschäfte, Straßenbahnen, elektrische Beleuchtung; der steinerne, von Gassen durchfurchte Stadtleib bietet sich Carmens Flaniergelüsten an und bewahrt dennoch seine Hinterhof- und Dachterrassengeheimnisse.

Tiny erwartet die Schwester auf dem Perron, in hochgeschlossener Bluse, das Haar aufgesteckt, ohne Hut, denn Hüte verabscheut sie. Ältlich sieht sie aus, nein, merkwürdig alterslos; das Gesicht hat die Farbe von aufgeschnittenem Weißbrot; sie ist mager, obwohl sie am Tisch doppelt so schnell kaut und schluckt wie Carmen. Die Begrüßungsküsse, die nach gerösteten Kaffeebohnen riechen, erste Fragen nach dem Wohlergehen, kaum verständlich in der Menge. Sie trinken Kaffee im Bahnhofbuffet, Tiny kostet ihn mit versunkener Miene, bemängelt die Kaffeequalität. Kaffee aus Brasilien, sagt sie, sei der beste, jener aus Kenia viel weniger aromatisch. Sie nennt die fremden Länder leichthin, wie Markennamen; es würde Tiny, denkt Carmen, nie einfallen, dorthin zu reisen.

Dann bummeln sie durch die Arkaden, Carmen verlangsamt vor Schaufenstern den Schritt, bleibt stehen, hält die Schwester am Ärmel zurück: Sieh nur, diese Colliers! Diese Lackschuhe! Diese Seidenstrümpfe! Am stärksten schlägt sie die Auslage bei Hossmann & Rupf in Bann: Pelzmäntel und Pelzstolen, über die Schultern von Wachspuppen drapiert, Nerz, Biber, Rotfuchs, diese delikaten, in allen Nuancen spielenden Farbtöne zwischen Umbrabraun und leuchtendem Krapprot, die Silbersträhnen darin, die, je nach Blickwinkel, aufschimmern und wieder verschwinden; das Versprechen von Weichheit und Wärme. Schön muss es sein, sich in einen solchen Mantel zu hüllen, das wärmende Gewicht um einen, das sich jeder Bewegung anpasst, die eigenen Konturen vervollkommnet. Diese Lust plötzlich, die Schaufensterscheibe einzuschlagen, die Pelze zu streicheln, das Tier zu ahnen, von denen sie stammen. Carmen fröstelt in ihrem dunkelblauen Wollmantel, sie steht und schaut, minutenlang. Tiny drängt weiter, sie will noch in die Unterstadt, am Bärengraben vorbei und zum Rosengarten hinauf, von wo aus man die Aareschleife im Herbstlicht sehen kann; Pelze seien ohnehin den Reichen vorbehalten, zu denen Landarzttöchter nicht gehörten. Carmen folgt der Schwester wie im Traum; sie hat ja Recht, die Schwester, und trotzdem täuscht sie sich: Wer mit aller Kraft etwas will, der wird es sich erobern. Sie beginnt die Habanera aus *Carmen* zu summen, summt lauter, macht tänzelnde Schritte, so dass Passanten sich belustigt nach ihr umdrehen.

Das Abendessen später, am ovalen Tisch mit Frau Herzog und ihren fünf Pensionären; ein Zusatzgast ist gegen Voranmeldung gestattet. Gesittete Gespräche zu Rindsragout, Kartoffeln, überbackenem Blumenkohl; ein saurer Rotwein, den die Wirtin sparsam einschenkt. Den Kabissalat mit Kümmel hätte Carmen daheim verschmäht. Aber sie isst ein paar Gabeln davon, hält sich, Tiny zuliebe, an die Tischregeln, unterdrückt nur hin und wieder ein Lachen; die Gesichter schweben über den Stühlen wie das Katzengesicht aus *Alice in Wonderland*. Danach die Schwestern-Zweisamkeit in Tinys kaltem Zimmer. Carmen, in eine Wolldecke gehüllt, sitzt mit angezogenen Beinen auf der Ottomane, Tiny auf dem Lehnstuhl. Sie trinken Johannisbeerlikör aus kleinen Gläsern; die Familiengeheimnisse liegen zwischen ihnen wie tote, gehäutete Tiere, die sie nicht zu berühren wagen.

Ich geh jetzt für ein Jahr in die Westschweiz, ins Internat, sagt Carmen, ins gleiche, in dem du warst, dann darf ich nach London, Papa hat's erlaubt, und danach werde ich Musik studieren, Gesang, am liebsten in München. Carmens Worte flattern mit Flügeln: Weg von hier! Nur weg! Tiny nickt, und ihr Kinn scheint dabei noch spitzer zu werden. Ihre Ausbildung ist abgeschlossen; sie wird sich nach einem geeigneten Mann umsehen müssen, oder sie wird eben Sekretärin bleiben. In den sechs Jahren, die sie der Schwester voraus hat, sind alle andern Aussichten verdampft wie in einem Topf, den man zu lange auf der heißen Herdplatte stehen lässt. Doch dann sagt sie, das Kinn um eine Winzigkeit vorreckend: Ob deine Begabung wirklich ausreicht, wird sich ja zeigen.

Carmen ist schon so betrunken, dass sie das Glas in der Hand am liebsten zerdrücken würde; aber sie leert es mit einem Zug, wischt den klebrigen Likörrest mit dem Zeigefinger auf, leckt ihn ab, starrt die Schwester finster an. Kurz vor Mitternacht macht Tiny das Licht aus; die Ottomane müssen sich die Schwestern teilen. Sie haben sich nichts mehr zu sagen, wenden einander den Rücken zu. Tiny wirft sich im Traum herum, stößt Carmen mit dem Knie von sich weg. Es wird stickig unter der schweren Decke; auf dem Lehnstuhl indessen, wo Carmen Zuflucht sucht, beginnt sie zu frieren. Weg von hier, denkt sie. Tausend Kilometer. Zweitausend. Weg von Vaterrücken und Schwesterknie. Weg von überbackenem Blumenkohl. Sie schlingt die Arme um sich, wiegt sich hin und her; die Habanera geht ihr durch den Kopf: *L'amour est un oiseau rebelle.* Nein, die Liebe legt einem bloß Fesseln an.

Von Tiny kommen Laute, die wie unterdrücktes Schluchzen klingen; der Morgen ist nicht mehr fern. Carmen graust es vor dem Milchkaffee mit schrumpeliger Haut, den es hier geben wird. Sie bürstet ihr Haar; die gleichmäßige Bewegung rückt die Dinge wieder ins Lot. In der Dämmerung zeichnet sich die Ottomane ab; Tiny liegt wie eine Tote da, starr, kaum noch atmend. Werde ich jemals ankommen?, denkt Carmen.

4

Westschweiz, London, München, 1922–32

Carmen verlässt ohne Bedauern das Bergdorf. Leonas Perlenkette und ein rotes, schulterfreies Seidenkleid, Vaters Abschiedsgeschenk, sind das Kostbarste, was sie bei sich hat. Das Jahr am Genfersee, Internatsleben. Carmen singt, übt Tonleitern, Koloraturen, es ist ihr egal, deswegen verspottet zu werden. An der Jahresschlussfeier tritt sie als Zigeunerin auf. Sie braucht sich dafür bloß mit buntem Kopftuch und langem Rock zu kostümieren; ihr Teint ist schon dunkel genug. Sie singt die Habanera, erntet stürmischen Applaus. Zum ersten Mal diese heiß aufschießende Euphorie, auserwählt zu sein.
Und dann? Ich stelle mir Carmen in London vor, siebzehn oder achtzehn jetzt. Erfährt sie endlich mehr über Leonas Vergangenheit? Handelsfächer, Stenographie: was das Ohr erfasst, übernimmt die Hand; keine Silbe braucht verloren zu gehen. Das Englische fällt ihr noch leichter als das Französische, sie spielt mit Betonungen, grammatikalischen Eigentümlichkeiten. In Sprachen kann man sich verstecken wie früher in den Heuhaufen auf der Alp; man hüpft zwischen ihnen hin und her, zeigt nichts von sich.
Der Vater war Schiffsarzt in jüngeren Jahren, daran erinnert sie sich jetzt oft. Das Geheimnis der Ferne hat ihr der Vater voraus; er war in Malakka, auf Sumatra. Eines Tages traf er eine schöne Tagalin; in ihrem ersten Blicketausch war sie, Carmen, schon enthalten als Möglichkeit. Warum hat er nie davon erzählt, der Vater? Keine Briefe

von ihm, nur Ansichtskarten hin und wieder: *Mir geht es vortrefflich. Londons schlechte Luft greift dich hoffentlich nicht an.* Sie hingegen schreibt lange Briefe, in denen sie ihr Können erprobt; kleine Reportagen über Londons Straßen, über Bettler und Marktfrauen, sie beschränkt sich aufs Pittoreske, fügt englische Passagen ein, um dem Vater ihre Fortschritte vorzuführen. Das Ich in ihren Briefen ist eine Hohlform; es kommt ihr vor, als müsse sie jedes von ihr entworfene Selbstporträt, das ihr wirklich ähnlich wäre, mit dem Daumennagel gleich wieder wegkratzen.

Sie sieht, obgleich sie wegblicken möchte, im Wandspiegel ihren pummeligen Körper; *drall* hat sie einmal ein deutscher Gast in Adelboden genannt. Sie beginnt zu hungern, übt nachmittags Tonleitern, übt das Schwierigste im Belcanto: Triller, Verzierungen, Doppelschläge; man muss den Vogel, wenn er von der Sehnsucht singen soll, mit allen Mitteln zähmen. Auch die Zimmerwirtin, die sich über den Lärm beschwert, bringt sie nicht vom Üben ab; sie bindet sich ein Frotteetuch vor den Mund, singt in den Stoff hinein, bis er durchnässt ist und der Kehlkopf schmerzt.

Abgemagert geht sie an Schulbälle, an Tanzabende; sie hält sich gerade, lacht schallend zum Foxtrott. Diese fremden Hände an ihrer Hüfte, die sich in ihre Gefühle graben möchten; der schlechte Mundgeruch der Schmeichler, die verstohlen ihre Brüste mustern. Wenn man sich durchsichtig macht, ist man verloren.

Aufenthalte in Holland, in Frankreich, von denen sie später berichtet, das bleibt alles im Dunkeln. Sie besucht Vorlesungen, nehme ich an, lässt sich durch Hörsäle treiben, durch Bars und Boulevards, hört ein wenig Kunstgeschichte und Philosophie. Und sie übt, ja, sie übt, das ist das Einzige, was sie ernsthaft betreibt: Der Musik darf sie sich überlassen, und sie überlässt sich nichts anderem, niemandem sonst.

1930 ist sie in München. Sie hat die Aufnahmeprüfung an der Musikhochschule bestanden, studiert Gesang. *Ich werde Sängerin,* schreibt sie dem Vater, *Herr Professor Lorenz bestätigt mein Talent.* Der Vater bestürmt sie brieflich: *Tu das nicht, du wirst versumpfen, die Kunst ist brotlos, studiere endlich Medizin!*

Aber er hat keinen Einfluss mehr auf sie, er ist alt und kränklich geworden, praktiziert schon lange nicht mehr. Jeden Morgen spaziert er am Stock durchs Dorf; das weiß sie aus den kurzen Briefen der jüngeren Schwester. Er kündigt an, seine Unterhaltszahlungen einzustellen, wenn sie nicht gehorche; sie schreibt zurück. *Du wirst meinen Willen nicht brechen.*

Sie spürt körperlich, wie es in der Stadt brodelt; die Namen auf den Wahlplakaten, *Brüning, Thälmann, Hitler,* verbinden sich mit erhobenen Fäusten, von Flammen umgebener Schrift. Man dürfe, sagt Professor Lorenz, Hitler nicht unterschätzen; er sei der Einzige, der den jüdischen Bolschewismus frontal anzugreifen wage. Die Braunhemden indessen gefallen ihr nicht, diese abfallenden Schultern, die aufgeplusterten Uniformhosen um die Oberschenkel herum: wie dumm das aussieht! Und doch kann sie nicht wegschauen, wenn die Männer an ihr vorbeimarschieren. Irgendwann muss die Verführung begonnen haben. War es so? War es ganz anders? Ihre Aufmerksamkeit jedenfalls ist geschärft; sie bringt ihre Eindrücke zu Papier; neben der Stimme trainiert sie ihre Schreib-

hand. Warum nicht mit Artikeln Geld verdienen? Die nationalen und christlichen Kräfte werden in Deutschland triumphieren, davon ist sie überzeugt, und das wird sie den skeptischen Lesern erklären.
Der Vater zahlt weiter, zu ihrem Erstaunen. Sonst wäre gewiss Tiny eingesprungen; sie habe nun, hat sie Carmen nach München geschrieben, die Wäsche für die Aussteuer komplettiert, werde aber wohl unverheiratet bleiben. Den Antrag des Herrn Jegerlehner, des Magazinverwalters ihrer Firma, habe sie zurückgewiesen; der Mann mit seinen gelben Zähnen sei ihr zuwider, wie eigentlich jeder Mann.

Das tägliche Üben; zwischendurch ihr Halsweh, kleine Heiserkeiten, von denen sie sich nicht einschränken lässt. Wieder eine Zimmerwirtin, die sich über den ewigen Lärm beschwert, zudem, der Nachbarn wegen, kein Mietklavier in der Wohnung duldet. Carmens Gesanglehrer verschafft ihr die Adresse eines Kollegen von der Kunsthochschule; in der kleinen Villa des Professor Erler findet sich für sie ein Eckzimmer mit eigenem Wasseranschluss, erreichbar durch den Dienstboteneingang. Sie darf zu bestimmten Stunden nachmittags den Flügel im Salon benutzen, sie darf auch, eine Woche nach dem Umzug, an der Abendgesellschaft dabei sein, die Herr und Frau Professor geben. Überall brennende Kerzen; der Herr Professor verabscheut das elektrische Licht. Eine Torte wird hereingetragen, auf der sich rahmgefüllte Eclairs zu einer Pyramide türmen.
Der Sohn des Hauses, Friedrich, verwickelt Carmen in ein Gespräch über ihre Herkunft; er füllt ihr Sekt nach, versucht sie, nach dem dritten Glas, scherzhaft mit Eclairs zu füttern. Er sei auch Student, sagt er, sein Hauptstudien-

gebiet sei das Leben, fügt er mit einem Zwinkern hinzu und streift dabei ihren nackten Arm. Als ein Schrammel-Quartett zu spielen beginnt, tanzt er mit ihr durch den Salon, schiebt sie geschickt an andern tanzenden Paaren vorbei. Er führt sie herum, stellt den Herrschaften *seine fesche Schweizerin* vor. Die besten Kreise verkehren bei uns, raunt er ihr zu, sogar ein bisschen Generalität. Wer hier Uniform trägt, wirkt elegant, ganz und gar nicht braunhemdenhaft. Man mustert Carmen, macht ihr Komplimente.

Von den Namen, die Fritz ihr nennt, prägt sich sogleich einer ein: Udet; sein Händedruck schmerzt, die Augen sind überhell und wachsam: Sängerin sind Sie? Sie werden uns doch gewiss ein nächstes Mal etwas vorsingen? Und ein anderer, ein Herr Goebbels, zierlich beinahe, mit füchsischem Lächeln, auf der Durchreise, wie er sagt: Sie sprechen so viele Sprachen? Wunderbar, Leute wie Sie brauchen wir bei uns; auch wir von der NSDAP sind für die Völkerverständigung! Wenden Sie sich an mich, wenn Sie jemals unsere Hilfe benötigen. Er lacht stürmisch, als habe er einen Niesanfall.

Herr Goebbels hat Grund, sich zu freuen, sagt Fritz zu Carmen; er ist ein enger Mitarbeiter Hitlers. Solchen Männern stehen nun, nach der letzten Reichstagswahl, alle Türen offen.

Hitler soll doch letztlich sehr primitiv sein, sagt Carmen, als sie ein paar Schritte weiter sind. Hat er überhaupt eine Ahnung von Kunst?

Psst! Fritz legt den Finger auf die Lippen. O ja doch, Hitler liebt die Musik, verehrt Wagner. Er wird, sollte er Reichskanzler werden, Bayreuth zu unserer Hauptstadt machen.

Wagner? Bei Wagner sterbe ich vor Langeweile.
Wenn du an unsern Opernhäusern reüssieren willst, musst du die Isolde singen. Er drückt sie einen Moment an sich, halb im Spiel, halb in unverstellter Begierde. Sie duzen sich schon an diesem ersten Abend, ganz selbstverständlich, als wären sie miteinander aufgewachsen; aber Carmen lässt es nicht zu, dass er später, nachdem die Gäste gegangen sind, zu ihr ins Zimmer kommt. So billig ist sie nicht zu haben; sie wird den Preis festsetzen.
Auf einer der nächsten Gesellschaften singt Carmen Mory zwischen Nachtisch und Kaffee, begleitet von Professor Lorenz auf dem Klavier, Lieder von Schubert. Der Applaus ist stark; am längsten klatscht Fritz. Er wirbt um sie mit Einladungen, mit frivolen Gedichtchen und Blumensträußen, die er auf ihr Zimmer schicken lässt, und sie gibt, Schritt für Schritt, nach, erlaubt Küsse, unziemliche Berührungen, erduldet, dass er sie an sich presst, ihr Ohr mit Geständnissen kitzelt. Die Zimmertür öffnet sie ihm gegen das Versprechen, am nächsten Tag ihre Verlobung bekannt zu geben.

Wer soll Reichspräsident werden? Carmen ist, mit Einschränkungen, für Hindenburg, Fritz für Hitler, den Erneuerer; das entzweit sie bei nächtlichen Gesprächen. Fritz ziert sich, die Verlobung offiziell bekannt zu geben, es sei zu früh, jetzt sei noch alles im Fluss. Er schwärmt von Hitlers Dynamik, seiner Modernität; allein dieser Deutschlandflug von Ort zu Ort, den man am Rundfunk und in der Wochenschau mitverfolgen kann! Er überredet Carmen dazu, mit ihm zusammen die Münchner Kundgebung zu besuchen. Da stehen sie, Tausende und Abertausende, in diesem Flaggen- und Lautsprecherwald, und irgendwo weit vorne, unter dem Himmel mit seinen Einsprengseln von Blau, tritt einer im schwarzen Fliegermantel auf das Podium. Aus den Lautsprechern schwillt er an, der abgehackte Hassgesang; das antwortende Massengeschrei ist eine Faust, die sich in Carmens Magen wühlt. Doch plötzlich, sie weiß nicht warum, brechen die Sieg-Heil-Rufe auch aus ihr heraus; sie schreit, bis der Hals wieder schmerzt. Nur den rechten Arm lässt sie unten, über ihn hat sie noch Macht. Am Abend kann sie fast nicht mehr sprechen.

Du hast dieses Mal noch gewonnen, sagt Fritz zu Carmen, nachdem Hindenburg Reichspräsident geworden ist, und kneift sie scherzhaft in den Oberarm. Aber die Zukunft wird dich umstimmen, *ma petite.* So nennt er sie jetzt; er ist deutschnational und frankophil zugleich. *Zwei Seelen wohnen, ach, in meiner Brust,* zitiert er und will sich ausschütten vor Lachen: ein großes, wuschelköpfiges Kind, das manchmal Trost braucht. Er merkt gar nicht, dass Carmen nur noch flüstert, dass ihr Rachen eine einzige große Wunde ist; jedes gehauchte Wort, jedes Schlucken martert sie. Du fieberst ja, sagt er plötzlich, legt seine Hand auf ihre Stirn und zieht sie gleich zurück; er fürchtet sich vor nichts so sehr wie vor ansteckenden Krankheiten.

Der Arzt, Doktor Cohn, ein guter Bekannter der Familie Erler, stellt eine chronische Entzündung der Rachenmandeln fest, rät dringend zur Sektomie, auch wenn das Risiko bestehe, dass die Stimmbänder affiziert würden; andernfalls habe Carmen mit einem Krankheitsherd zu rechnen, der unabsehbare Komplikationen nach sich ziehen könnte. Sie willigt ein, spielt mit dem Gedanken, den Vater herzubitten, lässt es aber bleiben; was soll der alte Mann an ihrem Krankenbett?

Als sie aus der Narkose erwacht, hat sie das Gefühl, ihr Hals sei wütend aufgebläht wie ein Ballon, dem Platzen nahe. Sie trinkt kalten Tee in winzigen Schlucken, versucht mit den Krankenschwestern zu sprechen, mit Doktor Cohn; die Stimme gehorcht ihr nur halb, widersetzt sich, ins Gehauchte ausweichend, ihrem Willen.

Nicht forcieren, Fräulein Mory, mahnt der Arzt, ja nicht forcieren; lassen Sie sich Zeit!

Fritz bringt ihr beim zweiten Besuch ein Geschenk mit, ein Bündel, in Seidenpapier gewickelt; sie packt es aus mit ahnenden Händen, gräbt sich hinein in etwas Weiches und Kitzelndes: eine Pelzstola, Nerz, ein bisschen abgetragen schon, aus zweiter Hand, aber wenn sie darüber streicht, stellt sich der Zauber sogleich ein: diese Schmiegsamkeit, die Lichtreflexe; sie setzt sich auf, er drapiert die Stola um ihre Schultern, sie versucht im Fenster ihr Spiegelbild zu erkennen.

Woher hast du die Stola?, möchte sie fragen; doch die Stimme versagt ihr nun ganz; ein heiseres Knurren dringt aus ihr, passend zum Pelz, denkt sie und verzieht den Mund zu einem gequälten Lächeln.

Ein Erbstück, sagt Fritz, ich hab es vom Dachboden geholt; zur Hochzeit bekommst du einen Teil des Familienschmucks. Was sagt du dazu, *ma petite*?

Sie nickt, spielt mit dem Pelz, vom dem ein sanfter Naphtalin-Geruch ausgeht.

Allmählich, am dritten, vierten Tag nach der Operation, kehrt die Stimme zurück, aber es ist nicht mehr die gleiche: sie hat sich aufgerraut und verdunkelt, als würde alles, was sie nun sagt, einen hässlichen Schatten werfen. Obwohl der Arzt ihr dringend davon abgeraten hat, erprobt sie, ganz für sich, ein paar leise Töne. In den hohen Lagen ist die Stimme wie abgeschnitten, das Timbre verblasst; wenn sie presst, wird es noch schlimmer. Die Tränen laufen ihr übers Gesicht; in den Tränen zerrinnt ihre Sängerinnenkarriere, das weiß sie genau. Doktor Cohn zwar tadelt ihre Ungeduld, verweist auf die fünfzigprozentigen Regenerierungschancen; aber wenn der Glaube zerbrochen ist, kann ihn nichts mehr heilen. Was soll nun aus ihr werden?

Journalismus, sagt Fritz, seine Zigarre ausdrückend, versuch es mit Zeitungsberichten. Du schreibst so leicht, du siehst so viel. Erklär deinen Landsleuten, was in Deutschland passiert, rück das Zerrbild zurecht, das sie von uns haben.

Mach dir keine Illusionen, sagt sie, ich werde meine Unabhängigkeit nicht aufgeben.

Er zündet seine Zigarre wieder an. Gestern, sagt er, bin ich der Partei beigetreten.

5

München, Berlin, Bern, 1932/33

Carmen Mory, Journalistin, steht in Kursivschrift auf ihrer Visitenkarte; sie zückt sie oft, wenn sie bei Behörden und in Parteizentralen vorspricht. Kleine Stimmungsbilder aus dem zerrissenen Deutschland, über die Folgen der Arbeitslosigkeit, über SA-Suppenküchen und den Volkszorn nach dem vorübergehenden Verbot von SA und SS. Beinahe dauernd ist irgendwo Wahlkampf; die großen Veranstaltungen meidet sie. Dennoch wächst ihre Sympathie für die NSDAP, aber sie ist nicht uneingeschränkt: Wie diese vier SA-Leute in Oberschlesien einen kommunistischen Bergarbeiter zu Tode getrampelt haben, das ist viehisch und unverzeihbar. Treibt Deutschland dem offenen Bürgerkrieg entgegen?
Kleinere Schweizer Zeitungen drucken hin und wieder etwas ab; Doktor Emil Mory sieht den Namen seiner Tochter – mit wie viel, mit wie wenig Stolz? – in der *Oberländer Volkszeitung*. Das Geld tröpfelt herein, Zeilenhonorar. Sie braucht es dringend; ihre Ersparnisse hat sie an Fritz ausgeliehen, der immer in Geldnot ist und seinen Vater längst nicht mehr anzupumpen wagt. Eine Verlobungsfeier hat noch immer nicht stattgefunden; Fritz spekuliert, das ahnt sie, ebenso auf ihr künftiges Erbe wie sie auf seines. Sie erwähnt ihre neuen Bekanntschaften, einen Staatsanwalt, die Vertreter der *Berliner Illustrirten*, die sie, ihrer deutschfreundlichen Haltung wegen, zu protegieren versprechen. Fritz macht ihr, nachts in ihrem Zimmer, Ei-

fersuchtsszenen. Als sie ihre Darlehen zurückfordert, reißt er die Stola von der Stuhllehne, wirft sie ihr ins Gesicht: Da, nimm, das ist die Anzahlung! Wo treibt er sich tagsüber herum? Geheimaufträge der Partei, sagt er, nichts für geschwätzige Lieschen. Er scheint an der Universität zu agitieren; vermutlich hetzt er Jurastudenten gegen jüdische Professoren auf; dauernd hat er jetzt die Taschen voller Geld. Und dennoch findet sie eines Tages ihre Schreibtischschublade aufgebrochen; der kleine Brillantring und Leonas Perlenkette fehlen.

Sie hat genug; packt ihren Koffer, fährt, ohne Abschied, am gleichen Abend nach Berlin. Ein Zimmer in Neubabelsberg, das reicht fürs Erste; ein Adressbuch, das sich von Tag zu Tag mehr füllt. Man muss Kontakte haben mit allen, die an die Spitze gelangen könnten; sie hat, wird ihr bedeutet, sogar Aussicht, Reichskanzler von Papen vorgestellt zu werden, der allerdings schon halb auf dem Abstellgleis stehe, man müsste wohl eher zu General von Schleicher umschwenken.
Die Heiserkeit in ihrer Stimme wirkt anziehend auf Männer, eine Marlene-Dietrich-Stimme, sagt einer aus Hugenbergs Partei. Sie ist interessiert an machthungrigen Männern; in ihrer Sphäre wird sie selber stark, und darum zerreißt sie die flehenden Briefe aus München; wie hat Fritz bloß ihre Adresse ausfindig gemacht?
Unermüdlich ist sie unterwegs, läuft sich alle Schuhsohlen ab; die Stola wärmt sie in der frostigen Stadt. Was will sie denn? Das Glück will sie, das die weihnachtlichen Schaufenster versprechen, Ruhm und Erfolg. Am Presseball trifft sie Herrn Goebbels wieder, er erinnert sich schwach an sie, stellt sie einem Herrn Rosenberg vor, der

sich, wie ihr Begleiter ihr zuflüstert, für höhere Aufgaben rüste, denn jetzt sei es nur noch eine Frage von Tagen, bis die Nationalsozialisten an die Macht gelangten.

Der 30. Januar 1933; am frühen Abend, stelle ich mir vor, wird Carmen von der Menge mitgeschwemmt zum Reichstag, verliert im Gedränge ihr Notizbuch. Doch was bedeutet das schon? Sie sieht die Inbrunst auf den Gesichtern, eine kindliche Gläubigkeit, die auch sie ergreift, dieses Fackelmeer, in das Hitlers Getreue den Tiergarten verwandeln, Licht an Licht, ein langsam vorwärts strömender Lichterglanz. Nun fliegt, als der neue Reichskanzler auf den Balkon tritt und die Heil-Rufe zum ihm emporbranden, auch ihr Arm empor. Von seiner Ansprache versteht sie beinahe nichts und versteht doch ganz und gar, was er herbeibeschwört: WIR WERDEN BIS ZUM LETZTEN KÄMPFEN FÜR EIN EINIGES DEUTSCHES VOLK!

In dieser Nacht schläft sie kaum, erst gegen Morgen legt sie sich ins Bett. Die letzte Strecke von Wannsee bis Babelsberg ist sie zu Fuß gegangen, über Asphalt und gefrorene Feldwege. Sie schreibt, überreizt, hellwach, die ersten Sätze einer Reportage: *Die Nacht der Lichter*, dann nimmt sie eine Tablette, damit sie schlafen kann; die Tabletten nützen auch gegen Kopfweh, gegen rasenden Puls, gegen das Chaos, das manchmal in ihren Gedanken ist.

Auch die nächsten Tage vergehen wie im Rausch. *Der Sturmwind der Erneuerung fegt durch Deutschland*, titelt der *Völkische Beobachter*, den die Zimmerwirtin abonniert hat: Auflösung des Reichstags, Notverordnungen, Boykott von jüdischen Geschäften, die SA als Staatspolizei; es ist höchste Zeit, dass die Schreier von links, die das Völkische ver-

achten, mundtot gemacht werden. Manchmal, auf ihren rastlosen Erkundigungsgängen, findet Carmen ein wenig Ruhe in einer Kirche, die gerade am Weg liegt. Das verwundert sie selber; wie lange ist sie den hohen, stillen Räumen, in denen jeder Schritt hallt, ferngeblieben. Nein, sie betet nicht, sie sitzt einfach da, lässt den Lärm von draußen verklingen. Es ist, als sitze sie atmend unter Wasser, in einem von dunklen Farben durchfluteten Dämmerland.
Per Post bekommt sie ihr Notizbuch zurück. Der Finder hat ein paar freundliche Zeilen dazu geschrieben, grüßt am Schluss mit *Heil Hitler!* Der Wachstuchdeckel ist verbogen, die ersten Seiten sind von Schuhen beschmutzt. Sie wirft das Heft gleich weg, denn sie hat schon ein neues gekauft, eines mit blanken Seiten.

Eines Abends wartet Fritz vor ihrer Haustür auf sie, durchfroren, mit reumütigem Hundeblick; er trägt Zivil, streckt ihr ein Päckchen entgegen, das, wie sich später herausstellt, die entwendeten Schmuckstücke enthält, dazu einen Armreif aus getriebenem Silber. Er habe, sagt Fritz, eine Aufgabe bei der Geheimen Staatspolizei zu erfüllen, müsse sich im Hauptquartier der Partei informieren. Was bleibt ihr anderes übrig, als ihn einzulassen? Aus alter Gewohnheit duldet sie seine Hände auf ihren Schenkeln, erträgt das Kitzeln des Schnäuzchens, das er sich jetzt stehen lässt. Der aufgebrachten Zimmerwirtin sagt sie, beim Herrn, der über Nacht geblieben sei, handle es sich um ihren Verlobten.
Deutschland wird nun, nach der Verhaftung der Oppositionellen, wieder ein sicheres, ein friedliches Land. Sie schreibt sich die Finger wund; doch kaum jemand will ihre Artikel. Für die deutschen Blätter sind sie zu impres-

sionistisch, für die Schweizer zu nazifreundlich. Aus den Absagen der Schweizer Redaktionen schlägt ihr Feindseligkeit entgegen. Fritz schreibt aus München: *Wende dich, wenn du journalistische Aufträge brauchst, an Alfred Rosenberg, der soeben Leiter des Außenpolitischen Amtes der NSDAP geworden ist.*

Das Telegramm, Anfang April 1933, trifft sie völlig unvorbereitet: *Vater liegt im Sterben, er will dich sehen. Tiny.* Seit Monaten hat sie keinen Kontakt mehr mit der Familie gehabt; die Nachricht wirft sie aus der Bahn. Sie schließt sich im Zimmer ein, weiß nicht, was sie tun soll. Am dritten oder vierten Tag – sie hat jedes Zeitgefühl verloren – schiebt die Zimmerwirtin ein zweites Telegramm unter dem Türspalt durch. Carmen öffnet es nicht, sie weiß, was darin steht. Sie trinkt Wasser, um den Bartmann in ihr zu ertränken, schüttet Glas um Glas in sich hinein; sie geht schwankend hinaus aufs Klosett und gleich wieder ins Zimmer zurück.

So kann das nicht weitergehen, Fräulein Mory, sagt die Zimmerwirtin an der Tür, soll ich einen Arzt rufen? Wollen Sie einen Teller Suppe?

Alles in Ordnung, haucht Carmen; auch ihre Stimme hat er wieder aufgefressen, der Bartmann.

Die Zimmerwirtin holt Hilfe; ein Nachbar meldet sich an der Tür: Öffnen Sie doch, Fräulein Mory. Was ist mit Ihnen los?

Ich öffne nicht, versucht sie zu sagen; dann tut sie es trotzdem, schiebt mit eiskalten Händen den Riegel zurück.

Die beiden draußen starren sie an. Der Nachbar, ein SA-Mann, trägt sein Uniformhemd.

Nicht einmal geheizt haben Sie, sagt er vorwurfsvoll. Der Führer wäre nicht zufrieden mit Ihnen.

Ich packe jetzt, bringt sie hervor, ich fahre zurück, mein Vater ist tot.

Ihre Mienen zeigen respektvolle Bestürzung: Ach, so ist das! Ein Todesfall. Sie kondolieren, beinahe erleichtert. Wenn wir etwas für Sie tun können, sagt der Nachbar feierlich, ich meine, wegen Bewilligungen, Schlafwagenreservierung und so ... Die Behörden, das sind ja jetzt wir, sozusagen.

Sie schüttelt den Kopf, kämpft plötzlich gegen einen Lachreiz.

Wie lange wird sie fortbleiben? Sie packt nur das Nötigste in ihren schweinsledernen Koffer, lässt die meisten Kleider im Schrank; die Miete ist für einen Monat vorausbezahlt. Sie fährt zweiter Klasse; ihr Konto bei der Dresdener Bank ist bedrohlich zusammengeschmolzen. Sie wollte doch weg, weit weg, und jetzt fährt sie zurück, es ist wie eine Niederlage.

Pflügende Bauern. Aprilhimmel. Die Halte in rauchgeschwärzten Bahnhofshallen. Hakenkreuzfahnen. Es wird Nacht; der Zug bohrt sich ins Dunkle, bohrt sich fort und fort, ein Dauerschmerz wie beim Zahnarzt, alles Fleisch entzündet. Sie wehrt sich gegen das Einnicken, polstert dennoch die Holzbank mit Kleidern aus dem Koffer, schmiegt die Wange an ihre Stola. Gegen ihre Phantasien ist sie machtlos: immer wieder der ausgestreckte Körper des Vaters, nackt, von Schwären bedeckt; er wird nun verfaulen, oder hat man ihn kremiert? Der Unterschied zwischen Bern und Berlin, hat er einmal gesagt, besteht aus einer einzigen Silbe: li. Lilien. Lichterglanz. Litanei, Liebe. *L'oiseau rebelle que nul ne peut apprivoiser.* Ach Fritz, du bist der Falsche.

Die Zöllner frühmorgens in Basel, Badischer Bahnhof, sind freundlich, als sie ihren Pass sehen: Ist es Ihnen in Deutschland zu laut geworden? Fremde Hände durchwühlen ihren Koffer; nein, keine Geschenke, kein Propagandamaterial. Schlimm, dass sie vergessen hat, für Tiny etwas mitzubringen. Im Bahnhofbuffet trinkt sie eine Schale Gold; hier erinnert die Farbe des Milchkaffees niemanden an SA-Hemden. Ein anderes Land, stickig und gemächlich; es verlangsamt ihre Schritte. Sie kauft Zeitungen am Kiosk, bevor sie umsteigt in den vertrauten dunkelgrünen Wagen der SBB, dazu ein paar Bananen für Tiny; haben sie sich nicht früher um die Bananen gezankt, die der Vater aus Bern mitbrachte? Sie durchblättert den *Bund*: Besorgnis über Hitlers Rüstungspläne; man müsse befürchten, dass Deutschland, wenn es dem Führer passe, sämtliche internationalen Verträge brechen werde. Sie lächelt spöttisch. Dann bleibt ihr Blick an den schwarz geränderten Todesanzeigen hängen; jene des Vaters ist nicht darunter.

Wie kann eine Stadt so schrumpfen? Ein Katzensprung vom Bahnhof in die Länggasse; die Friedrichstraße in Berlin mit ihren exklusiven Geschäften ist dreimal so lang. Frau Herzog erkennt Carmen erst nicht, kneift dann kritisch die Augen zusammen: Leontine ist schon vor einem halben Jahr umgezogen, wissen Sie das nicht? Sie lässt sich widerwillig die neue Adresse entlocken: Friedheimweg 49; nein, Fräulein Leontine pflege keinerlei Beziehung mehr mit ihrer Pensionswirtin, obwohl sie doch jahrelang hier gewohnt habe.

Friedheimweg, denkt Carmen, gäbe es eine passendere Adresse für Tiny? Sie nimmt die Straßenbahn, ist aber zu früh dort, eine Viertelstunde vor der Mittagspause. Ein Haus mit neu gestrichenen Fensterläden und einem Vorgarten, in dem schon die ersten Tulpen blühen; eine eigene Wohnung und ein eigenes Namensschild hat die Schwester jetzt, es ist wohl das, was sie sich unter Aufstieg vorstellt. Draußen vor dem Zaun geht Carmen auf und ab, zieht die Stola enger um sich. Im ersten Stock bewegen sich die Vorhänge; Passanten mustern sie. Zum ausklingenden Zwölfuhrgeläut von der nahen Kirche biegt Tiny um die Ecke; sie trägt noch den langen Wintermantel, dessen Saum beinahe übers Trottoir schleift, und einen Hut mit künstlichen Vogelbeeren; jetzt hat sie sich also doch einen Hut gekauft!

Tiny erstarrt, als sie Carmen erkennt. Die Schwestern stehen einander wortlos gegenüber. Wie schnell können doch Gesichter altern!, denkt Carmen unwillkürlich.

Du kommst zu spät, sagt Tiny. Er ist schon begraben. Die Beerdigung war vorgestern.

Carmen verliert den Boden unter den Füßen, neigt sich nach vorne, oder Tiny schwankt zu ihr hin; beide sinken einander entgegen, liegen sich plötzlich in den Armen, halten sich aneinander fest, wowarstdudenn, ichkonntenicht, hättestdudoch; in Sekundenschnelle die alte Vertrautheit, sie sind in Schwesterngefühlen eingeschlossen wie Insekten im Bernstein. Tiny nestelt die Schlüssel hervor, sie schieben einander, immer weiterredend, zwischen Weinen und Lachen ins Treppenhaus, in den Flur, wo Carmen ihren Mantel ablegt, nicht aber die Stola.

Die Wohnung ist klein, voll gestopft mit Tinys Neuanschaffungen; Carmen setzt sich auf die Chaiselongue; goldgelber Samtüberzug, an der Wand ein Porträt des Vaters in jüngern Jahren. Er hat sehr gelitten in den letzten

Lebenswochen, erzählt Tiny weinend, Darmkrebs, Morphium in hohen Dosen; sie hat ihn jeden Tag im Inselspital besucht. Esther, die Kleine, lebt ja in Frankreich, sie hat die Beerdigung ebenfalls verpasst. Was für eine auseinander gefallene Familie! Nur der eine oder andere Fachkollege aus früherer Zeit hat ihn noch besucht; die Adelbodner, mit denen er größtenteils zerstritten war, ließen ihn im Stich, es ist ja auch weit bis nach Bern. Am Ende wurde er von bösen Phantasien heimgesucht; ich hielt es fast nicht mehr aus, sagt Tiny schaudernd; wenn ich seine Hand nehmen wollte, schlug er sie weg. Carmen schaut die Schwester an: Hat er ihr auf dem Totenbett endlich die Wahrheit gesagt? Hat er eine böse Tat bereut? Nein, das darf man nicht denken, und das fragt man nicht.

Tiny zeigt ihr das Leidzirkular, das sie eigenhändig adressiert und verschickt hat; auch sonst hat sie alles organisiert, Abdankung und Totenmahl; die Bründler taugt ja nicht für solche Dinge. Tiny – wer sonst? – hat den Sarg nach Adelboden begleitet, im gemieteten Wagen mit Chauffeur, allein das war sündhaft teuer, die Kirche trotz aller Mory-Feindschaft dann doch brechend voll. Am Abend ist Tiny schon wieder nach Bern zurückgekehrt, ihr Chef kann nicht auf sie verzichten; dabei müssten die Erbschaftsangelegenheiten beim Notar geregelt, Vaters Haushalt aufgelöst werden.

Du wirst mir helfen, nicht wahr, sagt Tiny, ich schaff es nicht allein.

Carmen nickt: Die Reise geht also noch weiter; das Dorf bleibt ihr nicht erspart.

Tiny macht Tee in der kleinen Küche, wärmt die Kartoffelsuppe auf. Dann packt sie die Bananen aus der Tüte: sie

sehen aus wie Riesenzähne mit angefaulten Stellen, ein stumpfes Gebiss. Die Schwestern brechen eine Banane aus dem Büschel heraus, eine zweite, schälen sie, beißen ins Fruchtfleisch, das im Mund sogleich breiig wird und an Kleinkindernahrung erinnert. Dann erzählt auch Carmen von sich, lässt durchschimmern, wie viele einflussreiche Leute sie kenne; von der aufgelösten Verlobung sagt sie nichts. Tiny hört skeptisch zu, säubert mit der Zungenspitze ihre Mundwinkel von Bananenfäserchen; zwischen den Schwestern, in einer Schale auf dem Beistelltisch, häufen sich die schwarz anlaufenden Bananenschalen.
Und deine Musik?, fragt Tiny mit einer Spur von Schadenfreude. Deine Kunst? Hast du sie ganz aufgegeben?
Carmen steigt die Röte ins Gesicht, dann antwortet sie wortreich, räuspert sich mehrmals, um auf die angeschlagene Stimme hinzuweisen. Das Wichtigste ist, im neuen Deutschland nicht abseits zu stehen, sagt sie.
Du bist aber Schweizerin, entgegnet Tiny.
Man kann deutsch fühlen, ohne in Deutschland geboren zu sein.
Wenn es dir so aufs Deutsche ankommt, dann brauchst du ein paar Bluttransfusionen, bis alles Fremdländische aus dir weggespült ist.
Carmen wird es heiß vor Ärger. Hitler ist kein Buchhalter, der das Deutsche in Prozenten berechnet, er ist ein Visionär.
Hier haben wir ein anderes Bild von ihm, außer Herr Bründler natürlich, ihr beide werdet euch bestens verstehen.
Sie schweigen sich an; über die alten Kränkungen schieben sich schon die neuen. Um zwei Uhr muss Tiny zurück ins Büro. Morgen ist Samstag, sie werden am späten

Nachmittag nach Adelboden fahren, über das Wochenende das Doktorhaus aufräumen; im Übrigen kann Carmen bei der Schwester bleiben, so lange sie will, das Gästebett ist frei.

Der Nachmittag wird lang für Carmen. Es gibt keine Geheimnisse in Tinys biederer Wohnung; oder dann hat sie sie zu gut versteckt. Carmen nimmt das Foto des Vaters von der Wand, schiebt es aus dem Rahmen, untersucht Vorder- und Rückseite: nichts, keine Botschaft, keine Widmung, bloß die Signatur des Fotografen. Sie erprobt vor dem Schrankspiegel ihre Stimme; die Heiserkeit klebt an den Tönen wie Ruß. Sie hasst diesen breiten Mund, verzieht ihn, bis die Mundwinkel schmerzen. Wünscht sie sich heimlich, dass die Stimme geschädigt bleibt? Hat sie nicht längst geahnt, dass ihre Begabung für eine Karriere nicht ausreicht? Sie hält es nicht mehr aus in Tinys vier Wänden; eine Viertelstunde braucht sie, bis sie zu Fuß das Zentrum erreicht hat, die Heiliggeistkirche, das Warenhaus Loeb. Sie kauft sich eine Toblerone, das ist, außer den Bergen, das Beste an ihrem Vaterland: Schokolade mit Nougatsplittern.

6

Adelboden, April/Mai 1933

Um halb sieben kommen sie in Adelboden an, steigen gerädert aus dem Postauto. Auch hier scheint sich die Welt nicht verändert zu haben. Der Lohner im Abendlicht; gleißender Schnee auf dem Grat. Es ist noch bitter kalt, wie meistens um diese Jahreszeit. Man grüßt die Schwestern auf der Dorfstraße, tuschelt hinter ihnen her. Tiny hat die Schlüssel zum Haus; die vertrauten Gerüche umgeben Carmen wie ein abgetragenes Kleid. Sie friert; in ihrem ehemaligen Zimmer scheint alles unberührt, von einer feinen Staubschicht bedeckt, als habe es der Vater zum Museum gemacht; sein Studierzimmer hingegen ist ein groteskes Durcheinander von Zeitungen, Büchern, Hemden, verkrümeltem Pfeifentabak. Er habe, sagt Tiny, niemanden mehr hereingelassen, nicht einmal Frau Bründler, die ihr Zimmer im Souterrain schon vor der Beerdigung fluchtartig geräumt habe.
Die Schwestern heizen den Kachelofen ein, durchmustern die Zimmer. Der neu zugezogene Arzt, weiß Tiny, interessiert sich für das Haus; vielleicht kann man ihm die größern Möbelstücke verkaufen. Ein Testament hat Vater nicht hinterlassen; die Töchter können das Erbe unter sich aufteilen. Sie füllen Schachteln, Säcke, Körbe mit Abfall, durchlöcherten Schuhen, mit Krimskrams, sie schlucken Staub, reden wenig; Carmen will für sich bloß die drei kleinen Elefanten aus Mahagoni, mit denen sie manchmal gespielt hat, wenn der Vater sie aufs Knie nahm.

In einem ersten Anlauf dringen die Schwestern bis zum Dachboden vor. Er ist leerer, als sie gedacht haben; Skis mit Stöcken stehen im Dämmerlicht, kaputte Stühle, ein Schrank, der früher in Leonas Zimmer stand, Schuhschachteln, Reagenzgläser. Eine gewichtige Kiste mit Eisenbeschlägen und Henkeln, eine Art Seemannstruhe, zieht ihre Blicke auf sich.
Mit der ist er wohl gereist, sagt Carmen. Sie denkt an die Philippinen und spricht das Wort nicht aus.

Am Abend schaut Frau Bründler mit ihrem Mann herein. Ihr Haar ist weiß geworden, das Gesicht geschrumpft. Herr Bründler hingegen hat seinen straffen Schritt beibehalten; er hebt, Carmen zuzwinkernd, den rechten Arm, erzählt, nachdem er kondoliert hat, sogleich vom neu gegründeten Ferienheim, in das die deutsche Elite ihre Kinder schicken werde: Gesunde Luft und unverdorbene Natur, das macht den neuen Menschen stark, nicht wahr, Fräulein Mory? Jaja, Sie sind jetzt, wie man hört, am Puls der Ereignisse. Es hat sich schon vieles verändert in Deutschland; weit größere Veränderungen stehen uns noch bevor, und zwar in ganz Europa, nicht wahr?
Carmen antwortet einsilbig, ja unhöflich; der Mann mit seinem streng gescheitelten Haar, seinen frisch gewichsten Halbstiefeln ist ihr unangenehm, obwohl sie ihm in der Sache kaum widersprechen kann. Frau Bründler versucht, in die halbvollen Schachteln hineinzublicken, die im Gang stehen, verliert ein paar bedauernde Worte über den Toten; für den Fall, dass man sie weiter benötige, bietet sie ihre Mithilfe zum üblichen Lohn an.
Vielleicht, sagt Tiny eisig, werden wir auf Ihr Angebot zurückgreifen; es ist zu früh, jetzt darüber zu entscheiden.

Im Küchenschrank, sagt Frau Bründler, sind noch Reis und Teigwaren, die man aufbrauchen sollte; der Herr Doktor hat zuletzt kaum mehr etwas gegessen. Dafür hat er vieles weggegeben, bevor er ins Inselspital kam. Er hat wohl gespürt, dass er seine letzte Reise antritt.
Weggegeben?, fragt Carmen. Das heißt: verschenkt?
Frau Bründler errötet und weicht ihrem Blick aus. So kann man es nennen.
Und Sie haben auch etwas bekommen?
Ja. Aber nur wenig.
Was denn?
Ein paar Kleidungsstücke Ihrer verstorbenen Mutter, antwortet sie verlegen. Seidenschals. Einen Persianermantel, der leider von Motten zerfressen ist. Sie zögert. Sie sind ja die rechtmäßigen Erben. Muss ich Ihnen das jetzt zurückgeben?
Nein, erwidert Tiny. Geschenk ist Geschenk.
Die Bründlers bleiben stehen, spekulieren wohl auf eine Tasse Kaffee; Herr Bründler nimmt einen neuen Anlauf, sich bei Carmen anzubiedern. Sie würden staunen, sagt er, wie viele hier im Dorf mit dem neuen Deutschland und seinem Führer sympathisieren. Das Deutschstämmige regt sich eben auch hier oben. Und natürlich die Hoffnung auf den Wirtschaftsaufschwung. Wenn einer wie der Führer mit eisernem Besen Ordnung schafft, dann macht das Eindruck, nicht wahr, Fräulein Mory?
Es macht auf uns einen schlechten Eindruck, mischt sich Tiny ein, wenn dann auch gleich die ganze Demokratie hinweggefegt wird, Herr Bründler.
Er fährt sich durchs Haar, so dass der Scheitel verrutscht. Sie wollen doch nicht etwa den alten Reichstag, diese Schwatzbude, verteidigen?

Den Reichstag nicht, entgegnet Tiny, aber unser Bundesparlament.

Komm, wir gehen, sagt Frau Bründler und zieht ihren Mann am Ärmel hinaus. Wir stören die Damen.

Die beiden Schwestern schauen einander im Licht der nackten Glühbirne an; jemand hat den geblümten Schirm, der einst dazugehörte, abgeschraubt. Nichts schien sich verändert zu haben, und nun ist, bei näherer Betrachtung, kaum noch etwas, wie es war.

Tiny schüttelt, zwischen Belustigung und Abscheu, den Kopf. Was für ein Widerling!

Ich habe gar nicht gewusst, erwidert Carmen, dass du dich für Politik interessierst.

Tinys Lachen klingt verbittert. Du glaubst ja wohl, du wüsstest alles über mich.

Ich habe mich getäuscht. Aber was Deutschland betrifft, bist du im Irrtum. Wo wäre Deutschland heute ohne Hitler? Es wäre verblutet am Bürgerkrieg. Oder es wäre den Kommunisten in die Hände gefallen.

Kein Wort mehr davon, sagt Tiny, wir streiten sonst endlos weiter.

Sie kennt jedes Knarren, wenn sie sich auf die eine oder die andere Seite dreht, sie weiß, wo die Matratze durchhängt, sie erkennt das Lichtgitter wieder, das der Mondschein durch die Ritzen der Fensterläden auf die Wand wirft. Doch die kindliche Anwandlung, ihren alten Teddybär zu sich ins Bett zu nehmen, hat Carmen niedergekämpft und ihn gelassen, wo er war, zuunterst im Schrank, begraben unter muffig riechenden Kissen. Zweihundert Meter von ihr entfernt liegt ein vermodernder Körper, dem sie sich, in Angst und Sehnsucht, nahe gefühlt hat; vom andern, dem der Mutter, sind wohl nur noch ein paar Knochen übrig. Ein schneidender Schmerz, der durch Magen und Brustkorb wandert, hält sie wach; sie weiß nicht, was er mit ihr will. Von der Dorfkirche schlägt es zwei Uhr, und nebenan knarrt auch Tinys Bett; dann hört sie Schritte, Wasserplätschern. Ist es nicht seltsam lebendig im Haus? Schatten streichen herum; irgendwo wird geflüstert und gekichert. So war es schon nach dem Tod der Mutter: Jede Wand, jedes Ding hatte nachts eine Stimme. Sie befiehlt sich, ruhig zu atmen, ganz ruhig, befiehlt sich, keine bösen Träume zu haben, und träumt dann doch von einem Lodenmantel, den sie – jemand hat es ihr befohlen – zusammenknüllt und einen schneebedecken Hang hinunterrollt. Der Mantel, verfilzt mit Brocken von Schnee, schwillt an mit jeder Drehung, und unten im Tal steht er plötzlich auf, ein riesiges, gefräßiges Wesen. Sie weiß, dass sie es erlösen müsste, dass aus dem Mantelwesen ihr Vater würde, wenn sie die richtigen Worte wüsste; aber sie fallen ihr nicht ein.

Der Friedhofsbesuch am Sonntag, nach dem Gottesdienst. Vor dem frisch aufgeworfenen Grab, dem Holzkreuz, den welkenden Kränzen ist alles weniger schlimm als in der Nacht; er da unten tut ihr nichts. Hat sie ihn denn geliebt? Reglos steht Tiny neben Carmen, die breite Hutkrempe beschattet ihr Gesicht. Ein paar Predigtbesucher beobachten sie aus der Distanz. Carmens Pelzstola errege hier Aufsehen, hat Tiny gewarnt; doch Carmen hat die Stola nicht abgelegt.
Gegen Abend fährt Tiny nach Bern zurück. Carmen hat sich bereit erklärt, noch eine Zeit lang in Adelboden zu bleiben; sie wird alles regeln, was mit Vaters Nachlass zu-

sammenhängt. Die Schwestern verabschieden sich kühl. Tiny kann ihre Skepsis nicht verbergen; sie wäre gewiss, das steht in ihren Augen, die geeignetere Person, diese Geschäfte abzuwickeln. Aber sie muss zurück; wer sollte sie im Büro ersetzen, wo der ganze Post- und Geldverkehr durch ihre Hände geht?
Etwas Unstetes ist in diesen Tagen; eine Sehnsucht, die einer beklemmenden Umarmung gleicht. Das Äußerliche vergeht wie im Traum: die Gänge zum Notar, zur Ersparniskasse, die Inventaraufnahme im Haus, die Verhandlungen mit dem Kaufinteressenten, die Beileidsbezeugungen. Bei alldem steht sie sozusagen neben sich, lächelt, argumentiert. Aber das Eigentliche, das, was sie ausmacht, schließt sie in sich ein, nein, es fällt in einen Sack, den sie zuschnürt; was darin ist, wird sie mit niemandem teilen.
Das Wirkliche sind die Erinnerungen. Sie vergisst, was sie in Berlin gesucht hat. Die Philippinen, Deutschland: nach überallhin sind die Entfernungen unüberwindlich; der einzige Ort, der sie festhält und aufsaugt, ist das Haus der Kindheit. Mit einem Schraubenzieher sprengt sie das Schloss auf, das den Überseekoffer verschließt. Sie hat auf Tagebücher gehofft, auf offenherzige Zeugnisse; was sie in der Truhe findet, sind aber bloß Seekarten mit eingezeichneten Routen, eine alte Soldatenuniform, ein Kompass, mehr nicht. Auch die Dokumente, die Fotos in Vaters Schreibtisch sind verschwunden; es ist, als seien Leonas letzte Spuren ausgetilgt, als habe sie nie gelebt. Draußen im Garten, bei der ummauerten Feuerstelle, entdeckt Carmen einen großen Aschehaufen; sie stochert darin herum, findet ein paar angesengte Fetzen, die aussehen wie Foto- und Briefreste. Was hat er da alles verbrannt? Frau Bründler, bei der sie sich erkundigt, sagt mit

kaum merklicher Häme: Ja, der Herr Doktor habe in seiner letzten Zeit zwei-, dreimal ein großes Feuer angezündet, es habe furchtbar gequalmt, sogar im Haus hätten ihr die Augen geträntt.
Der Vater hat also das Seine getan, um die Vergangenheit zu verschleiern. Hat auch Tiny dazu beigetragen? Hat sie das Haus, noch bevor die Schwester kam, nach Spuren durchsucht?

Carmen bleibt länger, als sie gedacht hat, vier Wochen fast, bis Mitte Mai. Das Haus leert sich, der Kaufvertrag ist unterschriftsreif; es zeichnet sich ab, wie hoch die Erbschaft ausfallen wird. Als Carmen überlegt, wie sie die Summe am besten nach Deutschland transferieren kann, wird ihr bewusst, dass es sie wieder fortzieht. An den Wochenenden kommt Tiny nach Adelboden und ist meist, zu ihrem eigenen Erstaunen, zufrieden mit Carmens Vorkehrungen. Auch Esther – sie ist eine fremde Frau geworden – trifft für drei Tage ein; sie bemüht sich gar nicht darum, Trauer zu zeigen. Unser Daddy, sagt sie beim Abendessen, war doch, nun ja, ein Tyrann. Sie wird einen Franzosen heiraten; die Mitgift ist ihr hochwillkommen.

Am 10. Mai geht Carmen, nach dem Einkauf im Dorfladen, an der Schuhmacherwerkstatt vorbei, deren Tür offen steht; der Schuhmacher, der mit Bründler sympathisiert, hat seinen Radioempfänger, auf der Wellenlänge des Deutschlandsenders, voll aufgedreht. Es rauscht und knackt; aber über dem Rauschen wütet diese Stimme, die sie kennt, dazwischen explodiert Beifallsgeschrei. Carmen bleibt stehen. Da ist sie wieder, diese Kraft, die in Wellen über sie hereinbricht und sie mitschwemmt. Die vergangenen Wochen waren ein langer Abschied; wenn sie jetzt weggeht, wird sie nicht mehr wiederkommen.

Sie verbrennen Bücher draußen im Reich, sagt, gegen den Lärm ankämpfend, der Schuhmacher und stößt die Tür weit auf. Komm herein, hör zu.

Was für Bücher?, fragt Carmen.

Bücher mit volksfeindlichem Inhalt. Jüdisches Geschmier. Ausländische Hetze. Zersetzungsliteratur. Alles, was dem gesunden Volkskörper schadet. Der Ton des Schuhmachers wird grimmiger. Das sollten wir bei uns, weiß Gott, auch tun. Nicht bloß mit Büchern, auch mit Zeitungen. All diese Soziblätter, die ihren Lenin nachbeten, die lauwarme bürgerliche Presse, die kein klares Wort erträgt. Ins Feuer damit! Seine Stimme vermischt sich mit der anderen aus dem Radio.

Carmen wendet sich zum Gehen. Die Stimme hat sie geweckt und wieder zusammengefügt, die Stimme gibt ihr das Recht, sich zu den Starken zu zählen. Sie geht durchs Dorf; das Geschrei verklingt und wirkt doch weiter in ihr. Morgen früh wird sie fahren, mit wenig Gepäck, aber einigem Bargeld. Die Dinge, die sie ursprünglich hat behalten wollen, lässt sie zurück; es ist besser, wenn Tiny sie für Carmen aufbewahrt.

7

Berlin und Paris, 1933–38

Diesmal ist es eine Reise in die Zukunft. Der Zug fährt ihr zu langsam; bald wird man auf deutschen Autobahnen doppelt und dreimal so schnell vorankommen, oder man wird fliegen von Stadt zu Stadt, vielleicht in Zeppelinen, denn auch gewaltige Flughäfen entstehen im neuen Deutschland. Carmen fährt in die Zukunft, ins Grüne; am festlichsten leuchtet das durchscheinende Hellgrün des jungen Buchenlaubs. Sogar die SA-Leute in ihren ockerfarbenen Uniformhemden, von denen Carmen sich einst abgestoßen fühlte, haben sich Gänseblümchen ins Knopfloch gesteckt. Alles, was Carmen sieht, spricht von Aufbruch und Neuanfang; wie hat sie es nur so lange im Alpendorf ausgehalten?

Die Zimmerwirtin empfängt sie mürrisch; die Miete ist seit einer Woche überfällig. Sie und der Nachbar hätten schon erwogen, sie polizeilich suchen zu lassen. Kein Mensch bleibe doch wegen eines Todesfalls so lange weg. Carmen versucht ihre Abwesenheit zu erklären und merkt dabei, dass ihr Deutsch schon ein bisschen eingerostet ist; sie macht den toten Vater zum Professor der Medizin, dessen umfangreichen Nachlass sie zu ordnen hatte. Dann bezahlt sie drei Monatsmieten im Voraus, und das stimmt die Wirtin freundlicher. Sie richtet Carmen aus, verschiedentlich sei nach ihr gefragt worden, am dringlichsten von ihrem Verlobten, aber auch von Amtsstellen; warum wisse sie nicht.

Irgendwann muss die Verstrickung begonnen haben. Hängt es damit zusammen, dass sie ihre Erbschaft zu schnell aufbraucht? Fritz fädelt die ersten Gespräche ein; sie trifft sich, vermute ich, mit einem von Rosenbergs kultivierten Mitarbeitern, denen jeder Anschein von Grobheit fehlt: Fräulein Mory, Sie mit Ihrer Sprachbegabung, wollen Sie nicht einen Beitrag leisten zur inneren Sicherheit?

Von Honoraren ist noch nicht die Rede, eher wohl von Privilegien, erleichterten Arbeitsbedingungen, wertvollen Beziehungen. Sie ist geschmeichelt, fühlt sich nützlich, einbezogen in die große Vision des Dritten Reiches; ihr Zögern hat damit zu tun, dass sie sich nichts und niemandem mit Haut und Haaren überlassen will.

Es sind kleine Berichte, die sie, neben der journalistischen Tagesarbeit, fürs Außenpolitische Amt der NSDAP verfasst; sie forscht nach, über was für Kontakte bestimmte Auslandskorrespondenten in Berlin verfügen, sie befragt deren Nachbarn, belauscht in einem Café vom Nebentisch aus Gespräche; sie stößt auf Verbindungen zu linken Kreisen und zum NS-kritischen Pfarrernotbund. Möglicherweise empfindet sie hin und wieder Skrupel, wenn sie ahnt, dass ihre Memoranden zu Verhaftungen führen. Die Schutzhaftlager, in welche die Verhafteten kommen, sind, so hört sie, straff geführt; aber niemand leidet Hunger, und wer Vernunft annimmt und Mitarbeit gelobt, wird frühzeitig entlassen.

Nach dem Tod Hindenburgs tritt sie im Rundfunk auf, hält, von Marschmusik eingeleitet, eine kleine Rede zu seinem Ruhm, lässt durchblicken, dass auch sie, die Schweizerin, Hitler für Hindenburgs legitimen Erben hält. Jemand schickt ihr einen Rosenstrauß nach Hause;

man richtet ihr aus, Goebbels habe sich lobend über sie geäußert.

Nach einer Bewährungsfrist bekommt sie doch, auf verschlungenen Wegen, Geld von Rosenbergs Amt. Sie kann sich eine eigene Wohnung leisten, erfeilscht sich beim Antiquar ein Schreibpult Louis-seize aus Kirschholz. Solche Einzelstücke heben einen aus der Masse heraus. Der Pelzmantel im Schaufenster an der Friedrichstraße hingegen ist ihr noch zu teuer; sie würde ihn sich gerne von einem vermögenden Liebhaber schenken lassen und dafür die schäbige Stola, die sie von Fritz bekommen hat, zum Abfall werfen.

Fritz, immer wieder Fritz: er lässt sie nicht in Ruhe, besucht und belästigt sie in unregelmäßigen Abständen, borgt sich Geld von ihr oder führt sie zu teurem Essen aus, ins Theater, in Konzerte, je nach Laune oder Kontostand. Er trägt jetzt Zivil, manchmal elegante Stiefel; in Beethovens Fünfter, von Furtwängler dirigiert, schläft er ein. Er hat, wie es scheint, mit der Gestapo zu tun, die ihrerseits von Fall zu Fall mit Rosenbergs Amt zusammenarbeitet; es komme vor, erzählt er leichthin, dass er Verhören beiwohnen müsse, bei denen die Methoden der Spanischen Inquisition angewendet würden; es gebe leider hartgesottene Regimegegner, die keine andere Sprache verständen. In solchen nächtlichen Erzählungen schwingt eine kleine Schärfe mit, die auch ihr, Carmen, gilt.

Eine mögliche Wiederverlobung erwähnen weder er noch sie; Berührungen weicht sie aus. Fritz geht jetzt, das bekennt er selber ganz unverhüllt, ohnehin lieber mit jungen Männern aus; das hat sich so entwickelt: Kameraderie, die schöne Einigkeit der Gleichgesinnten – oder ist es mehr?

Allgemeines Entsetzen, als bekannt wird, dass Röhm, Stabschef der SA, zu putschen versucht habe; Verständnis für seine Ermordung. Auf der Straße, wie sie später behauptet, lernt Carmen Graf Helldorf kennen, den neu ernannten Potsdamer Polizeipräsidenten, einen Mann von altem Adel und der deutschen Sache ergeben. Er spricht sie an, als Unbekannter, der aber offenbar weiß, wer sie ist, übergibt ihr hastig eine Mappe mit kompromittierenden Dokumenten, die sie verstecken, noch besser außer Landes schaffen soll; es sind Strategiepapiere der nunmehr entmachteten SA, die sich gegen den zunehmenden Einfluss der SS richten; Namen sind darin aufgelistet, die zum Röhm-Flügel der Partei gerechnet werden. Wie kommt Graf Helldorf zu diesen Papieren?
Sie fragt nicht danach, versteckt die Mappe in ihrer Wohnung unter losen Dielenbrettern. Hätte sie die Sache nicht gleich weitermelden müssen? Die Lust aufs Doppelspiel ist stärker; man lässt sich Ausgänge frei nach allen Seiten, das vermindert die eigenen Abhängigkeiten. Zu Fritz kein Wort von alldem. Als Graf Helldorf sie, zwei Tage später, in seine Villa einlädt, verscheucht sie ihre Bedenken; Cognac-Karaffen, Krim-Kaviar, an der Wand ein echter Menzel. Der Luxus, der hier herrscht, verschlägt ihr den Atem; der Graf, umgeben von Vasallen, hüllt sie förmlich ein in sein Wohlwollen. Mit beinahe sentimentaler Zuneigung spricht er über den Führer, der einer großen Gefahr entgangen sei.

Eines frühen Morgens wird Carmen aus dem Schlaf geklingelt. Zwei Männer durchsuchen die Wohnung, zum Glück nur flüchtig, nehmen Carmen mit zu einer Routinebefragung, wie sie mit kühler Höflichkeit sagen. Und höflich verläuft das Verhör in der Tat, beinahe spielerisch: Ihre Devisen, ihre Kontakte mit Deutschen und Ausländern, ihre Haltung zur jüdischen Frage; sie hat keine Ahnung, worauf das Ganze hinauslaufen soll, ein kleines Schattenboxen, und sie spielt mit, lügt ein bisschen, nennt indessen den Namen Helldorf, erwähnt die Einladung bei ihm. Der junge Gestapomann, der die Fragen stellt, lächelt unverbindlich. Kein Nachbohren, keine Drohgesten; über ihre Verbindung zum Außenpolitischen Amt scheint er gar nicht Bescheid zu wissen (oder tut er nur so?). Nach einer Stunde lässt man Carmen gehen, und doch zittern ihr nachher in der S-Bahn alle Glieder.

Ein paar Tage später wieder ein Termin in Rosenbergs Amt; eines dieser geräumigen Büros mit schweren Eichenmöbeln, die früher von preußischen Ministerialbeamten belegt waren und in denen nun die Hakenkreuzfahne hängt. Ein Herr Weber, der sich Verlagsdirektor nennt, fragt sie, ob sie in ähnlichem Sinn, wie sie hier arbeite, nicht auch im Ausland, zum Beispiel in Frankreich, tätig sein wolle, er denke an Korrespondentenberichte zu bestimmten Themen.

Ihre Antwort bleibt so vage wie seine Anfrage: Ja, Frankreich, Paris, warum nicht? Vorausgesetzt, sie könne den Aufenthalt finanzieren. Herr Weber nickt. Will man ihre Zuverlässigkeit überprüfen? Geht es ihnen am Ende darum, sie als – das Wort nimmt, gegen ihr Widerstreben, Kontur an – Spionin anzuwerben? Sie verwirft den Gedanken sogleich.

Herr Weber scheint nichts gewusst zu haben über ihre Befragung durch die Gestapo; als Fritz hingegen das nächste Mal auftaucht, lässt er durchblicken, eine hoch gestellte Persönlichkeit – wer denn? – habe ihn über Carmens sämtliche Behördenkontakte ins Bild gesetzt. Sie beide, meint er, könnten ja wenigstens beruflich ein erfolgreiches Zweiergespann bilden. Er lächelt sie an, mit verkrampften Wangen; seit kurzem färbt er seine Wimpern, lackiert sogar die Fingernägel. Sie gibt ihm Geld, um ihn loszuwerden; er steckt ja dauernd in der Klemme. Ihr Konto schmilzt rapid; drei, vier Monate kann sie noch davon leben.

Weitere Verhöre bei der Gestapo; nun ist auch Herr Weber dabei. Man wird deutlicher: Wenn sich Fräulein Mory den Wünschen der Partei nicht füge, habe man genügend Mittel, sie aus dem Verkehr zu ziehen; man habe Anlass, ihr nicht über den Weg zu trauen; sie könne durch Kooperationsbereitschaft diese Zweifel zerstreuen. Fritz Erler, den sie doch kenne, zweifle ebenfalls an ihrer Loyalität.
Und ich an seiner, entgegnet sie aufgebracht; wissen Sie denn, mit was für Strichjungen er verkehrt? Er bestiehlt mich, um sie zu bezahlen!
Der Befrager fragt angewidert nach Einzelheiten, die sie nicht liefern kann; sie stützt sich ja bloß auf Vermutungen. Doch seit der Röhm-Affäre, die ans Licht gebracht hat, wie verdorben der SA-Führungszirkel war, fordert Hitler, die Männerliebe in der Partei auszurotten; deshalb muss solchen Fingerzeigen nachgegangen werden.
Das nächste Mal wird sie, mitten aus der sachlichen Befragung heraus, auf den Mund geschlagen, so hart, dass die Oberlippe platzt. Der Schmerz bleibt zunächst aus; nur das Blut rinnt übers Kinn. Dann, Sekunden später, schießt er in die anschwellende Lippe, treibt ihr Scham- und Wuttränen in die Augen.

Ja, ja!, stößt sie hervor. Ich tu's, schickt mich, wohin ihr wollt!
Der Befrager kehrt, als sei nichts geschehen, zu seiner vorherigen, beinahe theatralischen Höflichkeit zurück. Sie werde zur angemessenen Zeit alles Weitere erfahren, wird ihr gesagt. Am selben Tag rücken deutsche Truppen in die entmilitarisierte Zone des Rheinlandes ein.

Während drei Wochen lässt sich Fritz nicht mehr bei Carmen blicken; dann sucht er sie doch wieder auf, mitten in der Nacht, wie ein Dieb. Er sieht geduckter aus als sonst. Was will er noch von ihr? Sie wechseln belanglose Sätze, belauern einander; plötzlich knöpft er das Hemd auf, streift es über den Kopf, wendet ihr, im vollen Lampenlicht, den Rücken zu.
Du hast mich verleumdet, zischt er. Sieh nur, was sie mit mir gemacht haben!
Entsetzt starrt sie auf Blutergüsse, auf Striemen, die sich bis zu den Hinterbacken ziehen.
Was haben sie denn …? Warum …?
Die Fragen stellen nicht wir, sagt er, bitter und höhnisch zugleich. Das solltest du eigentlich wissen. Ich habe ihnen versprochen, meine sexuellen Vorlieben wieder ganz allein dir zuzuwenden. Jetzt sind wir endgültig zusammengeschweißt. Du kontrollierst mich und ich dich. Er dreht sich zu ihr um und schreit, als wäre es ein Schlachtruf: Auf nach Paris!
Sie fragt sich, ob sie zurück in die Schweiz solle; sie ahnt, dass man sie gar nicht mehr gehen lassen würde. Graf Helldorf, den sie vertraulich konsultiert, weicht einer klaren Antwort aus; ihr scheint indessen, er rate ihr vorsichtig davon ab, sich noch weiter in die Grauzone der Agen-

tentätigkeit hineinzubegeben. Und als sie ihm, ebenfalls verklausuliert, klarmacht, man lasse ihr ja eigentlich keine Wahl, tut er so, als verstehe er sie nicht, führt sie, in Gentleman-Manier, am Ellbogen zur Hausbar, um ihr einen Cognac einzuschenken.

Paris, warum nicht? Man kann so tun, als folge man immer noch dem eigenen freien Willen. Sie hat einen Tarnvertrag unterschrieben, fasst demnach, gegen ein fixes Salär, monatlich zusammen, was die französische Presse über Deutschland schreibt; das Wesentliche besteht aber aus mündlichen Vereinbarungen. Der Geheimauftrag ist klar: Sozialistische Emigranten – oft sind sie Juden – beschatten, ihre Kontaktleute in Deutschland ausfindig machen; Namen chiffrieren, sie über die deutsche Botschaft in Paris nach Berlin, ins Gestapo-Hauptquartier senden. Kleine Reisen in die Provinz zwischendurch, schlampig geschriebene Reportagen, um den Schein zu wahren. Manches fällt ihr erstaunlich leicht; sie war doch, sagt Fritz zu ihr, mit einem Teil ihres Wesens schon immer Agentin.

Es kommt vor, dass sie sich schlecht fühlt, gerade nach Erfolgen, die Fritz à tout prix mit Champagner begießen will; jene, die sie denunziert hat, sind weit weg, gesichtslos. Fritz reist zwei-, dreimal monatlich nach Deutschland, um Instruktionen einzuholen; er gibt sich als Kinofachmann aus, der den deutschen Tonfilm in Frankreich propagiert. Ohne Ankündigung verschwindet er jeweils und schnellt Carmen nach ein paar Tagen, wenn sie abends die Wohnungstür öffnet, wie der Springteufel aus der Schachtel wieder entgegen. Jedes Mal bringt er neue und gefährlichere Aufträge mit.

Paris ist auch jetzt, im Sommer 1938, eine lächelnde Stadt. Nachtklubbesuche, Festlichkeiten. Aus den Grammophontrichtern in den Bars plärrt überall der gleiche Schlager: *Toute la ville danse*; wer will schon wissen, was in einem Jahr sein wird?
Fritz hält Carmen vor, dass sie das Geld aus Berlin, das er über die Grenze geschmuggelt hat, für Roben von Schiaparelli und Lanvin verschwende. Sie kümmert sich nicht um solche Vorwürfe; soll er doch erst mal die eigenen Rechnungen bezahlen. Seide gleitet durch ihre Hände, rot muss sie sein, bordeauxrot, ein Kaschmirpullover, Handschuhe aus Ziegenleder und endlich der Pelzmantel, den sie im Sommerschlussverkauf heruntergehandelt hat und nun in Raten abstottert. Sie spricht, im Gegensatz zu Fritz, so gut französisch, dass man sie überall, in den Läden, in den Bistros, für eine Französin hält, für eine aus dem Midi, ihrer schwarzen Haare und ihres Teints wegen; auch die französischen Soldaten, mit denen sie Foxtrott tanzt, halten sie dafür und vertrauen ihr, nach dem zweiten oder dritten Glas, sorglos an, in welcher Festung ihre Einheit stationiert ist und was sie tun würden, um die *boches* aufzuhalten.
Dies alles ist zu wenig für Berlin, nichts als Hackepeter, wie sich, laut Fritz, ihr Führungsoffizier verächtlich äußere; Berlin will mehr. Es geht um Max Braun, vor der Emigration Vorsitzender der saarländischen SPD; jetzt versuche er, die verstreuten deutschen Sozialisten in Frankreich zusammenzuhalten.
Fritz ist bleich, als er von Max Braun erzählt; er hat diesmal einen Tonspezialisten mitgebracht, der verdrossen auf dem Küchenstuhl sitzt und ihm zuhört. Heydrich persönlich, der Gestapochef, sagt Fritz, fordere vollständige Aufklärung über Braun und seine Verbindungsleute; die

Kosten seien zweitrangig. Wir müssen ihn auspressen wie eine Zitrone, schließt er, dann weg mit ihm, und er schlägt schräg über den Ärmel, als beseitige er ein Insekt.
Wohin soll er denn?, fragt Carmen angestrengt naiv.
Dahin, entgegnet Peters, der Tonspezialist, und zeigt mit dem Finger auf den Boden. Erde zu Erde, oder wie heißt es?
Das kann ich nicht. Dafür gebe ich mich nicht her. Der Stuhl scheint unter Carmen wegzukippen; mit Mühe fängt sie sich auf.
Wir stecken schon zu tief drin, sagt Fritz, wir können nicht mehr zurück; er schaut sie beinahe flehend an. Der Führer will ja den Frieden, wir helfen mit, den Frieden zu sichern, es ist unsere Pflicht, dafür das Äußerste zu tun.
Peters, der sich eine Zigarette angezündet hat, lacht und hustet gleichzeitig, bläst Carmen Rauch ins Gesicht.
Spätnachts schwitzt sie in der stickigen Wohnung; Fritz und der andere sind weg. Sie knipst die Nachttischlampe an, steht auf, mustert sich im aufgeklappten Schrankspiegel: ihr Gesicht, von der Seite beleuchtet, der breit gezogene Mund, der einmal einer Sängerin gehören sollte, ein Schmierfleck vom Lippenstift. Sie summt den Anfang der Habanera; die Stimme bricht beim ersten hohen Ton. Keine Chance mehr; die Sängerin ist tot. Carmen zieht den Pelzmantel über das Nachthemd an, lässt die Hände in den Ärmeln verschwinden, obwohl sie in der angestauten Hitze beinahe ohnmächtig wird, dreht sich um sich selber: Da bin ich, die Mantelfrau. Ein Pelz ist so gut wie ein Federkleid.

Drei Wochen dauert es, bis es ihnen gelungen ist, die beiden Zimmer neben Brauns Büro zu mieten. Der vorherige

Mieter, ein Makler, treibt die Ablösesumme, mit der er sich den überhasteten Auszug bezahlen lassen will, von Tag zu Tag in die Höhe; er verlangt zudem Erklärungen dafür, weshalb der Kinofachmann Graber aus der Schweiz und seine französische Sekretärin, Mademoiselle Chappuis, gerade hier und nicht anderswo ihr Büro einrichten. Als der Makler zu lange zögert, wird er von einem Unbekannten beim Verlassen des Hauses bedroht und misshandelt. Das genügt, um den Auszug zu beschleunigen; das Vertrauen des Maklers in die Pariser Gendarmerie ist so gering, dass er auf eine Anzeige verzichtet.
Nur ruhig Blut, sagt Fritz nervös, uns kann gar nichts passieren. Er kaut seit kurzem dauernd auf dem eigenen, in die Mundhöhle hineingesogenen Wangenfleisch herum, was Carmen mit Widerwillen erfüllt.
Peters installiert seine Mikrophone an der Wand zum Nachbarbüro; bisweilen dröhnt Brauns Bass am Telefon zu ihnen herüber, so dumpf indessen, dass man beinahe nichts versteht. Die Gespräche im Büro sind noch gedämpfter, die ersten Bandaufzeichnungen beinahe wertlos. Peters, verdrossen wie stets, besorgt sich empfindlichere Mikrophone. Die Zeit vergeht; in Berlin drängt man auf Eile. Peters verkleidet sich als Klempner, meldet unten beim Concierge wichtige Reparaturarbeiten an. Er meißelt, nach fünf Uhr abends, als Braun ausgegangen ist, ein Loch in die Wand, legt seinen ganzen aufgestauten Groll in die Hammerschläge. Carmen sagt, es sei genug, fällt ihm in den Arm, verhindert wohl im letzten Augenblick einen Mauerdurchbruch; wenn sie versagen, haben sie den langen Arm Heydrichs zu fürchten.
Aber nun klappt es, auch wenn es ratsam ist, bloß noch zu flüstern und sich auf den Zehenspitzen zu bewegen.

Carmen türmt Sofakissen rund ums ratternde Bandgerät; Braun scheint keinen Verdacht zu schöpfen. Die Aufzeichnungen vom nächsten Tag sind brauchbar; man kann den Gesprächen folgen, versteht auch einzelne Namen; die Besucher redet Braun meist mit Vor- oder Decknamen an. Es geht darum, Genossen die Flucht aus Deutschland zu ermöglichen, ihre Vermögen vor der Beschlagnahmung zu retten; jemand weint. Am Telefon versucht Braun einen Journalisten dafür zu gewinnen, das Berufsverbot für jüdische Rechtsanwälte, das Berlin eben erlassen hat, an die große Glocke zu hängen.
Der Kurier, der die ersten Bänder nach Berlin bringen wird, ist schon bestellt; mindestens einen Monat lang soll es nun so weitergehen, Tag für Tag. Eine gründliche Auswertung der Bänder, sagt Peters, werde, wie er vermute, einige pikante Zusammenhänge aufdecken. Er streicht mit der Handkante über den Hals, als ob er sich die Kehle durchschneiden wolle, verdreht die Augen und lacht. Sie haben jedenfalls wieder Grund anzustoßen, diesmal mit einem Gevrey-Chambertin, Jahrgang 33.
Ist das nicht Verrat am deutschen Wein?, fragt Peters; aber er zwinkert dazu, und Fritz schlägt sich auf die Schenkel vor Vergnügen.
Am Abend hören sie im Rundfunk, dass nun auch das Sudetenland an das großdeutsche Reich angeschlossen werde. Sie öffnen eine zweite Flasche. Fritz kauft nie eine allein; auch Flaschen, sagt er, brauchen Gesellschaft.

In Berlin zeigt man sich, nach dem Empfang der Bänder, erfreut über die Fortschritte in Paris; der Kurier bringt Geld und eine verschlüsselte Nachricht mit, die, neben knappem Lob, eine Anweisung für Carmen enthält: Sie solle, um

neue journalistische Aufträge entgegenzunehmen, nach Berlin reisen und sich bei den zuständigen Stellen melden.
Wieso ich?, fragt Carmen.
Weil du einen Schweizer Pass hast, erwidert Peters mit seinem abgerissenen Lachen. Ich nehme an, sie wollen dich auf höhere Aufgaben vorbereiten.
Das wäre?, fragt Carmen.
Nun, du bist ja wohl bestens dazu geeignet, allerlei Wissenswertes über die Grenzbefestigungen herauszufinden. Stichwort: Maginotlinie. Du fragst redselige Dörfler aus, lässt dir Wege aufzeichnen, die zu angeblichen Verwandten führen.
Unsinn! Das ist Spionage. Darauf steht die Todesstrafe.
Carmen öffnet den Schrank, hängt ihren Pelzmantel vom Bügel, nimmt den leeren Lederkoffer heraus.
Und was steht wohl auf das, was wir hier so treiben?
Carmen schweigt, legt flüchtig den Mantel zusammen, will ihn in den Koffer stopfen: diese widerstrebenden Pelzwellen, in denen sich Schimmer und Glanz verfangen.
Gib her, sagt Fritz und legt ihr den Mantel über die Schultern. Du bist meine Königin, flüstert er in ihr Ohr.
Lange bleibe ich nicht weg, sagt Carmen; ihre Stimme klingt so heiser wie seit Monaten nicht mehr.
Wenn du zurückkommst, sagt Fritz, haben wir hier vielleicht schon alles erledigt.
Carmen lässt den Mantel auf den Teppich gleiten, sucht sich die Wäsche zum Wechseln zusammen, stopft sie in den alten schweinsledernen Koffer, der sie bisher auf allen Reisen begleitet hat.

Kein Heimkehrgefühl dieses Mal. Berlin ist kälter und arroganter geworden; wer Uniform trägt, tritt auf mit dem

Anspruch gesicherter Herrschaft. Es gibt kaum noch Bettler, aber auch keine Straßenmusikanten mehr, keine Leierkastenmänner, keine Jongleure hinter dem Bahnhof Zoo. In der Pension Wieland, wo sie absteigt, wird Carmen gefragt, ob sie Arierin sei; ihr Schweizer Pass rettet sie vor weiteren Fragen.

Wieder das Warten in Vorzimmern; Carmens Versuche, mit Heydrich oder einem seiner engsten Mitarbeiter persönlich zu sprechen, scheitern schon dort. Von Max Braun und den Tonbandaufnahmen, auf deren Wert sie pocht, will man entweder nichts gehört haben, oder man erklärt, dafür sei eine andere Abteilung zuständig.

Zuerst, sagt Carmen verärgert zu einem ihrer Gesprächspartner, geben Sie mir das Gefühl, unbedingt gebraucht zu werden, danach wird alles wieder schleierhaft. Weswegen haben Sie mich denn hierher befohlen?

Der Mann unter Hitlers Porträt lächelt: Das Räderwerk, in dem Sie sich bewegen, ist riesig, und es vergrößert sich mit jedem Tag. Wir haben dafür zu sorgen, dass ein Rädchen ins andere greift, und zwar zur richtigen Zeit und am richtigen Ort. Gedulden Sie sich noch ein Weilchen. Wir wissen, wo Sie sind, wir werden Sie benachrichtigen, wenn es so weit ist.

Carmen streift unruhig durch die Stadt, besucht ein paar alte Bekannte. Graf Helldorf lässt sich, so scheint es ihr, verleugnen, und Generaloberst Udet, inzwischen zum Generalluftzeugmeister befördert, ist unabkömmlich wegen dringender Geschäfte. Die mächtigsten Männer dieses Landes hat sie kennen gelernt, und keiner kümmert sich um sie. Was soll sie tun? Die Entscheidung wird ihr abgenommen durch einen Anruf aus Paris, der sie in ih-

rer Pension erreicht. Die Männerstimme, die durchs Rauschen an ihr Ohr dringt, kennt Carmen nicht, sie ist aber unverkennbar deutsch, mit schwäbischer Färbung. Fritz Erler sei verunglückt, hört sie; er liege mit schweren Verletzungen im Krankenhaus und wünsche, Carmen unverzüglich zu sehen.
Verunglückt?, unterbricht Carmen die Stimme. Wie? Wann? Warum? Sie bekommt keine Antwort; der Mann nennt Name und Adresse des Hospitals, dann hängt er auf, ohne Gruß; Verbindung unterbrochen, sagt sachlich die Telefonistin vom Amt. Der Hörer entfällt Carmens Hand; sie steht mit hängenden Armen da.
Der Pensionswirt, der mitgelauscht hat, schießt hinter dem Schreibpult hervor, hängt den Hörer zurück an die Wand. Sie sind ja bleich wie ein Leintuch. Schlechte Nachrichten?
Sie nickt und stützt sich mit einer Hand aufs Schreibpult, wo eine Illustrierte liegt, deren Schlagzeile – *Der Führer eröffnet die Reichsautobahn Berlin–München!* – sie in Gedanken automatisch korrigiert: Berlin–Paris muss es heißen, denkt sie, ja, Berlin–Paris. Geben Sie mir die Rechnung, sagt sie tonlos. Dass der Mann, den sie verachtet und verlacht hat, ihr plötzlich so viel bedeuten könnte, hätte sie noch vor einer Viertelstunde für absurd gehalten.

Sie bricht auf, ohne zu zögern. Vielleicht ahnt sie, was auf sie wartet; manchmal reisen wir unserm Verhängnis nicht blindlings entgegen, sondern sehend, in stumpfer Demut. Sie lässt sich im Taxi zum Bahnhof bringen, damit sie den Nachtzug erreicht. Es ist ihr gleichgültig, dass sie keinen Liegesitz mehr bekommt; sie sitzt, draußen im Gang, zusammengekrümmt auf ihrem Koffer, raucht, den Beschwerden anderer Reisender zum Trotz, eine Zigarette nach der andern. In den davonziehenden Schwaden sieht sie Helldorf lächeln, und in immer neuen Verwandlungen zeigt sich Fritz vor ihr, der Ungreifbare; es geht ihm schlecht, sie spürt es genau.

Die beiden deutschen Zöllner, die im Morgengrauen den Zug besteigen, behandeln sie, des Passes wegen, mit Respekt. Doch drinnen im Abteil stehen sie mit gespreizten Beinen zwischen den Sitzen, so dass die Passagiere sich nicht rühren können, blättern mit undurchdringlichen Mienen die Pässe durch. Ein Zöllner verlässt das Abteil, kehrt nach einer Weile mit einem Zivilisten zurück, einem unauffälligen Brillenträger, der Carmen mit einem Lüften des Huts grüßt. Der Zivilist betritt das Abteil. Nach einem Wortwechsel fasst er eine Frau am Arm, sie kommen heraus; ein Zöllner trägt ihr den Koffer nach. Durch die offene Abteiltür sagt einer der Passagiere jovial zu Carmen: Kommen Sie nur herein, jetzt ist genügend Platz für Sie.

8

Hamburg, November 1946

Sein zweiter Besuch bei ihr war ein Fiasko. Noch Stunden danach kam er sich unsinnigerweise vor wie ein gedemütigter Liebhaber. Es war, ohne Zweifel, eine unangemessene Reaktion, eines Diplomaten unwürdig, und doch konnte er jenes Maß an Distanz, das er sich gewünscht hätte, nicht herbeizwingen.
Sie gingen – warum eigentlich? – zu dritt zu ihr, er, Mürner und Doktor Zippel, und vielleicht war es gerade der offizielle Charakter dieses Aufmarsches, der Carmen Mory zu ihrem provozierenden Verhalten verleitete.
Diesmal wurden sie von der Wärterin in den schlecht geheizten Besuchsraum geführt; nach ein paar Minuten kam Carmen Mory durch die andere Tür herein. Sie ging schlurfend und mühsam und setzte sich hinter der Trennscheibe auf einen Stuhl. Offenbar hatte sie ihren Entschluss, keine Gefängniskleidung zu tragen, beibehalten. Sie trug ein beiges Leinenkleid mit Perlmutterknöpfen, das sie noch bleicher machte, als sie ohnehin war, darüber ihre braune Strickjacke. Sie hatte Rouge aufgelegt, aber sie war kaum frisiert, und ihre nach allen Seiten abstehenden Haare rahmten das Gesicht hinter dem spiegelnden Glas wie mit verwischter Tusche ein. Murmelnd erwiderte sie den Gruß der drei Männer; als Doktor Zippel sich vorstellte, schaute sie ihn scharf an und senkte gleich wieder den Kopf.
Der Prozess beginnt, wie Sie ja wissen, sagte Doktor Zippel mit hörbarem Unbehagen, schon am fünften Dezem-

ber, also in einer guten Woche; ich habe sehr wenig Zeit, Ihre Verteidigung vorzubereiten, werde aber alles daran setzen, meine Sache gut zu machen. Dafür brauche ich aber ...

Er wollte, die Aktentasche auspackend, die er auf die Ablagefläche gestellt hatte, weitersprechen, doch Carmen Mory fiel ihm ins Wort: Die Briten haben nicht das geringste Interesse daran, mich zu entlasten. Sie wollen sich rächen. Und da machen sie zwischen einem KZ-Kommandanten und einer Blockältesten, die vielen das Leben gerettet hat, keinen Unterschied. Deshalb ist über mich bisher nur belastendes Material gesammelt worden.

Ich wäre an Ihrer Stelle nicht so pessimistisch, erwiderte Doktor Zippel. Das alliierte Militärgericht wird, wie ich gehört habe, nicht nur aus Engländern bestehen. Mindestens ein Franzose und ein Pole werden darin Einsitz nehmen.

Umso schlimmer, fuhr sie ihn an. Sie begann, die Hand vor dem Mund, zu husten und brauchte eine Weile, bis sie wieder sprechen konnte. Die Franzosen hassen mich. Aber ich bin gar nicht so pessimistisch, wie Sie meinen. Ich habe lediglich festgestellt, wovon Sie als Verteidiger auszugehen haben. Sie ließ den Hustenanfall ausklingen und wischte sich mit einem schmutzigen Taschentuch den Mund ab; dann warf sie den Kopf zurück und fuhr, an Zippel gewandt, befehlend fort: Treiben Sie die Entlastungszeuginnen auf, die ich Ihnen nenne. Wenn sie unter Eid aussagen, wird man mich freisprechen müssen, es wird den Herren gar nichts anderes übrig bleiben.

Mit Fräulein Spörry haben wir ja inzwischen Kontakt aufgenommen, sagte der Konsul, der sich, trotz seines aufsteigenden Ärgers, konziliant zeigen wollte. Sie hat sich bereit erklärt, die schriftlich übermittelten Fragen der Verteidigung zu beantworten und notariell beglaubigen zu lassen. Eine solche Aussage wird das Gericht mit Sicherheit akzeptieren.

Das genügt nicht! Carmen Morys Lippen begannen zu zittern; sie beugte sich so weit vor, dass sich die Scheibe mit ihrem Atem beschlug. Anne muss herkommen! Sie muss im Zeugenstand für mich einstehen! Sie ist die Einzige, die genau weiß, was ich auf mich genommen habe, um den Frauen im Idiotenstübchen zu helfen. Anne und ich, wir haben zusammen Selektionen verhindert und hintertrieben, und das weiß niemand sonst, das weiß auch Doktor Treite nicht, diese jämmerliche Marionette.

Der Konsul und Mürner schauten einander beklommen an. Die Wärterin trat von der Tür her auf die Gefangene zu und legte begütigend die Hand auf ihre Schulter.

Anne muss herkommen!, wiederholte Carmen Mory mit sichtlicher Anstrengung. Sie hob den Blick und schien durch die drei Besucher hindurchzusehen. Das ist sie mir schuldig. Ohne mich wäre sie nicht mehr am Leben. Verstehen Sie?

Ich werde, sagte Doktor Zippel, auf jeden Fall eine offizielle Zeugenvorladung erwirken. Aber ich fürchte, wir können Fräulein Spörry, so lange sie in der Schweiz bleibt, nicht zwingen, in Hamburg vor Gericht zu erscheinen. Es gibt keine rechtlichen Mittel dafür.

Wenn sie sich zu kommen weigert, sagte Carmen Mory bitter, dann hat sie Angst. Dann rechnet sie wohl damit, auf gleiche Weise beschuldigt zu werden wie ich.

Das wäre durchaus verständlich, sagte Zippel.

Nein! Sie erhob sich halb vom Stuhl, wurde aber von der Wärterin zurückgehalten. Wir haben so viel zusammen durchgemacht, und nun, wo ich sie wirklich brauche, will sie mich im Stich lassen. Sie verbarg ihr Gesicht hinter den Händen; der Konsul sah, dass ihre Knöchel rot gescheuert, die Nägel abgekaut waren.

Noch haben wir keine verbindliche Antwort, sagte Mürner; vielleicht nimmt Fräulein Spörry die lange Reise trotz allem auf sich.

Carmen Mory strich mit den Fingern über ihre Wangen, als folge sie einer Spur. Wenn Anne kommen wollte, hätte sie gleich ja gesagt. Oder es von sich aus angeboten. Sie weiß doch, dass ich im Gefängnis sitze, nicht wahr? Sie weiß, dass ich verurteilt werden kann?

Der Konsul suchte auf dem Stuhl eine bequemere Position. Ich denke, das hat man ihr gesagt.

Ich werde ihr schreiben, sagte Carmen Mory, ich werde auf Englisch schreiben und so unverfänglich, dass die Zensur den Brief durchlässt. Sie braucht ein Lebenszeichen von mir. Herr Generalkonsul, Sie werden doch den Brief weiterbefördern, nicht wahr? Wie um seiner Antwort zuvorzukommen, fuhr sie hastig fort: Wie geht es Anne überhaupt? Ist sie gesund? Sie war ja so unglaublich mager damals. Aber das waren natürlich wir alle, und es fiel uns gar nicht mehr auf. Sie redete weiter, erwähnte die zusätzliche Suppe, die sie für ihren Block organisiert, die Abbuchungen, die sie verheimlicht habe, um die Zahl der Rationen zu erhöhen.

Als der Konsul endlich zu Wort kam, entgegnete er, über Fräulein Spörrys Gesundheitszustand wisse er leider gar nichts; aber noch im Reden spürte er, dass dies gar nicht die Antwort war, die sie erwartete.

Sie blickte ihn verwirrt an, ihr Gesicht war blank und wehrlos; doch gleich verhärtete es sich wieder. Die Briten, sagte sie anklagend, haben mir die Notizen gestohlen, die ich immer bei mir trug. Es waren Dutzende von Namen und Adressen, natürlich Vorkriegsadressen, die in vielen Fällen sicher nicht mehr stimmen, aber sie würden Ihnen zeigen, in welcher Richtung Sie suchen müssten. Die meisten sind ja wohl wieder in ihre Heimat zurückgekehrt. Zum Glück – sie tippte an ihre Stirn – habe ich ein ausgezeichnetes Gedächtnis. Ich kann Ihnen aus dem Stegreif die Namen der Häftlinge diktieren, auf die es mir, neben Anne, am meisten ankommt. Finden Sie drei, vier von ihnen, und ich bin gerettet. Sie lehnte sich zurück, schloss halb die Augen und zählte, mit dem Zeigefinger unablässig über ihre Braue streichend, die Namen auf: Marta Malikova aus Kiew, Hilde Pechter aus Deutschland, Erika Buchmann, die Nachfolgerin als Blockälteste, Leonie Brandt aus Holland. Sie nannte weitere Namen, und Doktor Zippel schrieb eilig mit, dann begann sein Füllfederhalter zu klecksen, und er versuchte, unterstützt von Mürners beschwörenden Blicken, Carmen Morys Redefluss zu stoppen. Ein lautes Genug! brachte sie schließlich zur Besinnung; sie verstummte, zog die Nase kraus, als ob sie gleich niesen müsste, und da glich sie – was für ein wandelbares Gesicht! – für ein paar Augenblicke einem eingeschüchterten Mädchen.

So geht es nicht, sagte Zippel, an der Grenze seiner Geduld, Sie überschätzen meine Aufnahmefähigkeit. Wir werden uns morgen und übermorgen zusammensetzen und die Liste vervollständigen. Ich benötige noch eine Menge anderer Informationen.

Wie Sie meinen, antwortete Carmen Mory; sie hustete wieder und hatte sich zurückverwandelt in eine erwachsene Frau, die unendlich erschöpft aussah. Als ob davon noch gar nicht die Rede gewesen wäre, wiederholte sie, dass man unbedingt auch Anne Spörry, deren Adresse ja jetzt bekannt sei, dazu bewegen müsse, am Prozess teilzunehmen.

Der Konsul dachte an einen Vogel im Käfig, der endlos die gleiche Tonfolge pfeift, und er wollte schon vorschlagen, das Gespräch zu beenden, da raffte sie sich auf und machte wieder einen ihrer Gedankensprünge.

Herr Konsul, sagte sie, nehmen Sie bitte zur Kenntnis, dass ich mich nach meinem Freispruch unter Ihren Schutz stellen werde.

Wie meinen Sie das?, fragte er, aus der Fassung gebracht.

So, wie ich's sage. Ich möchte verhindern, dass die Briten mich an Frankreich ausliefern. Die Franzosen könnten ja plötzlich behaupten, ich sei von ihnen damals, 1940, wegen Spionage rechtskräftig verurteilt worden, und die Begnadigung sei bloß unter dem Druck der Deutschen zustande gekommen. Deshalb werde ich, Herr Konsul, unmittelbar nachdem man mich auf freien Fuß gesetzt hat, im Konsulatsgebäude Zuflucht suchen, auf neutralem Boden. Dort wird man mich nicht anzutasten wagen. Und Sie werden, hoffe ich, dafür sorgen, dass ich als Schweizer Bürgerin unter diplomatischem Schutz in mein Land zurückkehren kann. Ihre Augen waren lebendiger geworden; funkelte in ihnen nicht sogar so etwas wie Spott?

Der Konsul zog seinen Wollschal fester um den Hals und zwang sich zur Ruhe. Es steht nicht in meiner Macht, Ihnen das zu gewähren. Letztlich wird in einem solchen Fall der Departementschef persönlich entscheiden müssen. Aber es ist ja noch lange nicht so weit, Fräulein Mory.

Ach ja, wie schön. Ihr Lächeln verzerrte sich zu einer Grimasse. Wissen Sie, was ich von Ihnen denke? Sie sind ganz einfach feige. Sie sind ein genauso standpunktloser Paragraphenreiter wie die andern Vertreter Ihres Berufsstandes, die mich verraten und verkauft haben! Sie hustete heftig. Dass ich hier um mein Leben kämpfe ... dass mir hier Unrecht angetan wird, schrie sie mit sich überschlagender Stimme, das ist Ihnen egal ... Sie sind ...

Doch nun war, von ihrem Geschrei alarmiert, ein Wachsoldat hereingestürzt; die Wärterin legte ihr die Hand über den Mund, während der Soldat sie festhielt. Im Kampf gegen vier Hände unterlag die Gefangene, ihre Stimme erstickte. Der Konsul sah, wie sie sich wand; ihre unverständlich werdenden Beschimpfungen gingen in ein trockenes, verzweifeltes Schluchzen über. Er spürte plötzlich wieder den stechenden Schmerz im Backenzahn, der ihn seit gestern in unregelmäßigen Abständen heimsuchte. Mein Gott, flüsterte Mürner und hauchte seine Hände an.

Sollen wir die Gefangene wegbringen?, fragte der Soldat und lockerte, da Carmen Mory sich beruhigt hatte, den Griff, mit dem er sie von hinten festhielt.

Ich weiß nicht, antwortete der Konsul und schaute fragend zu Doktor Zippel hinüber. Hat es wohl noch einen Sinn weiterzufahren?

Für heute reicht es mir, sagte Zippel tonlos. Mit abgezirkelten Bewegungen schraubte er die Kappe auf seinen Füllfederhalter, legte ihn und den Notizblock in die Aktentasche zurück.

Der Konsul gab dem Soldaten ein Zeichen, die Gefangene abzuführen; doch sie flüsterte der Wärterin, die sich zu ihr herunterbeugte, etwas zu, und diese meldete sich mit einem Räuspern zu Wort: Bitte, meine Herren, die Gefangene Mory möchte sich bei Ihnen entschuldigen.

Der Konsul und sein Stellvertreter waren schon aufgestanden; überrascht blieben sie stehen und versuchten, hinter der spiegelnden Trennscheibe Carmen Morys Gesicht zu erkennen. Es war, wie dem Konsul schien, tränennass, teigig weich trotz der hervortretenden Wangenknochen; sie sagte, kaum hörbar: Es tut mir Leid, ich wollte Sie nicht beleidigen, Sie tun doch nur Ihre Pflicht … Diese lange Haftzeit … Können Sie sich vorstellen, welch verheerende Auswirkungen … Ich habe mich manchmal nicht mehr in der Gewalt … Lassen Sie mich jetzt nicht fallen … ich bitte Sie …

Dem Konsul saß etwas in der Kehle, ein unverdaulicher Bissen, ein Federklumpen; er schluckte mehrmals und sagte: Schon gut, schon gut.

9

Paris, La Roquette, 1938–40

Am Eingangsportal des Pariser Hospitals, in dem Fritz Erler liegen soll, wird Carmen Mory von drei Angehörigen der *Sûreté* verhaftet; sie wehrt sich nicht, lässt sich Handschellen anlegen und in die wartende Limousine bugsieren. Es ist der fünfte November 1938; von nun an wird sie, abgesehen von wenigen Wochen, ihr Leben in Gefangenschaft verbringen.
Man sperrt sie ins Frauengefängnis *La Roquette*. Der persönliche Besitz – auch der Mantel, das ist das Schlimmste – wird ihr gegen Quittung abgenommen. In den Verhören beschuldigt man sie der Spionage zugunsten von Deutschland. Mit ihren Denunziationen habe sie mindestens fünf Männer ins Lager gebracht. Sie erfährt, dass auch Fritz und sein Kompagnon in Haft sitzen. Jemand hat sie verpfiffen. Hat sich Fritz die Lüge mit dem Krankenhaus ausgedacht? Hat er geglaubt, damit sein Strafmaß herunterhandeln zu können?
Dieses undurchschaubare Spiel. Max Braun, sagt der Verhörführer, gehöre dem französischen Geheimdienst an. Auf den Plan, ihn zu ermorden, stehe die Todesstrafe. Ein lückenloses Geständnis werde indessen als mildernder Umstand gewertet.
Gestehen Sie, Mademoiselle, gestehen Sie!
Beim nächsten Verhör wirft man ihr vor, die Befestigungsanlagen der Maginotlinie ausgespäht zu haben; Zeugen hätten sie mit Notizblock und Fotoapparat in der

Nähe eines Bunkers beobachtet. Es ist gespenstisch: Was Carmen bloß in Gedanken durchgespielt hat, ist in den Köpfen der Befrager schon Wirklichkeit geworden. Man legt ihr dilettantische Pläne vor, die von ihr stammen sollen, eine Karte mit eingezeichneten Benzinleitungen. Sie weint, beteuert, dass sie damit nichts zu tun habe. Der Scharfmacher unter den Befragern, der ihr Schreien sonst mit noch lauterem Geschrei erwidert, bietet ihr an, diesen Anklagepunkt fallen zu lassen, wenn sie die Geschichte mit Max Braun nicht länger abstreite.

Man schlägt sie nicht; doch die Hartnäckigkeit der Befrager, die schiere Dauer der Verhöre ist zermürbend; sie gibt endlich nach, erzählt, was die Männer hören wollen, bekommt zur Belohnung ein paar Zigaretten und eine Tasse starken Kaffee; sie unterschreibt ein Protokoll, in dem sie ihrerseits Fritz Erler und Hans Peters belastet.

Die Erschöpfung danach. Im Lauf der Wochen hat sie sich an ihre Zelle gewöhnt, sie ist zu einer Art Schlupfloch geworden, wo man sie zumindest in Frieden lässt, wo sie träumen und Briefe schreiben kann, Briefe an Tiny, an Berliner Bekannte, harmlose Berichte, die über ihre Lage nur das Notwendigste aussagen. Tut nichts für mich, schreibt sie, mir geht es gut; jeder Interventionsversuch aus Deutschland, das weiß sie, würde zu ihren Ungunsten ausgelegt.

Manchmal erfährt sie von der Wärterin, was Neues geschieht: Den Juden in Deutschland geht es an den Kragen; Zehntausende sind nach einer Pogromnacht verhaftet worden. Eine Milliarde Reichsmark verlangt Göring von ihnen als Schadenersatz für zerbrochenes Kristallglas! Im Übrigen rüstet jetzt auch Frankreich auf, wer wundert sich darüber?

Beim täglichen Hofgang, wo Carmen in der Reihe der andern Häftlinge mitmarschiert, liegt ein vielstimmiges Flüstern in der Luft: *Noël* versteht sie, *les juifs, la guerre va éclater;* aber es ist noch kein Krieg ausgebrochen; die Befrager, mit denen sie bisweilen ein paar private Bemerkungen austauscht, versichern ihr, der Friede sei – dank der Vernunft Englands und Frankreichs – fürs Erste gerettet.

Zu Weihnachten bekommt sie Gebäck, zwei Mandarinen, eine halbe Flasche Wein, dazu Paketpost aus Berlin mit Fleischkonserven und Schokolade, es ist, verglichen mit den kommenden Weihnachtsfesten, ein üppiges, ja luxuriöses Mahl.

Bei einem einzigen Verhör, nach sieben Wochen Haft, also schon im neuen Jahr, kommt es zur Gegenüberstellung mit Fritz. Sie erkennt ihn beinahe nicht wieder; er hat sich in den Falten und Ausbeulungen der Häftlingskleidung verkrochen, wirkt gebrochen, geschrumpft. Sie grüßen sich nicht; ihre Blicke weichen einander aus. Er trägt stockend seine Anschuldigungen vor: Carmen sei die Drahtzieherin bei ihren Unternehmungen gewesen; Carmen habe ihn mit seiner Homosexualität erpresst und zu Handlungen gezwungen, die er von sich aus nie begangen hätte. Er sei ganz unter ihren Einfluss geraten, obgleich er den fanatischen Nationalsozialismus, den sie vertrete, ablehne. Sie unterbricht Fritz und steigert sich in wütende Gegenbeschuldigungen hinein; sie wird zur Ruhe ermahnt und redet dennoch weiter, bis es ihr die Stimme verschlägt und sie wieder Fritz zuhören muss.

Als Tränen über seine Wangen laufen, wird sie plötzlich von Mitleid überwältigt; mitten in einem neuen Redeanlauf spürt sie, dass sie selber weint. Jemand öffnet das Fenster, der Verkehrslärm bricht herein; Carmen stellt sich vor, wie sie, zusammen mit Fritz, dem verwandelten Fritz, der wieder dem Münchner Studenten gleicht, in einem Taxi davonfährt, die Champs-Elysées hinauf, unter dem Triumphbogen hindurch, in ein neues Leben.

Sechzehn Monate bleibt Carmen in Haft. Der erste Winter ist schlimm; es werden weit schlimmere folgen. Manchmal kugelt sie sich auf der Pritsche zusammen, lässt Minuten und Stunden von sich abtropfen wie Schleim, den man nicht loswird, oder sie träumt sich zurück auf die Alp, träumt sich in den Einspänner neben ihren Vater, und Sommerregen prasselt aufs Verdeck. Sie fiebert und hustet, hat stechende Schmerzen in der Brust. Der Gefängnisarzt stellt fest, dass ein Lungenflügel angegriffen sei; aufs Röntgen verzichte er, da die Symptome nicht alarmierend seien. Er verschreibt ihr gleichgültig ein Medikament, verspricht, bald wiederzukommen, hält aber sein Versprechen nicht. Er sei ein Deutschenhasser, hört sie beim Hofgang; er hasst natürlich auch eine Schweizerin, die als Gestapoagentin gilt.
Die Abneigung der Französinnen, die hinter ihr und vor ihr hergehen, bleibt ihr nicht verborgen; sie weiß, dass es kein Zufall ist, wenn ihr jemand auf die Zehen tritt oder sie blitzschnell von hinten stößt.
Im Februar besucht sie erstmals ihr Verteidiger; sie hat ihn aus einer Liste, die man ihr vorlegte, ausgewählt, bloß seines Namens – Edmond Bloch – wegen; einen Doktor Bloch, einen Kollegen aus Bern, hat auch ihr Vater gekannt und immer lobend von ihm gesprochen.
Maître Edmond Bloch, der sie im Besucherraum hinter der Abschrankung begrüßt, ist ein weißhaariger Herr; er

wirkt auf sie, im frisch gebügelten Hemd, mit der korrekt gebundenen Krawatte, wie ein Abgesandter einer verloren geglaubten Welt, flößt ihr durch seine väterliche Art sogleich Vertrauen ein. Er stellt, auf vorsichtig abwägende Art, seine ersten Fragen, bittet, als Carmens Antworten ausufern, höflich um Knappheit. Sie sei, wie man ihn unterrichtet habe, im Hauptanklagepunkt, der Affäre Braun, geständig; deshalb gehe es nun darum, mildernde Umstände ins Feld zu führen. Ob sie bereue, was sie getan habe? Reue mache vor Gericht immer einen guten Eindruck.

Carmen schweigt; sie fühlt sich plötzlich leer wie ein umgekippter Kübel.

Vielleicht habe sie, fährt Maître Bloch fort, aus verblendetem Idealismus gehandelt. Ob sie weiterhin für eine Diktatur eintrete, die ihre Fratze von Tag zu Tag deutlicher zeige?

Carmen überlegt fieberhaft, sagt dann ausweichend, was Hitler anstrebe, scheine ihr nach wie vor gerechtfertigt. Es brauche in Europa ein Bollwerk gegen den Bolschewismus; allerdings missbillige sie die Gewaltexzesse seiner Anhänger.

Maître Bloch schaut kurz auf, ihre Blicke treffen sich; im seinen glaubt sie so etwas wie befremdetes Staunen, an der Grenze zur Amüsiertheit, zu entdecken. Doch er geht über ihre Antwort hinweg: Eine mögliche Taktik vor Gericht könnte auch sein, Sie als die Verführte und Herrn Erler als skrupellosen Gestapoagenten hinzustellen, ganz im Gegensatz zu dem, was, den Protokollen zufolge, Herr Erler behauptet. Lassen Sie mir auch diese Verteidigungsstrategie offen?

Carmen deutet, nach kurzem Zögern, ein Nicken an.

Noch ist nichts verloren, sagt Maître Bloch; den Anklagepunkt der Militärspionage wird man fallen lassen. Für den Rest haben Sie mit einer mehrjährigen Zuchthausstrafe zu rechnen. Wenn wir es geschickt anstellen, wird man Sie nach einem oder zwei Jahren begnadigen. Andrerseits könnte man auch auf außergerichtlichen Wegen versuchen, der französischen Regierung einen Agentenaustausch mit der deutschen vorzuschlagen.
Carmen nickt wieder. Sie fühlt sich an der Hand genommen und von schwankendem auf sicheres Gelände geführt. Damit habe er, sagt Maître Bloch, das Mandat, das sie ihm anvertraue, offiziell schon beinahe angenommen; er müsse aber leider noch die Frage der Honorierung berühren; ob sie denn über genügend eigene Mittel verfüge? Carmen nennt die beiden französischen Konten, auf denen ihr restliches Geld liegt. Bloch zeigt sich befriedigt; er schiebt ihr eine vorbereitete Vollmacht durchs Gitter, die sie unterschreibt. Notfalls, sagt sie, werde sie auch ihren Schmuck verkaufen, um ihn zu bezahlen. Sie hustet sich, während Bloch seinen Hut aufsetzt und sie mitleidig anschaut, fast die Seele aus dem Leib und beruhigt sich erst, nachdem er gegangen ist.

Von nun an sehnt sie sich nach den Besuchen ihres Anwalts; sie sind die kleinen Inseln in der Ödnis ihres Gefängnislebens. Alle vierzehn Tage erwartet Maître Bloch sie im Besucherraum; manchmal dringt der Duft seiner Rasiercreme bis zu ihr hin. Die Anklage gegen sie sei bereits erhoben, sagt Herr Bloch; doch man sei sich offenbar noch nicht im Klaren, ob für diesen Fall ein ziviles oder ein Militärgericht zuständig sei.
Der Frühling weckt Carmen vollends aus ihrer Lethargie; sie verzehrt sich plötzlich vor Sehnsucht nach Licht. Ihr

Husten bessert sich; im Auswurf ist kaum noch Blut. Sie rafft sich auf, studiert das Gefängnisreglement, erstreitet sich zusätzliches Schreibpapier. Sie pocht auf ihren Status als Schweizer Bürgerin, verlangt, dass sich der Schweizer Botschafter in Paris bei der französischen Regierung für sie einsetze, und kann nicht glauben, dass er sich weigert, für sie, die das Neutralitätsprinzip aufs Schwerste verletzt habe, irgendetwas zu tun.
Sie fällt zurück in eine Stumpfheit, in der alles hoffnungslos scheint.
Der Sommer beginnt. Die Nachrichten vom Einmarsch deutscher Truppen in die Tschechei erreichen Carmen nur verspätet und gedämpft. Maître Bloch ist überzeugt, dass die Westmächte auch dieses Mal tatenlos zuschauen werden, wie Hitler sein großdeutsches Reich arrondiert.
Der deutsch-sowjetische Nichtangriffspakt hingegen, von dem sie an einem Abend Ende August erfährt, trifft Carmen wie ein Schlag. Verbrüderung mit dem Erzfeind? Sie glaubt an ein böswilliges Gerücht. Was hätte es für einen Sinn, den Bolschewisten, die doch den Westen zerstören wollen, die Hand hinzustrecken? Wie könnte Hitler, der bisher geradlinig seinen Weg gegangen ist, so von seinen Prinzipien abweichen? Und doch ist es wahr, wie Maître Bloch ihr bestätigt; für Hitler sei nunmehr der Weg nach Osten frei. Zum ersten Mal fühlt Carmen sich vom Helden, dem sie sich verschrieben hat, im Stich gelassen. Aber hat es nicht schon früher angefangen? Hatte sie nicht erwartet, die Deutschen würden alles daran setzen, sie aus der Haft loszukaufen?

Der Kriegsausbruch, die deutschen Siege in Polen lassen Carmens Zweifel am Führer wieder verstummen.

Auch Frankreich befindet sich jetzt mit Deutschland im Krieg, sagt Maître Bloch bedrückt, das lässt Ihren Fall, Mademoiselle Mory, natürlich in einem neuen Licht erscheinen. Machen Sie sich aufs Schlimmste gefasst; Sie werden, wie ich erfahren habe, definitiv vor ein Militärtribunal kommen.

Durchs Fenster scheint die tief stehende Sonne und legt einen Lichtstreifen über Maître Blochs Knie. Schon nach wenigen Minuten wird er verschwunden sein; länger als eine Viertelstunde bekommt sie hier die Sonne nie zu Gesicht.

Die Franzosen, entgegnet Carmen, werden es nicht wagen, mich jetzt zum Tode zu verurteilen oder gar – sie spricht das Wort zum ersten Mal aus – mich hinzurichten.

Maître Bloch senkt den Blick und betrachtet seine Fingernägel. Es werden noch viele sterben in diesem Krieg, sagt er.

Sie werden es nicht wagen. Carmen hält den Gedanken an ein mögliches Todesurteil von sich fern. Nur nachts manchmal, wenn sie aus einem Angsttraum hochschreckt, sieht sie sich plötzlich mit einer Binde um die Augen, mit einem Strick um den Hals.

Die Warterei wird unerträglich; will man den Prozess niederschlagen, um die Deutschen nicht zu erbosen? Oder ist sie, Carmen, so unwichtig, dass man sie einfach vergisst? Fritz hat sie aus ihren Gedanken verdrängt; er verdient keine Erinnerungen, weder gute noch schlechte.

An der Westfront, wo sich die französischen und deutschen Armeen gegenüberliegen, bleibt es still: *drôle de guerre.* Doch die Wärterinnen, die Beamten, mit denen

Carmen zu tun hat, werden von Woche zu Woche nervöser. Das alte Jahr geht zu Ende mit Mandarinen und Gebäck; das neue beginnt mit großer Kälte. Eine Postkarte findet, nach langen Umwegen, den Weg zu Carmen; darauf stehen Grüße in Tinys akkurater Handschrift, dazu ein einziger Satz: *Wir werden uns gegen deutsche Anmassungen wehren!* Ach ja, die gute Tiny; wenn Hitler will, wird er die Schweiz schlucken wie einen kleinen, gut verdaulichen Happen. Aber besser wäre es, seine Armeen marschierten in Paris ein, um Carmen zu befreien.

Man lässt sie warten bis gegen Ende April; inzwischen sind auch Dänemark und Norwegen von deutschen Truppen besetzt. Maître Bloch befürchtet, dass der Prozess, dessen Termin endlich feststeht, und die lang erwartete deutsche Westoffensive zusammenfallen könnten. Das würde, sagt er, die Presse noch mehr gegen die feindlichen Agenten aufbringen; sie bezeichne Carmen Mory ohnehin schon als neue Mata Hari.
Den zweitägigen Prozess empfindet Carmen als Farce.
Die Öffentlichkeit wird von den Verhandlungen ausgeschlossen; der Vorsitzende des *Troisième Tribunal Militaire*, ein martialischer alter Colonel, ist offensichtlich entschlossen, das Verfahren im Eiltempo durchzupeitschen, stachelt auch den Ankläger, Maître Pennancier, einen ehemaligen Minister der Volksfrontregierung, dazu an, seine Anklagegründe verkürzt vorzutragen, da ja von allen drei Angeklagten Geständnisse vorlägen, die sich zwar teils widersprächen, aber in der Substanz eindeutig seien.
Carmen ist auf der Anklagebank nur durch einen bewaffneten Soldaten von Fritz getrennt; noch weiter drüben sitzt Hans Peters, den sie zuerst gar nicht erkannt hat.

Fritz hingegen ist ihr in seiner servilen Geducktheit gleich wieder vertraut, ein Kerlchen, das sie nicht einmal mehr hassen kann; er hat ihr einen Gruß zugeraunt, den sie nicht erwidern wollte und dann trotzdem erwidert hat.

Die Angeklagten kommen kaum zu Wort. Der Vorsitzende ermahnt sie, bloß mit Ja oder Nein zu antworten. Von Anfang an ist klar, dass der Versuch der Anwälte, ihre jeweiligen Klienten reinzuwaschen, scheitern wird; zu sehr haben sie sich in ihren gegenseitigen Beschuldigungen verstrickt.

Am Ende des ersten Tages wird Max Braun hereingerufen, ein kleiner, massiger Mann, der die drei Angeklagten aufmerksam, eher mit dem Blick eines Zoologen als dem eines Rächers, mustert. Er bestätigt mit der sonoren Stimme, an die sich Carmen erinnert, er habe gelegentlich mit dem französischen Geheimdienst zusammengearbeitet, das heißt: bestimmte Namen weitergemeldet, wenn er vermutet habe, sie seien von der Gestapo in seine Organisation eingeschleust worden. Nun wird auch klar, weshalb die *Sûreté* so erfolgreich eingreifen konnte. Es war Braun selber, den der herabrieselnde Putz an der Innenwand seines Büros misstrauisch machte; die herbeigerufenen Spezialisten ertappten nebenan, um elf Uhr morgens, Hans Peters und Fritz Erler in flagranti bei ihrem Abhörversuch. Fritz nannte, nach stundenlangem Verhör, Carmens Namen; die Idee, sie mit der Krankenhauslüge zurückzulocken, stammte von ihm. Fritz Erler habe seine Exverlobte überdies beschuldigt, die beiden Männer zum Mord angestiftet zu haben.

Carmen fährt auf, als Erler und Peters diese Version gemeinsam bekräftigen, redet weiter, obwohl der Vorsitzende sie zurechtweist, verstummt dann nach wenigen Sätzen; es hat gar keinen Sinn: Sie hat Braun bespitzelt, sie hat alle Aufträge gekannt, *voilà;* wenn sie schuldig ist, dann will sie den Nacken nicht beugen. Keine Zeugenaussagen sonst; die Auftraggeber in Berlin sind ohnehin nicht greifbar.

Am nächsten Tag folgen die Plädoyers. Der Ankläger verlangt die Todesstrafe für alle drei; Maître Bloch, sichtlich eingeschüchtert, versucht sein Bestes, das Gericht für seine Klientin einzunehmen, streicht ihren Idealismus heraus. Für Carmen Mory, sagt er mit leicht erhobener Stimme, sei es richtig gewesen, Braun zu bekämpfen, der hier, in Frankreich, versucht habe, deutsche Sozialdemokraten und Kommunisten zu einer Front zusammenzuschweißen, also letztlich Stalins Zielen gedient und damit im Übrigen auch das bürgerliche Frankreich unterhöhlt habe.

Die Richter hören Bloch geistesabwesend zu, nehmen kaum zur Kenntnis, dass er, wie seine beiden Kollegen, für eine Zuchthausstrafe von höchstens zehn Jahren plädiert. Die Beratung des Gerichts dauert nicht lange; stehend hören sich die Angeklagten an, was der Vorsitzende, ohne die Stimme zu verändern, nach der Namensnennung dreifach verliest*: Für schuldig befunden der fortgesetzten Spitzeldienste zugunsten einer feindlichen Macht; verurteilt zum Tod durch Erschießen.* Es gibt, wie es das Kriegsgesetz vorschreibt, keine Berufungsmöglichkeit; allerdings steht es den Verurteilten frei, beim französischen Staatspräsidenten um Begnadigung zu ersuchen.

Von Fritz kommt ein Wimmern. Carmen sieht Maître Blochs mitleidigen und zugleich entsetzten Blick; dann wird es kalt in ihr, sie gefriert inwendig. Als ihr Bewacher ihr die Handschellen anlegt, um sie in die Zelle zurückzubringen, scheinen die Füße, die sie bewegen muss, unendlich weit von ihrem Kopf entfernt.

Man weist ihr eine größere Zelle zu, mit zwei Stühlen, einem richtigen Bett; sie begreift, dass dies der Ort ist, wo die zum Tode Verurteilten ihre letzten Tage verbringen. Hier darf sie auch Besuche empfangen; sie wünscht als Erstes, mit einem Geistlichen zu sprechen; katholisch soll er sein, sagt sie aus einer Laune – oder ist es mehr? – heraus.

Das Gnadengesuch, das ihr Maître Bloch am nächsten Tag vorlegt, unterschreibt sie ohne große Hoffnung, obgleich er ihr gut zuspricht und mehrmals betont, in Frankreich sei seit Jahren keine Frau mehr hingerichtet worden. Maître Bloch ist ihr plötzlich zuwider; er hat sie getäuscht und ihr Dinge vorgespiegelt, an die er wohl selber nicht glaubte.

In ihrer Zelle hält sie Ausschau nach scharfen Gegenständen, mit denen sie sich die Pulsadern aufschneiden könnte, findet aber nichts. Bei jedem Ein- und Ausatmen durchfährt sie ein Stich. Sterben, so sagt sie sich in klaren Momenten, bedeutet doch, von Schmerzen erlöst zu werden. Warum also dem Tod nicht gelassen entgegenblicken?

Sie hat einen gütigen, alten Mann erwartet; aber der Geistliche, der zu Carmen hereinkommt, ist noch jung, um die dreißig, und trägt die Soutane wie eine Verkleidung. Er stellt sich als Abbé Alphonse vor; er sei Jesuit, sagt er mit verlegenem Lächeln, ob sie das störe?

Vielleicht stört es umgekehrt Sie, erwidert Carmen, dass ich, trotz meiner katholischen Mutter, nach dem Willen des Vaters protestantisch getauft bin.

Er schüttelt den Kopf. Die Zeit der Religionskämpfe ist zum Glück vorbei, Mademoiselle; wir glauben an densel-

ben Christus. Aber wenn Sie beichten wollen und die Absolution wünschen, müssen Sie zum Katholizismus übertreten.
Ich will bloß mit Ihnen sprechen, sagt Carmen. Und ich wünsche, dass Sie für mich beten, ob es nun hilft oder nicht.
Der Geistliche nickt. Er spricht zu ihr vom Tod als der Pforte zum wahren Leben, stellt ihr die vertrauten biblischen Bilder vor Augen, wendet sie dann ins Abstrakte, spricht vom Transzendentalen der menschlichen Existenz, von der göttlichen Gnade, in der unsere Sündhaftigkeit, vorausgesetzt, wir seien zur Reue fähig, gleichsam verzehrt und ausgelöscht werde. Er sagt nichts Neues, aber seine Beredsamkeit tröstet Carmen mehr, als sie gehofft hat. Sie erwacht, als er sie zum Gebet auffordert, aus dem kindlichen Traum des Alles-ist-gut-wie-es-ist, sinkt neben dem Abbé auf die Knie, spricht die Worte nach, die er vorsagt, küsst zum Abschied das Kruzifix, das er aus der Soutane zieht.
Er besucht sie von nun an regelmäßig. Wenn er da ist, vertraut sie sich seiner sanften Stimme an, vergisst, was ihr bevorsteht, obwohl der Abbé ja eigentlich von nichts anderem spricht als vom Tod. Der Nationalsozialismus – sie versteht selber nicht, warum – blättert von ihr, als Teil der alten Haut, unmerklich ab; darüber wächst ein neuer Glaube, der sich unsichtbar von den Resten des alten nährt. Nach dem dritten Besuch des Abbés wird ihr klar, dass sie konvertieren, zu dieser großen und mütterlichen Kirche gehören will. Der Abbé rät ihr von einem übereilten Schritt ab; er werde ihr, sagt er, die Prüfung der Geduld auferlegen, sogar in dieser schrecklichen Lage, wo sie nicht wisse, wann das Urteil vollzogen werde.

Anfang Mai, unmittelbar vor dem Beginn der deutschen Offensive gegen die Niederlande und Belgien, werden Fritz Erler und Hans Peters hingerichtet. Staatspräsident Lebrun hat ihr Begnadigungsgesuch abgelehnt; der Fall Mory benötigt offenbar eine gründlichere Prüfung. Hingerichtet? Carmen hat keine Schüsse gehört, keine Schreie; sie bittet, als Maître Bloch es ihr schonend beigebracht hat, um eine Locke von Fritz. Die Vorschriften, entgegnet Bloch, verböten es, diesen Wunsch zu erfüllen. Fritz Erler habe sie allerdings, sofern sie begnadigt würde, testamentarisch als Alleinerbin eingesetzt; sie habe das Recht, das Erbe anzunehmen oder zu verweigern.

Von seinem Besitz will ich nichts, sagt Carmen, die Hand auf die Brust gepresst. Sie stellt keine Fragen, starrt vor sich hin. Wieder allein, überfällt sie der Schmerz, den diesmal auch der Abbé nicht lindern kann, denn er kommt aus verletzter Liebe und nicht aus Angst vor dem Tod. Sie wehrt sich gegen die Bilder, die der Schmerz herbeihämmert; dennoch hat sie, die ganze Nacht hindurch, immer wieder Fritz vor Augen, sieht und kost, ob sie will oder nicht, seinen lebendigen Körper, den Haaransatz am Nacken mit dem kindlichen Flaum, seine apfelrunde Stirn, die fingerbreite Vertiefung unter dem Hals, das schlafende, seidenweiche Geschlecht. Sie weint, bis sie sich ausgetrocknet fühlt, sie weint Fritz aus sich heraus, und dann gibt es ihn immer noch in ihr, in ihren Fingerspitzen, die ihn berührt haben, im Schoß, auf dem sein Gewicht gelegen ist; es gibt die Sehnsucht nach allem Versäumten. Man kann einen Menschen hassen und weiß nicht, dass es Liebe ist, was einen an ihn kettet.

Sie trauert drei Tage, danach ist sie verwandelt, wild entschlossen, um ihr Leben zu kämpfen; sie verlangt Papier, schreibt selber noch einmal an Präsident Lebrun, bietet ihm an, ihr künftiges Leben in den Dienst des Friedens und der katholischen Religion zu stellen.

Die nächsten drei Wochen vergehen wie in einem merkwürdigen Traum, der voranrast und zugleich stillsteht; nur an seinen unscharfen Rändern nimmt Carmen wahr, dass die Deutschen in Frankreichs Norden eindringen.
Die Besucher lösen einander in unregelmäßigem Wechsel ab; hinzu gesellt sich nun auch ein unscheinbarer Mann, der sich als Angehöriger des *Deuxième Bureau* zu erkennen gibt, jener Abteilung des französischen Geheimdienstes, die sich mit Gegenspionage befasst. Er nennt sich Léon Vuillemin; ein Tarnname, wie er ihr sagt. Er wirft eine Angel aus, nach der sie, in letzter Not, schnappen soll. Man sehe, so versteht ihn Carmen, durchaus eine Möglichkeit, ihr das Leben zu schenken, sofern sie den Bedürfnissen Frankreichs entgegenkomme. Was das heiße, fragt Carmen beunruhigt. Er sagt lächelnd, er traue ihr so viel Intelligenz zu, dass sie dies bestimmt schon erraten habe, und dann macht er ihr behutsam klar, was man von ihr erwartet: einen neuerlichen Verrat, ein Doppelspiel. Sie solle eine Flucht vortäuschen, in den Untergrund abtauchen und sich bei den Deutschen melden. Und dann solle sie weiterhin für die Gestapo arbeiten; man werde ihr gewisse Informationen überlassen, die den Deutschen neu seien, aber Frankreich nicht schadeten. In Wirklichkeit aber sei es ihre Aufgabe, das *Deuxième Bureau* über deutsche Pläne und vor allem über das deutsche Agentennetz in Frankreich zu unterrichten: Aufbau, Behördenkontakte, Namen. Es brauche ein erhebliches Maß an Schauspielkunst, um diese Rolle glaubwürdig zu spielen. Sie ha-

be doch einmal Opernsängerin werden wollen; nun stelle sie das Schicksal sozusagen auf eine weit größere und wichtigere Bühne, auf das Kampffeld der Demokratie. Das könne sie mit Stolz erfüllen; man gehe davon aus, dass sie als gebürtige Schweizerin überzeugte Demokratin sei. Viele ursprünglich Begeisterte hätten doch inzwischen eingesehen, dass sie sich in Hitler, der die demokratischen Institutionen verachte, getäuscht hätten.

Der Verführer redet wie mit Butter geschmiert, lässt Carmen nicht aus den Augen. Als sie endlich begriffen hat, womit sie sich ihr Leben erkaufen soll, unterbricht sie ihn, schreit, sie lasse sich nicht missbrauchen, sie ziehe den Tod durch Erschießen der Folter durch die Gestapo vor; sie schickt, während die Wärterin herbeiläuft, Vuillemin hinaus. Er geht, höflich und leise, kommt aber nach einer halben Stunde ebenso leise zurück, setzt sich ihr, wie vorher, mit ausdrucksloser Miene gegenüber; der ausgeworfene Köder wirkt, er weiß es. Wer den Kopf schon unter Wasser hat, ist dankbar auch für verdorbene Luft. Und verlockt sie nicht doch bei aller Verzweiflung diese Möglichkeit, in Geheimnisse einzudringen, verschwiegene Botin zu sein zwischen den Fronten? Vuillemin wartet, um seine Mundwinkel spielt ein Lächeln; er würde ihr jetzt, sagt er, einen halben Apfel anbieten, wenn er einen bei sich hätte; der Abbé, der sie besuche, hätte gewiss Sinn für diese theologische Anspielung.

10

Paris, Bonneval, Juni 1940

Anfang Juni ist alles klar: Sofern Carmen einwilligt, die ihr zugedachte Aufgabe zu übernehmen, wird der Staatspräsident sie begnadigen und das Todesurteil in lebenslängliche Zwangsarbeit umwandeln. Bei ihrer Verlegung in ein anderes Gefängnis soll ihr ein sorgsam eingefädelter Zwischenfall die Flucht ermöglichen. Das *Deuxième Bureau* wird verhindern, dass die Polizei sie verfolgt. Wie es weitergeht, wie sie Kontakt zur Gestapo findet, ist ihre Sache.
Einverstanden?, fragt Vuillemin. Sein Augenlid zuckt; auch ihn machen wohl die rasch vorrückenden deutschen Armeen nervös. Sollte, fährt er fort, Paris in deutscher Hand sein, bevor die Begnadigung erfolgt ist, werden Sie erschossen. Es tut mir Leid, Ihnen das sagen zu müssen.
Sie nickt; kein Vertrag, keine Unterschrift.
Wenn Carmen die mündlich getroffenen Vereinbarungen verletze, sagt Vuillemin, werde der Gestapo die Wahrheit über die Agentin Mory zugespielt, und dann seien ihre Tage ohnehin gezählt.
Sie verdammen mich zu einem Himmelfahrtskommando, sagt Carmen.
Es kommt auf Ihr Geschick an. Sie werden es überleben. Sie sind die Katze, die stets auf die Beine fällt.
Nein, das ist sie nicht; sie ist der Vogel mit geknickten Flügeln, sie muss sich davor hüten, dass die Katze sie erwischt. Das kleine Lächeln, zu dem sich Carmen zwingt,

lässt ihr Gesicht erstarren; mit der Schauspielerei, denkt sie, ist es auch nicht weit her; ich muss üben. Sie lächelt wieder, spürt die tiefer gewordenen Falten an den Mundwinkeln, an der Nasenwurzel. Vuillemin blinzelt und weicht ihrem Blick aus.

Carmen wird an diesem Abend zum Duschen gebracht. Man höre in Amiens, sagt die Wärterin, bereits das Donnern der Artillerie; die Leute begännen zu fliehen; die Straßen nach Süden seien verstopft.
Carmen dreht, während die Wärterin ihr den Rücken zukehrt, den Wasserhahn ganz auf, prüft mit zusammengebissenen Zähnen, wie viel Hitze sie aushalten kann. Beinahe kochend, so scheint ihr, schießt der Strahl auf sie herunter, prallt auf Kopf und Schultern; einen Moment lang überlässt sie sich der Illusion, das heiße Wasser schwemme die Vergangenheit weg. Dann nimmt der Dampf im kleinen, gekachelten Raum derart zu, dass sie sich sekundenlang abhanden kommt. Sie hat das Gefühl, erblindet zu sein, tastet nach dem Hahn, um ihn zuzudrehen, glitscht auf dem Boden beinahe aus.
Die Wärterin reicht ihr ein frisches Handtuch und sagt: Sie werden mir doch zugute halten, dass ich Sie immer korrekt behandelt habe, nicht wahr?
Carmen lacht kurz, explosiv, beginnt zu husten. Jaja. Ich habe nichts gegen Sie.

Sie verschweigt Maître Bloch, der sich rastlos um ihre Begnadigung bemüht, das Abkommen mit Vuillemin; Abbé Alphonse indessen erzählt sie davon.
Er hat endlich ihren Übertritt zum katholischen Glauben akzeptiert. Sie spricht ihm das lateinische Glaubensbe-

kenntnis nach, er tauft sie, feiert mit ihr die Eucharistie. Danach legt sie erstmals die Beichte ab. Sie kniet hinter dem Stuhl, über dessen Lehne die Stola des Abbés hängt, berichtet in kurzen, fliegenden Sätzen, was sie dem Agenten des *Deuxième Bureau* geschworen hat.
Ich bin eine Verräterin; ich opfere alles, wovon ich einmal überzeugt war, und alle, die mir lieb sind, damit ich am Leben bleibe.
Einer, sagt der Abbé, hat sich geopfert für uns, auch für dich, mein Kind.
Er erteilt ihr die Absolution, erlegt ihr als Sühne auf, das Glaubensbekenntnis auswendig zu lernen und es morgens und abends aufzusagen. Carmen beginnt zu weinen; sie spürt die Hand des Abbés auf ihrem Haar, gewichtlos beinahe und doch von drängender Hitze. Abrupt steht sie auf, murmelt: Ich möchte jetzt allein sein. Bitte gehen Sie.
Er gehorcht sogleich, in großer Verlegenheit.

Die Ereignisse überstürzen sich; Carmen, deren Leben sich vorher monatelang im Kreis zu drehen schien, wird nun gleichsam ins Freie, ins Weite geworfen.
Am Morgen des 7. Juni, gegen elf Uhr, schließt die Wärterin die Zelle auf; Maître Bloch, sommerlich leicht gekleidet, den Strohhut in der einen Hand, stürzt herein und schwenkt in der andern, außer Atem, ein Papier: Mademoiselle Mory, Sie sind begnadigt! Er umarmt sie im Überschwang, zeigt ihr dann die Unterschrift von Präsident Lebrun auf dem Erlass. Sie weiß, dass sie sich ebenso freuen sollte wie der Anwalt; aber ihre Zunge fühlt sich an, als sei sie von einer dünnen Eisschicht überzogen.
Unter dem vergitterten Fenster liest sie das Papier durch.
Und jetzt?, fragt sie mühsam.

Er stutzt, presst irritiert seine Fingerspitzen gegeneinander. Sind Sie denn gar nicht erleichtert?
Sie deutet auf den Erlass: Hier steht, ich sei zu lebenslänglicher Zwangsarbeit verurteilt.
Aber Sie werden nicht sterben! Das ist das Wichtigste. Den Rest überlassen Sie mir. Und wenn die Deutschen Paris besetzen sollten, sieht ohnehin alles anders aus. Dann gehören Sie, Mademoiselle, zu den Siegern und werden wohl im Triumph aus dem Zuchthaus geholt. Wobei ich Sie für diesen Fall bitten dürfte, mich und meine Dienste nicht ganz zu vergessen. Es ist nämlich anzunehmen, dass mir dann, meiner Herkunft wegen, schwierige Zeiten bevorstehen.
Ich werde Sie nicht vergessen, entgegnet Carmen. Ich hoffe, Sie haben Ihre Honorare unterdessen eingezogen.
Maître Bloch errötet leicht – oder täuscht sie sich? – und nickt. Machen Sie sich keine Sorgen, Mademoiselle, das habe ich, dank Ihrer Vollmacht, in Ordnung gebracht. Möchten Sie eine Zwischenabrechnung sehen?
Sie schüttelt den Kopf.
Maître Bloch hält sich kerzengerade. Um die Wahrheit zu sagen: Draußen geht im Moment alles drunter und drüber. Unsere famose Regierung hat sich schon gestern abgesetzt, Richtung Tours, wie man hört. Man wird richtig angesteckt von diesem Fluchtfieber. Ich erwäge … Er stockt, seine Lippen beginnen zu zittern. Ich erwäge ebenfalls, die Stadt zu verlassen. Die beiden Kinder leben ja zum Glück in der Provinz, weit unten im Süden …
Nach Bloch erscheint der Gefängnisdirektor in Carmens Zelle, um sie zu beglückwünschen; er ist, gegen seine Gewohnheit, unrasiert, sieht übernächtigt und sorgenvoll aus; auch er, der kaltschnäuzige Mann, der ihr gegenüber

bisher stets Distanz gehalten hat, versucht sich nun bei Carmen einzuschmeicheln, fragt danach, ob er, bis zur vorgesehenen Verlegung, ihren Gefängnisalltag irgendwie erleichtern könne.

Schon am nächsten Morgen holt ein blutjunger Leutnant, begleitet vom Direktor, Carmen ab und teilt ihr mit, eine militärische Eskorte, die er befehlige, werde sie an einen unbekannten Bestimmungsort bringen. Carmen fragt, ihr Spiel spielend, was die Armee mit ihrer Verlegung in ein anderes Gefängnis zu tun habe, oder ob es darum gehe, sie nicht in die Hände der Deutschen fallen zu lassen. Der Leutnant zuckt mit den Achseln: Das wisse er nicht. Er werde sie, auf ihr Ehrenwort hin, jedenfalls nicht als Gefangene behandeln. Die Eskorte diene dem Schutz einer gefährdeten Ausländerin; alles andere interessiere ihn nicht.
Ist er eingeweiht, denkt Carmen? Wird er, in der Nähe der Front, den geplanten Zwischenfall inszenieren? Oder ist inzwischen wieder alles anders?
Die Wärterin bringt, als wäre es ein Geschenk, Carmens Gepäck aus der Effektenkammer, den Schmuck, den Koffer, darin, nachlässig zusammengefaltet, die Unterwäsche, der Kaschmirpullover, das rote Seidenkleid, das sie gleich anzieht. Das müsste alles gelüftet und gebügelt werden, denkt sie und wundert sich, dass sie in ihrer Lage so hausfraulich zu denken vermag. Sie küsst die Wärterin auf beide Wangen; ein kühler Händedruck mit dem Direktor. Sie bittet ihn, Maître Bloch und dem Abbé auszurichten, sie werde sich bei ihnen melden. Dann hinunter ins Erdgeschoss und weiter durch die endlosen Gänge. Sie hat sich den Pelzmantel über die Schultern gelegt, die Lippen

geschminkt; der Offizier trägt ihr, wie ein Hoteldiener, den Koffer hinterher.

Paris brodelt; es gibt kaum noch ein Durchkommen. Auf Autodächern türmt sich Gepäck; dazwischen Handkarren, Fahrräder, Pferdewagen, Fußgänger mit Koffern, geschulterten Bündeln. Die Menschen scheinen nur eine Hauptrichtung zu kennen: stadtauswärts, über die Seinebrücken, zur Porte d'Orléans.

Carmen sitzt, neben sich den Leutnant, im Fond einer schwarzen Limousine, die sich hupend einen Weg durch das Chaos bahnt; ihnen folgt, dichtauf, ein Camion mit zwanzig Soldaten, die einander zu zehnt unter der Plane gegenübersitzen.

Der Leutnant – er hat sich als Laurent vorgestellt – neigt sich zu Carmen hinüber: Zwei Tage bis Tours bei diesen Verhältnissen, vorausgesetzt die deutschen Panzer holen uns nicht ein. Aber gegebenenfalls schicken wir Sie als Unterhändlerin zu den Deutschen, und alles wird gut, *n'est-ce pas?* Er lächelt sie an; ist Laurent sein Vor- oder sein Nachname? Sich jetzt abzusetzen, obwohl sie es mit Leichtigkeit könnte, wäre ein Fehler; gegen den Strom zu schwimmen, brächte sie nicht weiter. Was kann ihr passieren, wenn sie bei günstiger Gelegenheit einfach untertaucht und ihren Auftrag vergisst?

Endlich, nach Stunden, sind sie aus der Stadt heraus, im Grünen, im Licht. Noch immer sind die Straßen voll, die Fahrzeugkolonnen scheinen endlos; doch man kommt jetzt zügiger voran, trotz der Staus, die sich bei der Durchfahrt von Städtchen und Dörfern bilden. Das Licht, dieses Licht: verschwenderisch ergießt es sich über das Land, bringt blühende Apfel- und Birnbäume zum Leuchten.

Grün und Blütenweiß, darin der Schimmer von Rosa, und alles umfasst vom seidigen Blau eines Himmels, der weiter und größer ist als in allen Gefängnisträumen. Carmen sitzt im Wagen und ist doch ganz draußen, vergisst kilometerlang den Grund dieser Fahrt, sie schwimmt mit ihren Blicken durch Obstgärten, von Baum zu Baum, sie könnte ertrinken in den Blütenwogen oder sich selber verwandeln in Luft und Licht; irgendwo hängen Leintücher an der Wäscheleine, bauschen sich, sonnendurchschienen, im leichten Wind.
Der Leutnant neben ihr versucht sie ins Gespräch zu ziehen; doch sie achtet nicht auf ihn, kurbelt das Fenster auf ihrer Seite, trotz des Zugwinds, noch weiter herunter, damit ihr nichts gestohlen wird von dieser neu geschenkten Welt.

Sie machen Halt auf halber Höhe eines Hügels, von wo aus sie nach Westen sehen, weithin über Felder und Dörfer, setzen sich, im Schatten eines Vogelbeerbaums, auf eine Mauer, zwanzig Meter von der Straße entfernt. Es geht schon gegen vier Uhr, und noch immer steht die Sonne hoch; Leutnant Laurent holt aus dem Kofferraum der Limousine einen Picknickkorb, bietet Carmen Weißbrot an, Ententerrine, Camembert, einen Schluck Rotwein. Die Läden, sagt er augenzwinkernd, waren zwar leer gekauft, aber ich habe meine privaten Bezugsquellen. Essen Sie, Mademoiselle, Sie sehen bleich aus, unsere Reise dauert noch lange. Carmen isst; mit jedem Bissen kehrt das Vergessengeglaubte zurück, der Geschmack vergangener Picknicks, zu denen sie Fritz, der lebendige Fritz, mitnahm. Das Kauen und Schlucken schmerzt; hat sie sich nicht schon längst überessen an diesem Tag?

Die Soldaten lagern, auf Abstand haltend, zwischen der Straße und dem Mäuerchen; sie schauen neidisch herüber, begnügen sich, wie es scheint, mit Brot und Zigaretten. Auto um Auto rollt auf der Straße vorbei. Die Ausläufer der Staubwolke erreichen manchmal den Rastplatz, bringen Carmen zum Husten. Sie schüttelt im Sitzen Brosamen von ihrem roten Seidenkleid; durch eine Laufmasche im Strumpf scheint die Haut durch, bleich ist sie, zuchthausbleich.
Wer würde bei diesem Wetter glauben, dass Krieg ist?, sagt der Leutnant.
Carmen schweigt, lässt das Kleid wieder über die Beine fallen.
Wissen Sie, fragt der Leutnant, an was mich dieses Juniwetter erinnert? An die Musik von Mendelssohn. Es ist merkwürdig, mir gehen dauernd Bruchstücke aus seinen Symphonien durch den Kopf. Er trällert das Hauptthema aus der Italienischen Symphonie, schaut sie forschend an.
Carmen versucht ihre Überraschung zu verstecken. Sie kennen Mendelssohn?
Natürlich kenne ich ihn, Mendelssohn, den Juden, dessen Musik in Deutschland verboten ist. Ich bin Amateurgeiger, wissen Sie, ich spiele in einem Laienorchester mit. Auch Militärs lieben die Musik. Oder haben Sie daran gezweifelt? Er pfeift nun, statt zu trällern, wendet den Blick nicht von ihr ab.
Carmen fühlt sich, gegen ihren Willen, geschmeichelt von seiner Aufmerksamkeit; sie zögert, bevor sie fragt: Was haben Sie mit mir vor?
Der Leutnant bläst die Wangen auf. Ich werde Sie beschützen, Mademoiselle. Schöne Frauen genießen in unserem Land stets besonderen Schutz.

Carmen lächelt. Übertreiben Sie nicht. Mit meiner Schönheit ist es, nach anderthalb Jahren Haft, nicht mehr weit her.
Er lächelt zurück, in unverstelltem Begehren: Sie brauchen bloß, wie eine Rose, ein bisschen Luft und Licht, um wieder aufzublühen.
Ach, entfährt es ihr, einen abgedroscheneren Vergleich hätten Sie kaum finden können.
Gekränkt senkt er den Blick. Gleicht er, in seiner jungenhaften Art nicht ein wenig dem Abbé? Sie erschrickt, als sie an den Priester denkt; sie wird an diesem Abend, wo immer sie sein mag, das Glaubensbekenntnis memorieren.

Nach Chartres, wo die Flüchtlingsströme von der normannischen Küste mit denen aus Paris zusammentreffen, kommen sie wieder nur mühsam voran. Kuh- und Schafherden, ganze Scharen von Radfahrern mit Anhängern zwingen die Autos zum Schritttempo. Bauern stehen am Straßenrand, verkaufen Wasser und Cidre zu Wucherpreisen; sie machen gute Geschäfte. Auch Carmen greift gierig zur Flasche, die der Leutnant für sie kauft.
Warum glauben alle, im Süden sei ihr Leben weniger bedroht?, fragt sie. Das ist doch eine Illusion.
Wir haben einen Vorsprung von drei, vier Tagen, erwidert der Leutnant. Aber Sie haben Recht, unsere Flucht wird schneller zu Ende sein, als uns lieb ist.
Und dann? Werden Sie kämpfen?
Er beugt sich zu ihr hinüber, streift mit der Hand ihr Knie. Um Sie? Jederzeit. Um mein Leben? Wenn es sein muss. Aber ich nehme an, dass die französische Armee schon vorher kapituliert. Genießen Sie lieber die Abend-

stimmung, Mademoiselle. Es gibt nur einen Himmel, und der kümmert sich nicht um den Krieg.
Ja, er hat sich noch einmal geweitet, der Himmel, entfärbt sich allmählich in der Höhe. Glimmende Wolkenbänder ziehen sich quer über den Horizont. Es ist lange her, dass Carmen ein solches Schauspiel verfolgt hat.

Sie finden eine Unterkunft, noch bevor die Nacht hereinbricht, in der Nähe von Bonneval, zwei-, dreihundert Meter von der Hauptstraße entfernt. Das Schlossgut mit kleinem Park und ein paar Nebengebäuden ist zwar schon von einem Regimentsstab besetzt, und in der Scheune haben sich hundertzwanzig Mann niedergelassen. Der Verwalter ringt die Hände und beteuert, es gebe beim besten Willen keinen Platz mehr; doch dann öffnet er, beschimpft von einem cholerischen Colonel, die Privatgemächer des Schlossherrn, der, samt seiner Familie, ebenfalls geflüchtet ist. Carmen findet sich plötzlich allein in einem ebenerdigen Zimmer. Ein Puppenhaus und ein Gestell mit Kinderbüchern stehen neben dem Bett, eine Glastür geht direkt auf die Gartenterrasse hinaus, zu einer Schaukel und einem kleinen Springbrunnen.
Eine Zeit lang steht Carmen auf der Terrasse, barfuß, tief atmend, wie herausgefallen aus Nacht und Tag. Noch hört sie das Rauschen von der Straße her, aber gedämpft, vermischt mit dem helleren des Brunnens; das Zirpen der Grillen, das nun immer stärker wird, hebt sich davon ab wie eine Stickerei von taubengrauer Seide. Dazu kommen die Stimmen der Soldaten, die draußen vor der Scheune ein Feuer angezündet haben, arglos plaudernde Männerstimmen; es ist, als ob der Krieg in diesen von Sommerdüften und Gelächter erfüllten Raum gar nicht eindringen könnte.

Von den Steinplatten steigt noch die Wärme des Tages auf; dennoch beginnt Carmen zu frösteln. Da hört sie den Leutnant sagen: Was für ein vollkommener Frieden! Sie dreht sich um; er beugt sich, im ersten Stock, schattenhaft aus einem Fenster, beide Ellbogen auf den Sims gestützt; hinter ihm ist ein Schein zu ahnen, vielleicht von einer Kerze oder einem Öllicht.
Sie schweigt, hört das Klicken eines Feuerzeugs, sieht das Aufglimmen der Zigarette.
Sehen Sie doch, sagt der Leutnant, dort drüben zeigt sich schon Venus. Er weist mit der Zigarette, die einen glühenden Halbkreis beschreibt, zu den Eichen, über denen der erste Stern funkelt. Vorhin habe ich eine Fledermaus gesehen, fährt er leichthin fort. Ich erschrecke immer über diesen lautlosen, pfeilschnellen Flug. Möchten Sie auch eine Zigarette? Ich werfe Ihnen das Päckchen hinunter. Oder warten Sie, ich bringe es Ihnen.
Carmen schüttelt den Kopf. Sollten Sie oder Ihre Leute mich nicht ein bisschen besser bewachen?, fragt sie in lauernder Koketterie.
Der Leutnant lacht. Sie können gehen, wohin Sie wollen, Mademoiselle. Ich soll Sie nur beschützen.
Das ist deutlich, denkt Carmen; doch der Gedanke, jetzt umzukehren, dem Strom, der sie mit sich gespült hat, ihre geringe Kraft entgegenzusetzen, liegt ihr fern. Sie wünscht dem Leutnant eine gute Nacht, sie krümmt sich im Bett zusammen, sieht durch die offene Tür hinter den Eichen den Halbmond aufgehen, einen Zitronenschnitz, wie ihn die Mutter ihr bei Erkältungen in den Mund schob; sie glaubt draußen vor der Tür Schatten vorbeiwandern zu sehen, Tiere, Menschen, Erinnerungen. Doch sie fürchtet sich nicht. Hat sie nicht gleichsam ein zweites Leben gewonnen?

11

Hamburg, Dezember 1946

Der Prozess gegen sechzehn Haupt- und Mitverantwortliche des Frauenkonzentrationslagers Ravensbrück fand im Curio-Haus statt, einem weitläufigen, von größeren Kriegsschäden verschonten Gebäude am Anfang der Rothenbaum-Chaussee; es war benannt nach dem Aufklärer Johann Carl Daniel Curio und lange Zeit das Vereinshaus einer pädagogischen Gesellschaft gewesen, dann vom NS-Lehrerverband annektiert und für Propagandaveranstaltungen benutzt worden. Captain Kayser, der sich in allen Belangen korrekt verhielt, hatte für den Konsul oder seinen Vertreter im Zuschauerraum vorsorglich einen Platz reserviert; dieser werde, teilte er mit, für die Dauer des Prozesses – man rechne mit sieben, acht Wochen – Tag für Tag jeweils bis kurz vor Verhandlungsbeginn freigehalten. Am ersten Prozesstag – es war der fünfte Dezember 1946 – ließ sich der Konsul gegen zehn Uhr bei starkem, mit Schnee vermischtem Regen zum Curio-Haus fahren. Man betrat dessen Hof durch einen gedeckten Zugang und kam nach ein paar Schritten linkerhand zu einem Vorbau, in den mehrere Türen führten. Nur eine von ihnen war offen, und vor ihr stauten sich die Prozessbesucher, die erst nach einer Kontrolle durch britische Militärpolizisten eingelassen wurden.

Der Konsul stellte sich hinten an und ärgerte sich, dass er keinen Schirm bei sich hatte. Von seiner Hutkrempe tropfte es; in den paar Minuten, bis er zum Eingang vorgerückt war, wurde sein Mantel an den Schultern völlig durchnässt; er hatte das Gefühl, auch der Saum sauge sich mit Wasser voll und der Mantel werde immer schwerer. Der Backenzahn war inzwischen plombiert; doch der Konsul hatte sich mittlerweile so an den pochenden Schmerz gewöhnt, dass dessen Nachklang, die tief im Kiefer sitzende Erinnerung an ihn, weiterhin schmerzte. Er kannte niemanden unter den Wartenden, die sich halblaut miteinander unterhielten. Einige waren, wie ihre Kameras verrieten, Pressefotografen; andere, vor allem Frauen, deren verschlossene Gesichter den Konsul beunruhigten, konnten ehemalige Häftlinge sein, aber ebenso gut Angehörige der Angeklagten. Er wischte, bevor er den Vorraum betrat, nassen Schnee von seinen Schultern, schüttelte den Hut aus, wies drinnen seine Platzkarte und den Diplomatenpass vor. Er wurde gefragt, ob er an der Garderobe seinen Mantel abgeben wolle, was er, weil der Raum vermutlich ungeheizt war, verneinte. Eine Militärpolizistin begleitete ihn in den Saal und zu seinem Stuhl in der dritten Reihe. Nicht nur im Saal, auch auf den säulengestützten Galerien links und rechts saßen die Zuschauer schon dicht gedrängt. Der Konsul setzte sich neben einen Zivilisten, der sich als tschechischer Journalist vorstellte.

Der Saal, vor allem die Bühne mit der noch leeren Anklagebank, war grell beleuchtet von den Jupiterlampen einer Filmequipe, die, wie der Tscheche erklärte, Aufnahmen für die deutsche Wochenschau machen würde.

Punkt zehn Uhr kamen durch eine Hintertür die Angeklagten herein, gleich als Erste, gefolgt von den sechs mitangeklagten Frauen, Carmen Mory. Darauf war der Konsul nicht gefasst; er spürte, wie er sich unwillkürlich duckte, um ihrem Blick zu entgehen, und war sich beinahe im gleichen Moment der Absurdität seines Verhaltens bewusst.

Sie wirkte aus der Distanz eleganter und jünger, als der Konsul sie in Erinnerung hatte; ihre Haare waren wohl frisch gewaschen und nach hinten frisiert; sie trug eine weiße Bluse mit hohem Kragen und hatte einen Rotfuchsmantel über die Schultern gelegt, der ihr, als sie ins Licht der Scheinwerfer trat, eine gleichsam lohende Aura verlieh. Es war ihr also gelungen, ihren Pelzmantel zurückzubekommen, und in der Tat schien er ganz selbstverständlich zu ihr zu gehören. Die Eleganz, die er ihr verlieh, wurde indessen kontrastiert durch die plumpe Plakette mit der Nummer neun, die an einer Schnur um ihren Hals hing und den Eindruck erweckte, sie sei zum Kauf ausgeschrieben.

Nach den Frauen wurden neun Männer hereingeführt; der am stärksten Belastete allerdings fehlte: Fritz Suhren, der ehemalige Lagerkommandant, war vor drei Wochen aus dem Internierungslager Neuengamme entwichen und untergetaucht.

Hinter den Angeklagten reihten sich britische Militärpolizistinnen auf; vor sie hin, zwei Ränge tiefer saßen die Verteidiger, nicht weit von ihnen die Übersetzer und der Stenograph. Alle erhoben sich, als das Gericht den Saal betrat und sich zum Gerichtstisch neben dem Zeugenstand begab. Es waren der Ankläger, Major Stewart, und sieben Militärrichter in Uniform; nur der Judge Advocate, der dem Militärgericht beigeordnete Berufsrichter, trug Robe und Perücke.

Den Fotografen und den Filmleuten standen ein paar Minuten zur Verfügung, um die Szenerie abzulichten;

während dieser Zeit blickten die Angeklagten zu Boden oder versuchten, wie Carmen Mory, zuversichtlich zu lächeln. Danach wurden die Jupiterlampen ausgeschaltet, und mit dem überhellen Licht verschwand auch der Glanz, der Carmen Mory umgeben hatte; sie schien unter der trüben Deckenbeleuchtung zu erlöschen, und erneut krampfte sich dem Konsul bei ihrem Anblick die Brust zusammen.

Der Gerichtspräsident, General Westropp, ergriff das Wort, und das Stimmengewirr verstummte. Er vereidigte, wie es die Prozessordnung vorsah, das Gericht und die Übersetzer, stellte den Ankläger und die Anwälte vor und rief die Angeklagten, den Nummern folgend, bei ihrem Namen auf. Der Konsul erinnerte sich, in den Aussageprotokollen, die ihm Captain Kayser zur Einsicht überlassen hatte, auf einige von ihnen gestoßen zu sein: Doktor Percy Treite, Arzt, Ludwig Ramdohr, Kriminalbeamter, Dorothea Binz, Oberaufseherin, Elisabeth Marschall, Oberschwester. Aber sobald er die Augen schloss, verschwammen die Gesichter gleich wieder außer jenem von Carmen Mory mit den dunklen Augenbrauenbögen und dem breiten Mund.

Er folgte den Anklagepunkten, die der Judge Advocate vorlas, und ihrer Übersetzung nur bruchstückweise: ... *are charged jointly with commiting a war crime ... were concerned in the ill-treatment and killing of Allied nationals ...*; und er war erst wieder ganz bei der Sache, als der Judge Advocate mit seinem durchdringenden Organ die Angeklagten dazu aufforderte, sich «schuldig» oder «nicht schuldig» zu bekennen.

Der Reihe nach, in unterschiedlichster Färbung und Tonlage, antworteten zuerst die neun Männer, dann die sieben Frauen mit einem «Nicht schuldig». Nur Eugenia von Skene, Häftling und ehemalige Blockälteste wie Carmen Mory, zögerte bei ihrer Antwort; sie sagte zuerst: «Nicht ganz», fügte dann, nach der Intervention ihres Anwalts, ein kaum verständliches «Nicht schuldig» hinzu. Carmen Mory hingegen war die Einzige, die laut und deutlich englisch sprach. *Not guilty*, rief sie in den Saal; ein Trotz schwang darin mit, der, wie der Konsul bemerkte, sogleich heftigen Unwillen auf der Galerie provozierte, wo offensichtlich viele ehemalige Häftlinge saßen.

Der Präsident sorgte mit seinem Hammer für Ruhe; wenig später begann der Ankläger, Major Stewart, mit der Verlesung seiner *Opening Address*, der Anklagerede. Sie war ein Musterstück an klarem Aufbau und präziser Argumentation; die Sachlichkeit seiner Sprache schuf einen gespenstischen Kontrast zum Unvorstellbaren, das sie zu vermitteln versuchte. Das KZ Ravensbrück, sagte Major Stewart, sei das größte Frauengefängnis in der Geschichte Europas gewesen. Was die Häftlingskategorien betreffe, so habe die SS oft willkürlich zwischen Politischen, Kriminellen und Asozialen unterschieden. Die Zeuginnen Jehovahs seien eine besondere Gruppe gewesen; Jüdinnen seien erst nach 1942 in größerer Zahl eingeliefert worden. Dann schilderte er in groben Zügen das Leben im Lager, die Engnis, das stundenlange Appellstehen, die Schinderei bei der Arbeit, Strafen wie Dunkelhaft und Prügel, und nach dem Alltagsleben beschrieb er die Todesarten; er beschrieb den Tod durch Erschöpfung und bewusste Vernachlässigung, das Verhungern, das Zugrundegehen an Typhus, das Verbluten und Ersticken nach der Prügelstrafe, den Tod durch Erschießen, den Tod durch Vergasung. Daraufhin nannte er die Zeuginnen, die er für die nächsten Tage aufgeboten habe.

Die Prozessordnung sah vor, dass nach den Zeugen der Anklage jene der Verteidigung folgen würden, zu denen man nach englischem Recht auch die Angeklagten selber zählte. Carmen Mory würde also erst in der zweiten Prozesshälfte in der Zeugenstand treten; bis dahin hatte sie stumm zu bleiben. Schon jetzt fiel ihr dies schwer. Als Major Stewart kurz ihre Rolle in Ravensbrück beleuchtete und erklärte, wessen sie beschuldigt wurde, widerspiegelten sich auf ihrem Gesicht Unglauben und Empörung; sie schlug sich einige Male auf den Mund, wie um sich selber an einem Aufschrei zu hindern.

Das hohe Gericht, sagte der Ankläger, werde sich, in Bezug auf Carmen Mory, vor allem mit den Zuständen in Block 10, dem Revier für Tuberkulose- und Geisteskranke befassen müssen; die Angeklagte sei als von der SS-Führung eingesetzte Blockälteste dafür mitverantwortlich gewesen, dass man sechzig bis siebzig auf engstem Raum zusammengepferchte Geisteskranke habe dahinvegetieren lassen. Sie habe, wie zur Genüge bezeugt werden könne, schwer kranke Häftlinge misshandelt, mit Lederriemen geschlagen und in einigen Fällen eigenhändig mit einer Giftspritze getötet; damit habe sie sich, obwohl sie Häftling gewesen sei, ebenso skrupellos verhalten wie SS-Angehörige.

Der Konsul war vorher in Gedanken immer wieder abgeschweift zu Büroangelegenheiten, zu den unzähligen Einreiseanträgen, zur Klage des Chauffeurs Trenkel, dass er, trotz Bezugsschein, Schwierigkeiten habe, Benzin aufzutreiben. Als mehrmals nacheinander der Name Mory fiel, horchte er auf; er fand sich im Gerichtssaal wieder und ihr, Carmen Mory, im Abstand von zwanzig Metern gegenüber. Für Minuten war er wehrlos, und das, was Major Stewart über sie sagte, wurde in ihn hineingeschwemmt und sank wie schwerer, nasser Sand auf Grund. Idiotenstübchen, hatte sie es genannt; er begann zu ahnen, was es bedeutet hatte, und kämpfte gegen die aufkommende Übelkeit. Er verrenkte die Arme, um den feuchten Mantel auszuziehen und hinter sich über die Lehne zu hängen.

Um ein Uhr, nachdem Stewart die fast dreistündige Anklagerede beendet hatte, wurde die Sitzung für eine Mittagspause unterbrochen; der Judge Advocate kündigte an, nachmittags werde die erste Zeugin, eine Norwegerin, einvernommen.
Der Konsul beschloss, zu Fuß ins Büro zu gehen. Der Schneeregen hatte aufgehört, und frische Luft würde ihm gut tun; vielleicht konnte er so, kräftig ausschreitend, seinen Phantomschmerz am Zahnhals vergessen. Oder hatte der Zahnarzt, ein älterer Herr mit sächsischem Akzent, doch zu wenig tief gebohrt? Auf den Mann sei Verlass, hatte Mürner behauptet; er habe vor dem Krieg als Kapazität gegolten. Aber seine soignierte Erscheinung und die schäbige Praxiseinrichtung hatten überhaupt nicht zusammengepasst. Ein Provisorium, hatte der Zahnarzt sich entschuldigt; mit irgendetwas müsse man wieder anfangen. Beinahe hätte der Konsul ihn gefragt, was er im Krieg gemacht habe; doch dann ließ er es bleiben. Er hatte schon öfter festgestellt, dass diese Frage als ungehörig empfunden wurde; sie fiel entweder ins Leere oder rief einen Schwall von Erklärungen hervor, die letztlich genauso wenig verrieten wie ein verlegenes Schweigen.
Auch er, vor die gleiche Frage gestellt, zögerte inzwischen, über seine Dienstzeit als Botschaftsrat in London zu sprechen. Wenn er die deutschen Bombardemente erwähnte,

deren Zeuge er geworden war, hatte er das Gefühl, die Deutschen, ob sie nun mit den Nazis sympathisiert hatten oder nicht, hörten ihm gar nicht richtig zu. Für sie zählten nur die Zerstörungen in ihren eigenen Städten, ihren eigenen Häusern und Wohnungen; gleichzeitig redeten sie in vagen, beinahe abstrakten Begriffen darüber, als würden sie sich die eigene Not dadurch vom Leibe halten. Sie erwähnten, zu wie viel Prozent ihre Städte zerstört waren, nannten die Zahl der Toten und Vermissten; was sie selber erlebt hatten, wollte ihnen nicht über die Lippen. Und oft schon war dem Konsul aufgefallen, dass über die Lager, vermutlich unter dem Druck der britischen Zensur, wohl ausgiebig geschrieben wurde; aber man sprach nicht darüber, zumindest dort nicht, wo er mit Deutschen zusammentraf.

Unversehens war der Konsul an der Einmündung der Innocentiastraße vorbeigegangen; er hatte das Konsulatsgebäude mit seinem grauweißen Türmchen gar nicht beachtet und war in eine Gegend vorgedrungen, die ihm fremd schien. Ab und zu überholten ihn britische Militärfahrzeuge, offene Jeeps meist; sie fuhren zu schnell, umkurvten Schutthaufen und Löcher, als wäre es eine sportliche Herausforderung. Der Konsul war darauf gefasst, dass ihn einer der Steine, die unter den Reifen hervorgespickt wurden, ins Gesicht treffen würde, und er schützte sich, indem er seinen Hut seitlich über die Schläfe zog.
Zerstörte Häuserzeilen wechselten nun mit fast unversehrten ab; überall wurden, trotz der Nässe, Trümmer weggeräumt. Kinder spielten mit einem Lumpenbündel Fußball. Es stank nach Fäkalien; aus in Kellerfenstern ein-

gelassenen Ofenrohren stieg Rauch. Eine Frau putzte die Fenster im Parterre eines Hauses, dessen Dach fehlte, und dies schien dem Konsul ein Akt äußerster Sinnlosigkeit zu sein. Aber in diesem Augenblick wurde ihm bewusst, dass er vor dem Prozess davonzulaufen versuchte; er befahl sich, nach einem Blick auf seine Omega, umzukehren und stieß beinahe mit einem dreizehn-, vierzehnjährigen Mädchen zusammen, das ihm offenbar gefolgt war.
Sie sind ja piekfein angezogen, wie?, sagte das Mädchen. Schlips und alles, toll.
Sein Gesicht war verschmutzt, es trug einen alten Soldatenmantel, dessen Saum durch den Matsch schleifte.
Was willst du?, fragte der Konsul.
Wenn ich durch die Finger pfeife, sagte das Mädchen, sind Sie umzingelt von unserer Bande. Außer Sie kaufen sich frei.
Der Konsul vergrub seine Hand in der Manteltasche und tastete nach dem Kleingeld, das er bei sich hatte.
Kein Geld, sagte das Mädchen und streckte seine Hand aus, Zigaretten; Sie riechen doch nach Zigaretten.
Der Konsul streckte ihr das Zigarettenpäckchen zwischen zwei Fingern entgegen; sie schnappte es sich und huschte davon.
Eidechsen, dachte der Konsul, Steinbewohner, Fliegenfresser; der Krieg hat die Kinder zu Eidechsen gemacht.

Es reichte nur noch für einen kurzen Besuch im Konsulat. Die Besuchszeit war zum Glück schon abgelaufen; die Wartenden hatten sich zerstreut. Frau Amacher zeigte sich ungehalten über sein Aussehen; so zerknautscht, schalt sie, habe sie ihn noch selten gesehen; sie hätte gute Lust, seinen Mantel zu bügeln. Der Konsul wehrte ab und fragte nach dem Fahrer. Der sei, sagte Frau Amacher, um halb zwei vergeblich zum Curio-Haus gefahren, um ihn abzuholen; nun sei er in anderen Aufträgen unterwegs. Ob der Konsul überhaupt gegessen habe? Und wie es im Gericht gewesen sei? Ob die Schweizerin, diese verkrachte Existenz, schon ausgesagt habe? Sie wollte aber gar keine Antwort hören, sondern bot ihm die Reste ihres Kartoffelsalats an, den sie zweimal wöchentlich als Mittagsverpflegung mitbrachte.

Der Konsul aß nichts, trank aber ein Glas Wasser und hörte sich an, wie sehr sich Frau Amacher wieder über die Schlaumeier geärgert habe, die sich ein Visum zu erschleichen versuchten; gerade heute Morgen sei einer, den sie gestern habe abblitzen lassen, wieder aufgetaucht, in einer miserablen Verkleidung, mit angeklebtem Bart, und habe behauptet, seine Großmutter, die in Basel lebe, sei todkrank. Der Konsul habe ja keine Ahnung, wie viel sie von ihm fern halte, was für Gesindel ihn ohne ihr Eingreifen belästigen würde.

Dieses Klage- und Loblied hatte der Konsul schon oft gehört; er sagte, er wolle den Beginn der Nachmittagssitzung im Curio-Haus nicht verpassen, und da er wieder zu einem Fußmarsch gezwungen war, lieh er sich, bevor er ging, Frau Amachers Schirm aus.

Aber Sie werden jetzt doch nicht jeden Tag dort sitzen wollen, Herr Doktor?, rief sie ihm nach.

12

Bonneval, Tours, Juni 1940

Drei sommerhelle Tage im Juni 1940 bleibt Carmen Mory, zusammen mit Leutnant Laurent, auf dem Landgut bei Bonneval. Offenbar hat der Oberst Befehl, sich nicht von der Stelle zu rühren. Kuriere auf Motorrädern, die lange Staubschleppen hinter sich herziehen, kommen an und fahren wieder weg; irgendwo ist ein Feldtelefon eingerichtet, das alle paar Minuten klingelt. Die Soldaten rennen bisweilen herum, als ob man gleich aufbrechen würde; dann kehrt wieder Ruhe ein.

Carmen träumt sich durch die wärmer und wieder kühler werdenden Stunden; sie hört sporadisch, vom Salon her, die durcheinander redenden Offiziere, leitet aus dem Tonfall ab, dass die Herren schlechter Laune sind.

Das bestätigt ihr auch Leutnant Laurent, der zwei-, dreimal pro Tag ihr Zimmer mit frisch gebürsteter Uniform betritt, um Carmen über die neuste Lage zu unterrichten, sofern man sich, wie er ironisch bemerkt, aus den verworrenen Meldungen, die hier einträfen, überhaupt ein Bild machen könne. Die Lage werde von Tag zu Tag ernster, das bestreite niemand; Paris werde bald fallen, und vielleicht würden die Reservetruppen, zu denen er gehöre, von einer Stunde auf die andere an die Front geschickt, obgleich er, Leutnant Laurent, ja Mademoiselle Mory eigentlich in Tours abliefern müsste. Der Leutnant lächelt dazu, zwinkert leicht, an der Grenze zur Verfänglichkeit; die sich abzeichnende Niederlage scheint ihn nicht vom

Flirten abzuhalten. Carmen lässt sich von dieser Stimmung anstecken. Sie erwidert die tiefen Blicke des Leutnants mit einer kleinen stechenden Begierde, die ihr neu ist und ihre Haut, mitten in der Nachmittagshitze, erschauern lässt.

Zwischendurch geht sie unbewacht im weitläufigen Park spazieren, sie folgt verwachsenen Pfaden, findet von Moos überwachsene Statuen, einen Teich, der daliegt wie ein großer Perlmutterknopf; sie verlässt sogar, ohne dass sie jemand daran hindert, durch ein Türchen in der Umfassungsmauer den Park, gerät auf Wege, die zu einem Flüsschen führen, wo ein Fischer sie misstrauisch grüßt.

Sie verpflegt sich mittags, wenn sie Lust hat, aus der Feldküche, die immer von einem Dutzend Soldaten umringt ist, löffelt den Potaufeu aus einem Porzellanteller; sie nimmt sich nachher einen der Liegestühle auf der Terrasse, legt sich in den Halbschatten, spürt Sonnenflecken über ihre Arme und Unterschenkel wandern. Jedes Mal, wenn sie die Glockenschläge von der nahen Kirche zu zählen beginnt, vergisst sie es mittendrin; aber sie spürt hinter geschlossenen Lidern, dass der Leutnant oder vielleicht der eine oder andere Soldat sie beobachten und jede ihrer räkelnden Bewegungen registrieren.

Sie könnte mit Leichtigkeit fliehen, man erwartet es vielleicht von ihr, doch sie tut es nicht, verweigert sich aus einem Trotz, den sie selber nicht versteht, jeglicher Erwartung. Tief in sich findet sie das Mädchen wieder, das sie einmal war, die Vierjährige, die mit Blumen und Steinen spricht und abends die mondbleiche Milch trinkt. Bevor sie sich auszieht, betet sie, kniend, mit gefalteten Händen, der offenen Terrassentür zugewandt, küsst danach ihr Kruzifix.

In der dritten Nacht kommt der Leutnant zu ihr; sie hat es erwartet und lässt es zu. Er bringt – da muss sie lachen – eine Rose mit und legt sie auf ihr Kissen. Er ist jung und unerfahren, ein zärtlicher Liebhaber. Dass so viel Lust in ihr gesteckt hat, dass Küsse nach Heu, Leder oder Zitrone schmecken, dass Beine sich ineinander schlingen wie gelenkige Finger, dass nackte Haut schimmert wie Vogelgefieder: dies alles ist bestürzend neu; hat sie vergessen, was vorher war, oder war das Vorher so unerheblich, so mausgrau?
Der Mond steht über den Eichen. Sie bleiben, die Decke halb über sich gezogen, lange beinahe reglos liegen; nur ihre Hände spielen miteinander.
Später, als er gegangen ist, versucht Carmen, in plötzlicher Furcht alle Samenspuren zwischen ihren Schenkeln wegzuspülen; dennoch möchte sie den Männergeruch bei sich behalten. Aber die Rose, die sie ins Zahnglas auf dem Waschtisch gestellt hat, duftet jetzt so stark, dass sie alles andere übertönt, seinen Schweiß, seinen Speichel, sein Rasierwasser. Die Blütenblätter der Rose spiegeln sich schwarz im dunklen Spiegel; das Mondlicht wird von ihnen absorbiert, als wären sie in Teer getränkt.

Ein überhasteter Aufbruch am nächsten Morgen. Die Korporale schreien Befehle; Militärkisten werden herumgezerrt, Camions beladen; in Minuten ist die Truppe zur Abfahrt bereit. Carmen sitzt wieder auf dem Rücksitz der schwarzen Limousine; der Leutnant tut, als wäre zwischen ihnen nichts gewesen.
Wir haben uns dem Regimentsstab angeschlossen, sagt er. Meine Vorgesetzten sind im allgemeinen Chaos nicht erreichbar. Übrigens hat inzwischen auch Mussolini Frank-

reich den Krieg erklärt. Das Hündchen beißt den halbtoten Hirsch in die Wade. Wie mutig! Er wischt sich mit dem Ärmel Staub und Schweiß von der Stirn, kurbelt die Scheibe herunter. Wissen Sie, wie ich mir inzwischen vorkomme? Wie Strandgut.

Er lauert auf Carmens Zustimmung; doch sie antwortet nicht, denkt nur: Nackt mag ich ihn lieber als in dieser läppischen Uniform. Jedes Mal, wenn er sich bewegt, glaubt sie, wie durch Schichten Sperma zu riechen, frische Hefe, abgeschuppten Fisch.

Sie biegen hinter den Lastwagen in die große Landstraße ein. Noch immer fahren die Autos, Radfahrer und Fußgänger überholend, in endloser Kolonne Richtung Süden; der Verkehr ist allerdings weniger dicht als vor drei Tagen; die Tierherden sind verschwunden; es gibt Lücken, in die sich der Regimentskonvoi problemlos einfügen kann. Am spätern Nachmittag, sagt der Leutnant, indem er erleichtert auf seine Uhr schaut, werde man endlich in Tours sein, wo er seine Halbgefangene befehlsgemäß den zuständigen Stellen übergeben werde. Den Auftrag, ihr zur Flucht zu verhelfen – wenn es ihn überhaupt gab –, hat er anscheinend vergessen.

Carmen glaubt in vielen der rasch vorbeigleitenden Gesichtern Müdigkeit zu erkennen, Abgestumpftheit; oder ist es Entsetzen? Man weiß nichts voneinander, das Gemeinsame ist die große, nicht aufzuhaltende Bewegung, der man sich überantwortet hat: nach Süden, weg aus der Gefahr.

Gegen halb drei oder vier Uhr nachmittags, auf offenem Gelände, weit ab von jedem Dorf, kommt die Kolonne ins Stocken. Autos halten an, Leute springen heraus, laufen durcheinander, Kinder werden von den Eltern panisch zu einer kleinen Böschung getrieben. Mit einem Fluch bremst der Chauffeur die Limousine ab. Raus, raus hier!, schreit Leutnant Laurent und packt Carmen an den Schultern, drängt sie von der Straße: In Deckung! Rasch, rasch! Sie werfen sich irgendwo nieder, hinter niedriges Gebüsch. Überall, verstreut im Gelände, liegen Menschen, pressen sich an den Boden. Und schon ist das erste Flugzeug da; ein bellendes Tack-Tack-Tack streicht der Straße entlang. Kleine Staubfontänen von den Einschlägen, irgendwo Schreie; Autos beginnen zu brennen. Das erste Flugzeug steigt in die Höhe, während das zweite zum Tiefflug ansetzt; wieder das Tack-Tack-Tack, die Staubfontänen, die Schreie, die in Wimmern übergehen. Der Leutnant ist geduckt hinübergelaufen zu seinen Soldaten, die ein Maschinengewehr in Stellung bringen; sein Serienfeuer vermischt sich mit dem des Bordgeschützes. Ein Benzintank explodiert, so grell, so laut, dass es Carmen beinahe das Trommelfell zerreißt, und erst jetzt explodiert auch die Angst in ihr; sie wird geschüttelt von Konvulsionen, übergibt sich ins Gras, in den Staub.

Dann endlich ist der Lärm verklungen; gleichgültig strahlt die Sonne über dem Wiesengrün, den Autos, den Menschen, die sich benommen aufrichten. Einige bleiben liegen; die Stille, die ein paar Sekunden lang vollkommen schien, wird zerrissen von lauten Stimmen.

Carmen geht herum wie im Traum; sie fühlt sich, obgleich unverletzt, besudelt und doch völlig leer; sie möchte den Mund spülen, findet die Limousine nicht, wo die Wasserflasche wäre. Quer übers Feld nähert sich ein Bauer mit einem Pferdewagen. Carmen geht weiter, von Durst gequält; ihre Füße führen sie zu einer jungen Frau,

die im Gras neben einem umgestürzten Fahrrad sitzt und ihre Hand auf den Oberarm presst.
Sie haben mich angeschossen, sagt sie, zu Carmen aufschauend; ich kann den Arm nicht mehr bewegen.
Carmen kauert sich neben sie, betastet vorsichtig den verletzten Arm: Lassen Sie mich sehen. Sie trennt mit einem spitzen Stein den Blusenärmel auf, zerreißt ihn in Streifen, verbindet die Einschusswunde, die erstaunlich wenig geblutet hat, mit ihrem Taschentuch, legt dann mit den Streifen einen Druckverband an und verknotet ihn. Dass sie das alles tut, schön der Reihe nach, so, wie sie es vom Vater gelernt hat, schafft eine kleine Insel der Nützlichkeit, auf der sie alles Übrige, was dagegen brandet, übersehen darf.
Sind Sie Krankenschwester?, fragt die junge Frau, indem sie sich zu einem Lächeln zwingt.
Carmen schüttelt den Kopf.
Die junge Frau unterdrückt ein Stöhnen, als sie aufsteht, den Arm leicht bewegt. Ich schlage mich schon durch bis zum nächsten Krankenhaus.
Vermutlich muss man Ihnen die Kugel herausoperieren.
Die junge Frau verzieht den Mund. Und alles wegen diesen verdammten *boches*! Nach einer Pause fügt sie, den Schmerz verbeißend, hinzu: Ich heiße Claire.
Sind Sie allein?, fragt Carmen.
Irgendwo, da vorne müssen meine Brüder sein, sagt die junge Frau, von plötzlicher Unruhe erfasst. Hoffentlich ist ihnen nichts passiert.
Carmen hilft ihr, das Fahrrad aufzustellen, den Rucksack, der ihr gehört, auf den Gepäckträger zu schnallen. Die junge Frau schiebt das Fahrrad mit dem gesunden Arm vor sich her, dreht sich noch einmal zu Carmen um, sagt etwas Unverständliches, verschwindet in der Menge.

Später endlich, als sie die Limousine gefunden hat, kann Carmen trinken; sie trinkt die Flasche aus, würde endlos weitertrinken, das Blau des Himmels austrinken, damit es endlich verschwindet. Sie ist froh, dass die Kolonne sich wieder in Bewegung setzt; sie fragt nicht, ob der Bauer die Toten, die er aufgeladen hat, zum Friedhof bringen wird. Dass der Leutnant und Carmen sich umarmt haben, liegt Jahrzehnte zurück.

Tours ist von Flüchtlingen belagert. Stehen gelassene Autos umgeben die Stadtmauern wie ein zweiter Wall; Menschen aus Rouen und Paris besetzen Plätze, Krankenhäuser, Kasernen. Doch alle paar Stunden scheuchen Gerüchte sie auf, und dann spaltet sich die Menge, je nachdem, wer was glaubt, in jene, die wieder aufbrechen und weiterziehen, und die andern, die sich noch enger zusammendrängen.

Die Regierung versucht in Gebäuden, die sie beschlagnahmt hat, den Anschein einer Ordnung aufrechtzuerhalten. Leutnant Laurent kämpft sich, zusammen mit Carmen und begleitet von drei Männern der Eskorte, durch das Gedränge, fragt sich von Adresse zu Adresse durch; aber wo er auch vorspricht, wird er abgewimmelt. Das *Deuxième bureau*, das er sucht, ist mit andern Ämtern des zuständigen Ministeriums schon wieder in eine Vorstadt verlegt worden, nein, noch weiter nach Süden. Den Regimentsstab haben sie schon lange verloren.

Gehen Sie! Gehen Sie!, fährt der Leutnant irgendwann Carmen an. Sie wissen doch, was Sie zu tun haben.

So wie sich die Lage entwickelt, erwidert sie, entspricht es nicht mehr den Abmachungen. Ich brauche Ihren Schutz.

Sie finden, erschöpft von der vergeblichen Suche, Unterkunft in einer Pension, nehmen, da die Zimmer überfüllt sind, vorlieb mit dem Flur, wohin der Wirt ein paar Rosshaarmatratzen bringt. Es sei, behauptet er, nur noch eine Frage von Tagen, bis Frankreich kapituliere. Als der Leutnant ihm schroff untersagt, solche Reden zu führen, dreht der Wirt den Radioempfänger lauter, der in der Küche steht. Die Stimme des Nachrichtensprechers meldet die Übergabe der Hauptstadt an den Feind und rechtfertigt sie mit dem festen Willen der Regierung, unnötige Zerstörungen zu vermeiden. Aus allen Zimmern kommen die Gäste, hören, auf der Treppe stehend, zu.

Was für eine Nacht! Der Leutnant und Carmen liegen unter einer Decke, die nach saurem Wein und abgestandener Zigarettenasche riecht; sie ist gerade so breit, dass sie ihre beiden Körper auf den Matratzen knapp bedeckt, und so liegen sie, halb ausgezogen, nahe beieinander und achten zugleich darauf, sich nicht zu berühren. Jede Berührung wäre jetzt ein Sturz ins Unbekannte.

Ständig öffnet und schließt sich die Haustür; Gäste drücken sich an den Matratzen im Flur vorbei. In der Küche wird Geschirr gespült; irgendwo im Haus singt eine Mutter ihr Kind in den Schlaf.

Und jetzt?, fragt Carmen leise den Mann neben sich. Was wird morgen sein?

Laurent schweigt und stellt sich schlafend. Das Schlaflied hört nicht auf; es wird zum Fluss, an dessen Ufer die junge Frau mit dem lahmen Arm steht. Flugzeugschatten verdunkeln das Bild; an seinem Rand lacht spöttisch der alte Vater. Carmen verstopft sich mit den Fingern die Ohren; aber gegen den Nachklang der Angst, der sie durchdröhnt, nützt es nichts, und die Hand, die sie ausstreckt, um Laurent zu erreichen, fällt in den Spalt zwischen den Matratzen.

Laurent will sie loswerden, um jeden Preis; in seinem Gesicht steht stoppliger Verdruss, mit dem er seine eigene Angst tarnt. Ziellos fährt er mit ihr durch die Vorstädte. Carmen ertappt sich dabei, dass sie Ortstafeln liest wie verschlüsselte Botschaften: *Milletière, Joué-les-Tours, St-Pierre-des-Corps.* Vor dem Portal einer Jugendstilvilla lässt der Leutnant anhalten; der Park, von alten Eichen dominiert, hat eine entfernte Ähnlichkeit mit jenem in Bonneval.

Hier ist es, behauptet er, hier müssen Sie hinein.

Sie nickt, steigt aus; der Fahrer, ein anderer als in den vergangenen Tagen, stellt den schweinsledernen Koffer und eine voll gepackte Tasche neben sie, ihren ganzen Besitz. In der Nähe des Portals sitzt ein alter Mann auf einem einbeinigen Hocker. Er trägt einen Schlapphut, der sein Gesicht beschattet, spielt auf dem Akkordeon eine Melodie, zu der ein kleines Mädchen in weißen Kniestrümpfen tanzt.

Eine kurze Weile hören sie beide, Laurent und Carmen, der Musik zu, als seien sie deswegen ausgestiegen; dann greift Laurent in seine Rocktasche, händigt Carmen ein paar Geldscheine und eine Hand voll Münzen aus.

Damit Sie im Notfall nicht ganz mittellos sind, sagt er.

Das Mädchen, das sie beobachtet hat, läuft herbei, macht einen Knicks und streckt die Hand aus. Sein vernarbtes und gepudertes Gesicht sieht von nahem viel älter aus; es gehört eher einer Zwergin als einem Mädchen. Carmen gibt ihr Geld und sagt zum Leutnant: So trennen sich unsere Wege.

Sie wissen, was Sie zu tun haben, antwortet Laurent. Er steigt in die Limousine ein, verschwindet hinter den dunkel getönten Scheiben, als sei er verschluckt und verdaut worden.

Das Portal ist verschlossen, wie Carmen vermutet hat; ob die Glocke, an der sie mehrmals zieht, überhaupt funktioniert, kann sie nicht hören.
Niemand zu Hause, sagt die Zwergin, als unterdrücke sie mit Gewalt ein Lachen.

13

Hamburg, Dezember 1946

Am Nachmittag des ersten Prozesstages im Curio-Haus wurde die Zeugin Salvesan befragt, eine Dame aus Norwegen, der die Häftlingsvergangenheit in keiner Weise mehr anzusehen war. Sie schilderte ausführlich, oft den Tränen nahe, eine der Selektionen im Lager, bei der die Frauen, mitten im Winter, barfuß auf der Lagerstraße antreten mussten; viele seien vor Schwäche umgesunken, von den Aufseherinnen ausgepeitscht und von den Hunden gebissen worden. Die SS habe die Arbeitsuntauglichen weggebracht und vermutlich im so genannten Jugendschutzlager Uckermarck vergast. Die Zeugin belastete aufs Schwerste den SS-Arzt Doktor Percy Treite. Er habe sich aktiv an den Selektionen beteiligt, er habe die entsprechenden Listen zusammengestellt und den Wegtransport überwacht.
Treite, ein hagerer Mann, der ständig etwas zu kauen schien, protestierte schwach mit beiden Händen gegen diese Anschuldigungen. Er selber kam indessen, aufgrund der Prozessordnung, noch nicht zu Wort; nur sein Verteidiger versuchte die Zeugin in Widersprüche zu verwickeln. Sie hatte, trotz ihrer Tränen, eine distanzierte Art, sich auszudrücken; ihr gebrochenes Deutsch, die Übersetzung ins Englische rückten alles, was sie beschrieb, in eine wohltätige, sozusagen kinematographische Entfernung.
Die Frau ist eine Enttäuschung!, flüsterte der tschechische Journalist dem Konsul zu. Aber warten Sie nur! Warten

Sie auf die Französinnen! Die werden den richtigen Sprengstoff liefern!

Der Konsul heuchelte Zustimmung mit freundlichem Nicken. Es ging gegen Ende des Nachmittags; bisher hatte die Zeugin nichts Wesentliches über Carmen Mory gesagt. Ja, sie kenne die Nummer neun, antwortete sie auf die Frage von Doktor Zippel; sie habe mit ihr nicht näher zu tun gehabt, wisse nur, dass im Lager widersprüchliche Gerüchte über sie im Umlauf gewesen seien. Während die einen sie für grausam und hartherzig gehalten hätten, sei sie von andern – sie wisse nicht mehr, von wem – als hilfsbereite, ja aufopfernde Blockleiterin beschrieben worden. Bei diesen Worten hatte sich Carmen Mory, die mit aufgestütztem Kopf dagesessen war, aufgerichtet und ins Publikum geblickt; es schien dem Konsul sogar, sie habe ihn auf seinem Platz entdeckt und nicke ihm leicht zu.

Bis zum Sitzungsschluss wurden die wenigen Aussagen, die Carmen Mory betrafen, weder bezweifelt noch erweitert; das machte den Konsul ein bisschen ruhiger. Es war seltsam, dass er sich selber dadurch entlastet fühlte. Je weniger sie im Zentrum stand, desto weniger, so schien es ihm, brauchte er sich um sie zu kümmern. Aber die Erleichterung hatte noch andere Gründe: Sollte Carmen Mory rein gewaschen werden, so würde auch an ihm, dem offiziellen Vertreter ihres Heimatlandes, nichts hängen bleiben. Was sie beide miteinander verband, war ihre Herkunft. Das Bild der Schweiz konnte durch die Schweizerin Mory verdunkelt werden; und dies würde auch auf ihn abfärben, in einem tieferen Sinn, als was das Äußerliche, die offizielle Reputation betraf. Seine Frau hätte ihn deswegen verspottet; die Mory in ihrer heillosen Verstrickung, hätte sie gesagt, sei eine Ausnahme; er trage im

Übrigen weder die Schuld anderer noch ihr Leid auf seinen Schultern.

Am Ausgang traf er mit Doktor Zippel zusammen. Aus einem Impuls heraus, den er selber nicht verstand, versuchte er ihm auszuweichen. Doch der Anwalt, der einen alten hellbeigen Sommerregenmantel trug, sagte vertraulich: Ich brauche Ihre Hilfe, Herr Konsul!, und zog ihn draußen im Hof am Ärmel auf die Seite, unter einen Dachvorsprung, wo sie vor dem leichten Schneeregen, der wieder eingesetzt hatte, geschützt waren.

Zippel stellte seine Aktentasche auf einen trockenen Fleck und sagte ohne jede einleitende Floskel: Ich hatte Gelegenheit, mich während der Mittagspause mit meiner Mandantin zu unterhalten. Sie ist sehr unglücklich.

Aus welchem Grund denn?, fragte der Konsul.

Wegen des Transportes vom Gefängnis zum Gerichtssaal. Meine Mandantin wird offenbar durch ein Paar Handschellen mit der Binz, die in der Nachbarzelle sitzt, zusammengefesselt und so hierher gefahren. Ausgerechnet die Binz aber, sagt sie, sei im Lager ihre ärgste Feindin gewesen.

Die Binz, das war doch die Oberaufseherin?, fragte der Konsul und versuchte sich an sie zu erinnern, an die Nummer fünf, an das gesenkte jugendlich-blasse Gesicht mit dem hochgetürmten blonden Haar.

Sie war ab 1943 Oberaufseherin und Ausbildnerin, ja. Und vorher Arrestführerin im Zellenblock, im so genannten Bunker, wo meine Mandantin beinahe anderthalb Jahre verbracht hat, bevor sie ins offene Lager kam. Als Bunkerhäftling in der Einzelzelle ist sie von der Binz auf schlimmste Weise schikaniert und gedemütigt worden. Mit ihr zusammengefesselt zu werden, ist für sie un-

erträglich. Sie hat heute Morgen heftig dagegen protestiert, sich offenbar auch physisch gewehrt; das Handgelenk, das sie mir gezeigt hat, ist ganz aufgescheuert. Aber die Briten zeigen sich unnachgiebig.
Der Ton, in dem Zippel auf den Konsul einredete, war eindringlich; seine professionell abwägende Haltung dem Fall gegenüber schien einer aufrichtigen Anteilnahme gewichen zu sein.
Sie könnten doch als Verteidiger Protest einlegen, sagte der Konsul.
Nein, der Transport untersteht nicht der Prozessordnung, darauf hat der Verteidiger keinen Einfluss. Zippel stand, von seiner Erregung umgetrieben, halb draußen im Regen; auf seinem Mantel begannen sich dunkle Wasserflecken auszubreiten. Meine Mandantin, fuhr er fort, hat gedroht, in den Hungerstreik zu treten, sofern diese Schikane, wie sie es nennt, nicht aufgehoben werde.
Hungerstreik?, entfuhr es dem Konsul. Das ist doch sinnlos.
Genau. Zippel trat bedrängend nahe zum Konsul hin, so dass dieser zurückwich. Damit schadet sie sich nur selber. Wobei ich ja verstehen kann, dass dieser Transport ein Alptraum für sie sein muss. Ich habe mir gedacht, Herr Konsul, dass es das Beste wäre, Sie würden bei der Gefängnisverwaltung intervenieren; das nützt mehr, als wenn ich's tue.
Der Konsul biss sich unwillkürlich auf die Lippen; er sah voraus, mit welch kalter Höflichkeit die Briten ihn abfertigen würden. Aber die Aussicht, dass Carmen Mory durch einen Hungerstreik in den Mittelpunkt des öffentlichen Interesses rücken würde, behagte ihm nicht, und den Briten würde es ebenso wenig behagen.

Ich kann es ja versuchen, sagte er zögend. Ob ich überhaupt angehört werde, weiß ich nicht.

Versuchen Sie es, bitte. Zippel stampfte ein paar Mal auf, schlug die Arme um den Körper. Kalt, nicht wahr? Und dieser Winter wird noch viel kälter, das verspreche ich Ihnen.

Nehmen Sie eine Zigarette, sagte der Konsul. Das täuscht wenigstens ein bisschen Wärme vor.

Zippel griff dankend ins Päckchen; er schützte die Zigarette mit beiden Händen und beugte sich vor, um sie am Streichholz anzuzünden, das der Konsul aufflammen ließ; dann stieß er, an die Mauer gelehnt, mit Behagen den Rauch aus. Es dämmerte schon. Der Innenhof hatte sich inzwischen geleert; nur hinter der Glasscheibe der Seitentür sah man, im gelblichen Licht der Deckenlampen, zwei Frauen, die den Klinkerboden im Vorraum scheuerten.

Wissen Sie, sagte Zippel zwischen zwei Zügen, der Fall hat mich gepackt. Kennen Sie das? Man will gar nicht richtig und rutscht dann doch hinein. Ich hatte ja nur eine Woche Zeit, mich einzuarbeiten, ganze Aktenberge habe ich durchgeackert, dazu stundenlang mit meiner Mandantin gesprochen, die zum Glück in einer kooperativen Phase war. Ich glaube heute sagen zu dürfen: Die Chancen für sie stehen nicht allzu schlecht. Die belastenden und die entlastenden Aussagen über sie werden sich unter dem Strich gegenseitig aufheben. Und ich kann juristisch überzeugend darlegen, dass es unstatthaft ist, eine Gefangene, die in ihre Funktion hineingezwungen wurde, wie eine SS-Angehörige zu behandeln. Vorgestern, fuhr er fort, ist übrigens etwas Erstaunliches geschehen: Zwei Frauen, ehemalige Häftlinge aus Ravensbrück, haben sich bei mir gemeldet, sie wollen unbedingt freiwillig – und zusätzlich zu den dreien, die ich inzwischen aufgetrieben habe – als Entlastungszeuginnen auftreten. Sie haben meine Mandantin am Telefon geradezu als Heilige hingestellt, als eine Jeanne d'Arc, die gegen die Willkür der SS Sturm lief. Das wird die bedauerliche Abwesenheit dieser Ärztin aus der Schweiz bei weitem aufwiegen.

Ich habe, sagte der Konsul, Ihre Fragen an Anne Spörry abgeschickt, und ich hoffe, die notariell beglaubigten Antworten werden im Lauf der nächsten Tage eintreffen.

Sehr gut. Ich kann jeden Mosaikstein brauchen. Zippel schaute zum düster verhangenen Himmel auf und sagte übergangslos: Solches Wetter hätten wir im Sommer 43 haben müssen.

Warum?, fragte der Konsul erstaunt und begriff, zu seiner Beschämung, beinahe im gleichen Augenblick, was der andere meinte.

Bei Nebel und dichten Wolken, sagte Zippel, wurden keine Einsätze geflogen.

Haben Sie denn, fragte der Konsul vorsichtig, die Zerstörung selber miterlebt? Waren Sie damals in Hamburg?

Ach, das tut nichts zur Sache. Ich bin ja nur einer von Hunderttausenden, und um die Wahrheit zu sagen, war ich an der Front, aber ... Zippel schwieg mit versteinerter Miene; sein Adamsapfel stieg ununterbrochen auf und ab. Zwischen den beiden Männern entstand eine sonderbare Verlegenheit. Der Konsul spürte, dass er den Anwalt jetzt nicht einfach so stehen lassen konnte. Ohne lange zu überlegen, fragte er, was ihm gerade einfiel: Was halten Sie eigentlich von ihr? Ich meine: privat, auf einer rein menschlichen Ebene?

Zippel schaute ihn erst verständnislos an; dann lächelte er, ein bisschen steif: Sie lässt niemanden unbeeindruckt.

Aber sie macht es einem nicht immer leicht, wie Sie ja auch schon erfahren haben. Sein Lächeln wurde beinahe komplizenhaft. Als sie jünger war, sind ihr die Männer wohl scharenweise nachgelaufen.

Sie sollte den Pelzmantel vor Gericht nicht tragen, sagte der Konsul. Das bringt das Publikum zusätzlich gegen sie auf und wird, wie ich fürchte, auch das Gericht nicht unbeeinflusst lassen.

Ich kann sie nicht davon abbringen, erwiderte Zippel. Sie hat den Mantel dank ihrer Starrköpfigkeit und zahlloser Beschwerdebriefe zurückbekommen. Jetzt will sie ihn unbedingt tragen, er scheint eine Art Glücksbringer für sie zu sein.

Nun gut, sagte der Konsul. Wenn sie die Wahl hat.

Zippel bückte sich nach der Aktentasche und hob sie auf. Die Frage ist doch eher, welche Wahl einem ein verworrenes Schicksal überhaupt lässt. Auf Wiedersehen, Herr Konsul. Er ging, ohne Händedruck, durch den Hof davon und verschwand, vom Gewicht der Aktentasche leicht auf die Seite gezogen, im Durchgang zur Straße.

Der Konsul sah ihm nach; aber plötzlich hatte er, so deutlich, als stände sie wirklich da, Carmen Mory vor sich: Ihre dunklen Augen waren voller Geheimnisse; ihre Haut, eigentlich schlaff und ungesund, schien in der Dämmerung zu leuchten. Er verbot sich, weiter an sie zu denken, und kam doch, den Hof verlassend, nicht von ihrem Bild los. Zuerst hatte ihn bloß ihre Geschichte beschäftigt; jetzt beunruhigte ihn auch ihre physische Präsenz. Er hatte einmal ein Porträt gesehen, dem sie glich wie eine Zwillingsschwester. Wo? Im Louvre? In den vatikanischen Museen? Es war vermutlich ein Rembrandt gewesen, eine dieser Frauen mit warmem Teint, denen das Helldunkel, aus dem sie herauszuwachsen scheinen, einen unbezwingbaren Reiz verleiht.

In dieser Nacht träumte er zum ersten Mal von ihr. Er ging durch eine menschenleere Stadt, die weder Hamburg noch London war. Carmen Mory fuhr auf einem Hochrad lautlos und sehr dicht an ihm vorbei, in einem langen schwarzen Kleid, dessen Saum ihn streifte. Er begann ihr nachzulaufen, er wollte ihr unbedingt sagen, dass sie aus ihrer Verbannung erlöst sei. Endlich drehte sie sich im Fahren nach ihm um. Ihr Gesicht war rußgeschwärzt und eingefallen. Das Rad schwankte immer stärker; sie fiel hin, obwohl er sie aufzufangen versuchte. Überall lag plötzlich Schnee. Eine Weile lag sie reglos da, auf dem Rücken, mit ausgebreiteten Armen; das Rad, das sie im Fallen weggestoßen hatte, drehte sich weiter. Der Konsul versuchte es aufzuhalten und sah entsetzt, dass seine Hand, mit der er zwischen die Speichen griff, abgetrennt wurde. Blut sprudelte aus dem Stumpf heraus.
Mit einem Schrei, dessen Nachhall er noch zu hören schien, wachte der Konsul auf. Es war stockdunkel im Zimmer; Stromsperre: Das elektrische Licht funktionierte nicht. Er tappte, beide Hände vorgestreckt, in die Küche; es gelang ihm, mit den Streichhölzern, die er dort aufbewahrte, eine Kerze anzuzünden. Er trank abgekochtes Wasser aus einer Flasche und wartete darauf, dass sein Herzschlag sich beruhigte. Sogleich dachte er wieder an den Prozess. Er würde ihm heute und an den folgenden Tagen fernbleiben; die Tagesgeschäfte erlaubten es ihm nicht, zu viel Zeit für einen einzelnen Fall zu vergeuden. Er würde, um auf dem Laufenden zu bleiben, Mürner jeden zweiten oder dritten Tag ins Curio-Haus schicken,

und selbstverständlich würde er mit Doktor Zippel, der tatsächlich ein tüchtiger Anwalt zu sein schien, in Kontakt bleiben. Doch dieser Vorsatz wurde gleichsam überflackert vom Traumbild der Mory, die mit ausgebreiteten Armen und geschwärztem Gesicht rücklings im Schnee lag.

14

Tours, Paris, Juni 1940

Was jetzt? Carmen geht nach Westen, der Loire entlang, zu der sie durch Zufall gelangt ist, sie geht auf einem alten Treidelpfad, sieht die Kähne, die Lastschiffe, die Frieden vorspiegeln; sie geht, bis sie müde ist, ruht sich aus im Schatten einer weit in den Fluss ragenden Weide. Sie findet Nebensträßchen, die beinahe menschenleer sind, folgt blühenden Hecken; vor ihr fliegt lange im Zickzackflug ein Zaunkönig, immer wieder mit dem gleichen spöttischen Ruf. Irgendwann lässt sie mit bleischweren Armen den Koffer stehen, dann die Tasche; sie kehrt zurück, packt ihren Mantel aus, entrollt ihn, legt ihn, trotz der Hitze, um ihre Schultern, steckt ihren Pass und das bisschen Geld in die Manteltasche. Jemand nimmt sie eine Strecke mit, in einem Lastwagen voller Milchkannen. Es geht gegen Abend, der Himmel rötet sich, als der Mann sie aussteigen lässt. Sie schläft, den Mantel über sich gebreitet, unter einer kleinen Brücke, am sandigen, von Huflattich bewachsenen Ufer eines Flüsschens. Als sie erwacht, ist es hell. Ein Landarbeiter mit umgehängter Feldflasche steht vor ihr im Brückenschatten und starrt sie an. Er reicht ihr wortlos die Flasche, sie dankt, trinkt dünnen Tee daraus. Ein Paar Meter hinter ihm, wie ausgestanzt vom grellen Morgenlicht, stehen zwei Frauen in dunklen Röcken, die sich offenbar nicht näher getrauen. Ob er etwas wisse über den Krieg, fragt sie den Mann. *Moi, je ne suis pas soldat, pas du tout*, stottert der Mann. Und wie zum Beweis macht er, ein Bein nachziehend, ein paar Schritte von ihr weg und wieder zu ihr hin.

Die nächste Nacht verbringt sie in einer Scheune, die übernächste im Freien, am Waldrand; Hunger hat sie nicht, bloß Durst, den sie mit Leichtigkeit löschen kann, an Brunnen, aus Bächen, bei Bauern, die ihr Milch verkaufen. Die älteren Bauern sind auf ihren Höfen geblieben. Flugzeuggeschwader überfliegen Carmen am dritten Morgen; sie wirft sich hin, wo sie ist, verbirgt sich unter dem Mantel. Sie glaubt Kanonendonner zu hören, doch nichts geschieht; sie weiß nicht einmal, ob es deutsche Flugzeuge waren; niemand weiß es von denen, die auf Nebenstraßen unterwegs sind wie sie. Immer wieder bleibt sie stehen, presst die Handballen auf die Augen, als ob sie so die richtige Entscheidung aus sich herauszwingen könnte: Was tue ich denn? Ich muss doch zurück! Und plötzlich füllt dieser Vorsatz sie aus; für anderes gibt es keinen Raum mehr: Ich muss zurück! Ich muss zurück! Kein Warum, keine Frage nach dem Nachher. Sie gehorcht, ohne weiter nachzudenken, wendet sich bei der nächsten Abzweigung nach Norden. Dort hat sich der Himmel über dem Horizont dunkel bewölkt. Ob es Gewitter- oder Brandwolken sind, ist nicht auszumachen; das an- und abschwellende Donnern, von dem der Boden unter ihren Füßen zu zittern scheint, könnte Gefechtslärm sein. Aber sie muss dorthin, trotz ihrer Furcht, die sie unter dem Mantel frieren lässt.

Dann wieder eines dieser ausgestorben wirkenden Dörfer, die Straße zwischen den aneinander gebauten Häusern zweigeteilt in Licht und Schatten, Rosenspaliere überall; unruhig herumlaufende Hunde; hier und dort ein Mensch, der in einem Torbogen verschwindet; keine Kinder.

Bei der kleinen Kirche im Zentrum klingelt Carmen den Priester heraus, einen untersetzten Mann mit blau geäderten Wangen. Ja, ich bin geblieben, sagt er, mich wird niemand vertreiben, weder Monsieur Hitler noch der Teufel persönlich. Unwillig führt er die Fremde in die Kirche zum Beichtstuhl; ihre Schritte hallen durch den romanischen Innenraum, dessen Halbdunkel sie umschließt wie eine steinerne Hand. Der Luftzug bringt die Kerzen beim Altar zum Flackern. Carmen beichtet, was sie schon Abbé Alphonse gebeichtet hat, und noch ein wenig mehr; die Schuld ist nachgewachsen wie Unkraut, das man ausrotten sollte: Verrat, Hoffart, Stolz. Der Priester, der kaum richtig zugehört hat, erteilt ihr die Absolution, erlegt ihr eine Buße auf, die der Routine entspricht: zwanzig Ave-Marias.

Mit schmerzenden Füßen geht sie weiter; die Schuhe sind vorne aufgeplatzt, die großen Zehen aufgescheuert, auch die Fersen, der Rist fühlen sich wund und geschwollen an. Manchmal kühlt sie die Füße eine Zeit lang in einem Bach. Sie versucht barfuß zu gehen, doch die Sohlen sind so empfindlich, dass sie bei jedem Schritt stöhnt. Irgendwann muss doch die Flucht, die inzwischen eine Rückkehr ist, zu Ende sein.

Eine Sperre vor dem nächsten Dorf hält sie auf. Nicht weitergehen!, wird sie von der Wache angeherrscht. Es wimmelt plötzlich von Soldaten in französischer Uniform. Hinter Gartenmauern, zwischen Nussbäumen haben sie Geschütze in Stellung gebracht, Granatwerfer, Flakkanonen, über denen Tarnnetze hängen; gruppenweise graben sie sich ein. Carmen lehnt sich an den warmen Holzzaun, schaut den Soldaten zu. Einer witzelt über ihren Pelzmantel; ein anderer schreit: Verschwinden Sie, Madame, suchen Sie einen Keller auf!

Dann bricht plötzlich, von einer Sekunde auf die andere, die Hölle los. Einem Sausen folgen ohrenbetäubende Einschläge; Carmen rennt, den Mantel liegen lassend, zum Haus hinter ihr, rüttelt an der geschlossenen Tür, sucht den Kellereingang. Aus einem durchlöcherten Dach qualmt es, Flammen schlagen daraus. Überall Rauch und Staub, der in ihre Augen, ihre Nase dringt. Sie hört sich schreien, husten, Gestalten huschen an ihr vorbei. Dann ein einzelner Donnerschlag, so nah, als sei sie selber geborsten, etwas schlägt ein Bein unter ihr weg. Sie knickt zusammen, verliert das Bewusstsein, und als sie, mit einem stechenden, ins Unerträgliche wachsenden Schmerz im Unterschenkel, wieder zu sich kommt, sieht sie einen Granattrichter, rauchumschleiert, nur ein paar Meter von ihr entfernt; es riecht nach überhitztem Metall und absurderweise nach Rosen.

Sie ertastet den Schenkel, spürt den zerfetzten Strumpf, die warme Nässe; sie beschließt, liegen zu bleiben, lässt widerstandslos den Puls gegen die Wunde hämmern. Was wäre, denkt sie, wenn ich hier verbluten würde? Niemand da, kein Mensch, die Soldaten sind offenbar geflüchtet. Doch dann nähert sich Getöse, Gerassel, Motorengedröhn; das müssen deutsche Panzer sein. Ihr Gehirn arbeitet fieberhaft, unabhängig vom Schmerz; das Denken hat sich vom Körper gelöst, schwebt über ihr wie eine Luftblase.

Jemand beugt sich über sie, berührt ihre Stirn, fragt mit hartem Akzent: *Vous êtes blessée, Madame?*

Sie öffnet die Augen, erkennt die Wehrmachtsuniform; sie sagt mit schwindender Kraft: Ich spreche Deutsch, ich bin Schweizerin. Bitte bringen Sie mich …

Stimmenaufruhr ringsum, vertraute Satzmelodien. Wie kommen Sie denn hierher?, fragt einer, während etwas Weiches unter ihren Kopf geschoben wird.

Man sorgt für mich, denkt sie, fällt aufs Neue ins Dunkle, fällt den Schmerzen davon.
Im Lazarettwagen, auf eine Bahre geschnallt, kommt sie wieder zu sich, mit einer dumpfen, ziehenden Schwere im Bein. Man habe ihr eine schmerzstillende Spritze gegeben, sagt ein grauhaariger Sanitätssoldat zu ihr, die Verletzung sei nicht schlimm, ein Granatsplitter habe das Muskelfleisch aufgerissen; sie werde in zwei, drei Tagen schon herumhumpeln können. Sie fühlt sich angenehm durchgeschüttelt, möchte gleich wieder davontreiben, aller Verantwortung enthoben. Sie schielt hinunter zum Bein, sieht einen dicken Verband, hört das Stöhnen neben sich. Da sind noch andere; einer ruft, kaum verständlich, nach seiner Mutter. Der Sanitäter, der ihren Blicken folgt, erklärt, sie würden zum nächsten Lazarett gebracht, zehn Kilometer hinter der vordersten Linie; Zivilpersonen würden ja sonst nicht verarztet; aber der Major habe befohlen, die Schweizerin mitzunehmen. Er flößt ihr Tee ein; sie verschluckt sich, schüttelt den Kopf.
Da hält der Wagen unvermutet an; Gehup, Hurrarufe. Waffenstillstand!, schreit einer in den Wagen hinein. Die Franzosen haben kapituliert! Heil Hitler!
Heil Hitler, antwortet der Grauhaarige abgehackt, mit ironischer Betonung.
Ein Verletzter will sich aufsetzen, fällt wimmernd zurück. Na, na, beruhigt ihn der Grauhaarige. Übernimm dich nicht. Wenn du heute zu feste jubelst, dann bezahlst du morgen dafür. Hat meine Mutter immer gesagt.
Das Beifallsgeschrei draußen schwillt an, schwemmt Erinnerungen an München und Berlin ins Gedächtnis.
Freuen Sie sich nicht über die deutschen Siege?, fragt Carmen, indem sie die Wörter im Mund formt wie zähen Teig.

O doch, sagt der Grauhaarige und mustert sie scharf.
Schober, Schober! Jemand streckt einen überschäumenden Becher herein: Es gibt Champagner, Schober, gestern requiriert.
Wollen Sie auch davon?, fragt der Grauhaarige.
Sie nippt von der Flüssigkeit; das Prickeln vergeht sogleich im Gaumen. Eine schale Schwäche rinnt durch sie, der sie nachgeben möchte; doch sie darf es nicht, sie muss wissen, wohin man sie bringt. Ihr stehen Verhöre bevor, das weiß sie. Sinnlos, sich einen falschen Namen zuzulegen; die Krakenarme der Gestapo reichen bis zur Front. Aber sie hat sich ja freiwillig zurückbegeben; ihr stehen neue Aufgaben bevor.

Das improvisierte Lazarett ist in einem Schulhaus, nicht weit von Tours, untergebracht; die Zimmer riechen nach Schülerschweiß und saurer Milch. Kaum hat man den Splitter aus Carmens Schenkel entfernt und ihr einen neuen und besseren Verband angelegt, verlangt sie, unter vier Augen mit dem Major zu reden. Sie deutet an, Mitarbeiterin des Außenpolitischen Amtes der NSDAP zu sein; doch sie kann sich nicht ausweisen, alle ihre Dokumente stecken in der Manteltasche. Man glaubt ihr nicht, hält sie für eine Verwirrte, eine Hochstaplerin. Sie besteht, die Schmerzen verbeißend, auf ihrer Forderung.
Gegen Abend bemüht sich der Major an ihr Feldbett. Er war schon einige Male in der Schweiz, auch im Berner Oberland; er lässt sich von Carmen zur Probe ein paar Sätze in Adelbodner Dialekt vorsprechen, gesteht ihr zu, dass es echt klingt, fragt ruppig nach ihrer Geschichte. Sie wählt genau aus, was sie erzählt; der Prozess vor dem französischen Militärgericht, die Flucht aus der Gefangen-

schaft, die sie erfindet, beeindrucken ihn sichtlich. Er werde, verspricht er, nach Paris oder Berlin telefonieren; dann werde sich herausstellen, ob ihre Angaben der Wahrheit entsprächen.

Die Schmerzen halten Carmen wach, nachdem er gegangen ist; sie fluten von der Stelle über dem Knöchel zum Knie, branden hinauf zum Zwerchfell. Sie stöhnt, versucht zu beten; sie stellt sich Fragen, die sie noch fiebriger machen: Was hat sie zur Umkehr getrieben? Warum nur hat sie sich in die Hände der Deutschen begeben?

Der Grauhaarige, der Nachtdienst hat, behandelt sie mit Reserve, seit er wittert, dass ihre Behauptungen stimmen könnten. Draußen, auf dem Schulhausplatz, wird gesungen: ... *und morgen die ganze Welt.* Immer wieder dieser Refrain, herausgegrölt im Überschwang der Sieger; zählt sie sich noch zu ihnen oder schon nicht mehr? Glas klirrt irgendwo; eine erregte Frauenstimme, Gelächter. Die Mutter steht plötzlich vor Carmen, Mummy, die Schöne, Mummy mit dem dunklen Teint; sie lächelt, aber sie verweigert ihr den Begrüßungskuss; in ihre Haare ist ein blaues Band geflochten. Maître Bloch sagt: Es ist erforderlich, mit diesem Insigne der Treue Ihre Nase zu schmücken; und er will mit einer Ahle Löcher in Mummys Nase bohren, damit er das Band durchziehen kann. Carmen lacht darüber, zuckt, erwachend, zusammen vor Schmerzen; drei Uhr, sagt einer hinter der spanischen Wand; mein Gott, erst drei.

Am Morgen früh wird Carmen vom Bataillonsadjutanten darüber informiert, dass sie, nach Rücksprache mit dem Hauptquartier, so bald wie möglich per Flugzeug abgeholt und nach Paris gebracht werde; offenbar, so fügt der Adjutant hinzu, sei Fräulein Morys Fall so wichtig, dass man alles daran setze, sie in Paris, möglicherweise sogar in Berlin zu befragen. Er übermittelt die besten Genesungswünsche des Herrn Major; dann reißt er den Arm zum Hitlergruß hoch, salutiert, eilt hinaus.

Im Verhalten des Grauhaarigen schwingt nun, Carmen gegenüber, kalte Ablehnung mit; schweigend erneuert er ihren Verband, pinselt Jod auf die Wunde, überhört ihre Schmerzenslaute. Auch wenn sie um sein Vertrauen wirbt, wird sie ihn nicht dazu bewegen können, ihren Pelzmantel suchen zu lassen. Sie muss den Mantel samt Pass verloren geben.

Schon immer hat sie sich gewünscht, einmal zu fliegen. Doch in der Ju 52 ist es lärmig und dunkel, die kleinen Fensterluken sind verschmutzt und beschlagen; auf der Bahre liegend sieht sie kaum hinaus. Ein Dutzend Soldaten fliegen mit; wenn die Maschine in Turbulenzen gerät, fühlt sich Carmen wie auf hoher See, hört im Frachtraum Kisten gegeneinander knallen.

15

Hamburg, Dezember 1946

Als Carmen Mory auch am zweiten Prozesstag auf der Fahrt ins Curio-Haus, gegen ihren heftigen Protest, mit der ehemaligen Oberaufseherin Binz zusammengefesselt wurde, machte sie ihre Drohung wahr und trat in den Hungerstreik. Journalisten, die Wind von der Sache bekamen, versuchten Näheres zu erfahren; der *Telegraph* meldete den Vorfall am folgenden Morgen in einer kurzen Notiz, auf die Mürner den Konsul, kaum hatte er um halb neun Uhr sein Büro betreten, besorgt hinwies.
Wie wollen wir uns dazu stellen, Herr Konsul?, fragte er und tippte mit dem Zeigefinger auf die Titelzeile.
Der Konsul hatte die unselige Geschichte mit der Binz, von der er ja wusste, halb verdrängt und halb vor sich hergeschoben. Ich werde wohl bei den Briten intervenieren müssen, murmelte er ohne große Überzeugung, und Mürner, der gleich danach zum Curio-Haus fahren wollte, bestärkte ihn mit jungenhaftem Eifer: Wir können nicht dulden, dass die Briten derart willkürlich mit einer Schweizerin umspringen, die noch gar nicht verurteilt ist!
Ich denke nicht, dass es Willkür ist, sagte der Konsul, eher Schematismus in der Behandlung der Gefangenen. Aber jetzt, wo die Mory sie herausfordert, versteifen sie sich vermutlich darauf, sich nicht erpressen zu lassen.
Genau, sagte Mürner und faltete die Zeitung zusammen. Seine Beflissenheit, die allerdings bisweilen einen rebel-

lischen Unterton hatte, setzte den Konsul immer wieder in Erstaunen.

Eine halbe Stunde später, nachdem er noch einmal mit sich zu Rate gegangen war, überwand er sich und rief Captain Kayser an. Eine Sekretärin, die ein fürchterliches Deutsch sprach, bat ihn zu warten. Er hörte das Rauschen in der Leitung und Stimmen im Hintergrund; plötzlich wünschte er sich, noch lange so, zurückgelehnt im Bürosessel, den Hörer am Ohr, sitzen zu bleiben und nichts anderes zu tun, als in eine entfernte Welt hineinzuhorchen. Dann meldete sich eine Männerstimme und sagte, Captain Kayser sei unabkömmlich; der Konsul möge doch sein Anliegen kurz zusammenfassen. Der Konsul begann zu stottern, fing sich aber rasch auf und machte seine Vorbehalte geltend.

Kaum hatte der unbekannte Offizier am andern Ende begriffen, worum es ging, fiel er ihm ins Wort: Das ist eine rein organisatorische Frage, die Ihr Konsulat in keiner Weise betrifft.

Obwohl der Konsul sich vorgenommen hatte, ruhig zu bleiben, stieg der Ärger in ihm hoch. Er verbat sich diesen Ton und verlangte, mit einem Vorgesetzten, der seiner Funktionsstufe entspreche, verbunden zu werden. Er redete lauter, knapp an der Grenze zum Aufbrausen, und bekam nach nervenaufreibendem Hin und Her endlich Oberst Le Cornu ans Telefon, den ranghöchsten Gefängnisoffizier, mit dem er bisher noch nie gesprochen hatte. Zu seinem Erstaunen lachte der Oberst, als der Konsul den Grund seines Anrufs nannte: Schon erledigt, wir haben eben beschlossen, Miss Mory entgegenzukommen und ihr den Körperkontakt mit Miss Binz künftig zu ersparen. Der Oberst schnaufte so laut, dass die vibrierende

Membran das Ohr des Konsuls kitzelte. Zu diesem Entgegenkommen, fuhr Le Cornu fort, sind wir keineswegs verpflichtet. Aber wir fänden es sinnlos, wenn eine an sich unbedeutende Transportmaßnahme, die auf den Prozess keinen Einfluss hat, von den Zeitungen aufgebauscht würde. Uns ist es wichtiger, der Weltöffentlichkeit zu zeigen, dass wir gewillt sind, einen fairen Prozess durchzuführen.

Selbstverständlich, antwortete der Konsul, ich danke Ihnen. Es gelang ihm nicht ganz, das freudige Beben in seiner Stimme zu unterdrücken. Er war sicher, dass erst sein Anruf den Oberst zum Nachgeben bewogen hatte, und er freute sich über diesen kleinen Sieg.

Erst am frühen Abend, als Mürner zurückkam und ihn in seinem Büro aufsuchte, war der Konsul gezwungen, sich wieder mit Carmen Mory zu beschäftigen. Sie sei nach wie vor im Hintergrund geblieben, rapportierte Mürner; man brauche um sie nicht zu bangen, obgleich, wie er in der Mittagspause gehört habe, einige juristische Beobachter aus Frankreich und Belgien der Ansicht seien, man werde die Angeklagten, die kollektiv beschuldigt würden, auch kollektiv zum Tode verurteilen.

Ach, hören Sie auf damit!, fuhr der Konsul Mürner an. Das ist ja, juristisch gesehen, gar nicht denkbar.

Mürner beeilte sich, dem Konsul beizupflichten: Ein Witz, nicht wahr? Gerade die Franzosen scheinen so voreingenommen zu sein, dass sie gar keine Unterscheidungen mehr machen.

Sie schwiegen; von unten hörte man Frau Amachers scheltende Stimme und den weichen Bariton des Fahrers.

Mürner räusperte sich und fragte, ob der Konsul, was den Transport betreffe, etwas habe ausrichten können; als die-

ser bejahte, gratulierte er ihm überschwänglich zu seinem Erfolg. Sie sah übrigens nicht gut aus, fügte er hinzu. Sie war bleich und verhärmt, was bei ihrem an sich bräunlichen Teint sehr unvorteilhaft wirkt. Aber der Mantel putzt sie heraus. Sie hat darin etwas von einer Grande Dame.
Ich weiß, sagte der Konsul.
Und jetzt wird sie wohl wieder essen, nicht wahr?
Gefängniskost, sagte der Konsul mit einer kleinen Grimasse.
Wenigstens wird sie satt. Im Gegensatz zu den meisten Deutschen.
Sie lachten beide, ein bisschen gezwungen, und sahen aneinander vorbei.

Von Tag zu Tag fand der Konsul für sich neue Gründe, um dem Prozess fernzubleiben. Er war nicht verpflichtet, ihm lückenlos beizuwohnen; es genügte, den Überblick nicht zu verlieren. Während einer Sitzung mit dem Hilfswerk der Evangelischen Kirchen und dem Deutschen Roten Kreuz ging es darum, die Verteilung von Hilfspaketen aus der Schweiz zu organisieren. Der Konsul war dafür, kinderreiche Familien, die in Bunkern hausten, zu bevorzugen; ein Pastor wollte ein bestimmtes Gebiet – Hammerbrook, wo die Schäden am schwersten, die Sprengungen am häufigsten waren – zum Verteilungsschwerpunkt erklären. Während der Konsul noch sprach, schien sich das Gesicht der Protokollführerin, die neben ihm saß, zu verwandeln; sie hatte einen breiten Mund und musterte den Konsul, wie ihm schien, mit wachsender Feindseligkeit. Plötzlich glich sie Carmen Mory, die wohl eben – der Konsul blickte verstohlen auf seine Uhr – zum Gerichtssaal gebracht wurde; und dieser Gedanke, der sich selbständig weiterspann, machte ihn für Minuten unfähig, der Diskussion zu folgen.

Auf seinen Fahrten durch Hamburg, geschützt vom dicken Fensterglas, sah der Konsul, dass die Warteschlangen vor den wenigen Läden jetzt noch länger waren; er sah alte Männer und Frauen Mülleimer durchsuchen; er sah den Schwarzmarkttreff, ein Gewühl von Männern in zerschlissenen Mänteln, mit Taschen, Beuteln, in Zeitungspapier gewickelten Bündeln. Sie waren in dauernder Bewegung. Der Citroën, der langsam auf sie zufuhr, trieb sie auseinander; die Menge zerfloss, versickerte in Winkeln, Hauseingängen, Hinterhöfen.

Am dreizehnten Dezember rief Doktor Zippel gegen Abend im Schweizer Konsulat an. Er wolle, sagte er, den Konsul über eine Wende im Prozess informieren, die ihn, wenn er morgen die Zeitung lese, bestimmt beunruhigen werde. Die Zeugin Jacqueline Hereil, Journalistin und ehemalige Résistance-Kämpferin, habe heute behauptet, für die Zustände im Tuberkuloseblock und im so genannten Idiotenstübchen seien vor allem Doktor Treite und Carmen Mory verantwortlich. Er, Zippel, werde jedoch im morgigen Kreuzverhör herausarbeiten, dass diese Beschuldigungen vorwiegend vom Hass der Französinnen gegenüber seiner Mandantin diktiert seien; Carmen Mory sei in ihren Augen eine überführte Spionin, die Frankreich an Deutschland verraten habe. Seine Verteidigung stehe nach wie vor auf sicheren Beinen; täglich bekomme er Briefe von ehemaligen Häftlingen, die sich über die Anklage gegen seine Mandantin empörten. Der Konsul versuchte ein paar Mal, Zippels Redestrom zu bremsen und selber zu Wort zu kommen; es gelang ihm nicht. Zippel stand unter Druck und redete sich über seine eigenen Zweifel hinweg. Zum Schluss empfahl er dem Konsul dringend, am nächsten Tag persönlich im Gerichtssaal anwesend zu sein, um nicht eine entscheidende Prozessphase zu versäumen.

Doch der Konsul beschloss, wieder Mürner hinzuschicken. Dieser akzeptierte den Auftrag gleichmütig, mit einem scherzhaften: Wenn es sein muss; worauf der Konsul nickte und auf sein ausgefülltes Tagesprogramm hinwies. Nach diesem Entscheid fühlte er sich etwas leichter und glaubte, er werde besser schlafen können. Aber er täuschte sich; gerade in dieser Nacht träumte er wieder von der Angeklagten, wachte zwischendurch schweißgebadet auf, versank in einem endlosen Traum, wo sie abwechselnd, in unterschiedlichen Gestalten, Verfolgte und Verfolgerin war.

Am nächsten Abend kehrte Mürner verstört vom Curio-Haus zurück. Der Konsul hatte seinen Stellvertreter, für den eine leicht ironische Contenance die Alltagsmaske war, noch nie in einem solchen Zustand gesehen. Mürner vergaß sogar, an der Tür des Chefs anzuklopfen, kam einfach herein, mit leicht verlangsamten Bewegungen und blindem Ausdruck.

Setzen Sie sich, sagte der Konsul.

Mürner gehorchte; er war erkältet, schnäuzte sich mehrmals und verbarg dabei sein Gesicht hinter dem Taschentuch; als es wieder zum Vorschein kam, hatte er sich halbwegs gefasst.

Jetzt ist alles viel schwieriger, sagte er, sie hat sich die Sache selber verdorben. Sie ist ausfällig geworden, der Richter musste sie zurechtweisen; es fehlte wenig, und man hätte sie aus dem Saal geführt.

Warum denn?, fragte der Konsul erschrocken.

Mürner begann zu erzählen, unordentlich, in unverständlichen Sprüngen erst, dann, vom Konsul dazu aufgefordert, noch einmal von vorne, der Reihe nach. Die Blockälteste Mory, habe Jacqueline Hereil ausgesagt, sei bestialisch mit geisteskranken Häftlingen umgesprungen; sie habe sie in den Waschraum gezerrt und mit kaltem Wasser übergossen, sie habe todkranke Frauen – Polinnen meist, aber auch Belgierinnen, Französinnen – verprügelt und ungerührt sterben lassen; sie habe ihre Kameradinnen kleinster Vergehen wegen bei der Lagerleitung denunziert und in Kauf genommen, dass sie ausgepeitscht, gefoltert oder in Dunkelhaft gesetzt worden seien.

Bis dahin, sagte Mürner, habe die Zeugin Hereil auf ihn glaubhaft gewirkt; sie sei zwar bleich gewesen, aber beherrscht und ruhig. Dass sie nicht mehr alle Ereignisse mit präzisen Daten und Namen verbinden konnte, habe eher zu ihren Gunsten gesprochen als gegen sie. Carmen Mory habe der Zeugin angespannt zugehört; sie habe immer wieder wild den Kopf geschüttelt und die Hand auf den Mund gepresst, um nicht herauszuschreien; ihr Verteidiger habe sie mit beschwörenden Gesten zu beruhigen versucht, und es sei ihm eine Zeit lang gelungen, ihren Zorn zu dämpfen. Dann aber habe sich die Befragung auf das so genannte Idiotenstübchen konzentriert. Darin seien sechzig oder siebzig geisteskranke Frauen zusammengepfercht gewesen, wie Tiere auf kotverschmiertem Stroh, nur mit einem Hemd bekleidet, ihren Angst- und Wutanfällen hilflos ausgeliefert, so dass es dauernd zu Prügeleien und Mordversuchen gekommen sei. Die Blockälteste

Mory, so die Zeugin Hereil, habe diese verwahrlosten Frauen auf halbe Ration gesetzt und ihnen jede Betreuung verweigert; wenn sie den Raum betreten musste, habe sie außer sich geratene Frauen blindlings mit dem Lederriemen geschlagen.

Schon an dieser Stelle habe Carmen Mory beinahe die Fassung verloren und die Fäuste gegen die Zeugin geballt; sie sei in ihrer Erregung halb aufgestanden und habe gar nicht gemerkt, dass dabei der Pelzmantel von ihren Schultern geglitten und ein Kleid mit ausgewaschenen Farben zum Vorschein gekommen sei. Ob denn, habe Doktor Zippel die Zeugin gefragt, an jenem Sonntagmorgen, als im Idiotenstübchen vier erwürgte Frauen aufgefunden worden seien, die Blockälteste Mory nicht Mitleid gezeigt habe, ob sie nicht gleich zu Doktor Treite gegangen sei, um ihm klarzumachen, dass er diesen Zuständen ein Ende setzen müsse? Nein, habe die Zeugin geantwortet; zu Doktor Treite sei sie, Jacqueline Hereil, gegangen, zusammen mit zwei andern Französinnen; man könne allenfalls sagen, dass die Mory ihnen nicht verboten habe, zu Treite zu gehen.

Das war, sagte Mürner, für Carmen Mory offenbar die unerträglichste Provokation. Sie sprang auf und schrie zur Zeugin hinunter: Lügnerin! Lügnerin! Sie schlug die Hände vors Gesicht, begann fassungslos zu schluchzen, und als zwei Wachsoldatinnen sie von hinten festhielten, versuchte sie sich loszureißen und ihre Stirn auf die Brüstung zu schlagen.

Der Gerichtspräsident verbat sich die Unmutsäußerungen im Saal; zur Angeklagten sagte er, falls sie noch einmal ausfällig werde, müsse er sie vom Prozess ausschließen. Die Zeugin Hereil, vom Verteidiger in die Enge getrieben, milderte danach einige ihrer Anschuldigungen und gab zu, dass sich Carmen Mory auch von einer andern Seite gezeigt habe. Als sie, Hereil, krank gewesen sei, habe sie von der Blockältesten Zitronensaft bekommen, Milch, Kalzium, wärmere Kleider, unendlich kostbare Dinge im Lager; Carmen Mory habe über Bezugsquellen verfügt, die ihr, Hereil, rätselhaft gewesen seien. Carmen Mory habe einmal für eine Sterbende Familienfotos aus deren Koffer in der Effektenkammer geholt, um ihr eine letzte Freude zu machen; ein anderes Mal habe sie eines der Lagerkinder in den Armen gewiegt und es mit Brotrinden getröstet. Solche Taten aber, so schwächte Hereil gleich wieder ab, seien Morys Launenhaftigkeit zuzuschreiben gewesen; gerade weil man nie gewusst habe, ob sie nicht im nächsten Moment dreinschlagen werde, sei sie zu einer der meistgefürchteten Frauen in Ravensbrück geworden.

Dem Konsul war es, er werde durch Mürners Bericht immer tiefer in einen Tunnel hineingestoßen, aus dem es kein Entrinnen gab. Gleichzeitig wunderte er sich darüber, wie sehr sie beide sich vom Schicksal einer Fremden, die zufällig Schweizerin war, berühren ließen; eigentlich war das, was Mürner berichtet hatte, ihnen schon aus der Anklageschrift bekannt.

Nach Jacqueline Hereil, erzählte Mürner, sei schon die nächste Zeugin hereingeführt worden, Odette Samson, eine englische Fallschirmspringerin, die von den Deutschen gefasst worden war. Auf das, was die Britin aussagte, auf diese erneute Steigerung des Schreckens, sei er nicht gefasst gewesen. Odette Samson war im Bunker, außerhalb der Lagermauern, inhaftiert; sie beschrieb nüchtern den Zellenalltag, die Schikanen des Wachpersonals. Wenn sie sich auf die Zehenspitzen stellte, konnte sie durch eine Luke zum Krematorium hinübersehen; sie roch täglich den Rauch, der sich, je nach Wind, schneller oder träger über dem Gelände verbreitete, und sie sah und hörte im Januar 1945, wie lebende Menschen zum Krematorium gebracht wurden; sie sah, wie sie im Innern verschwanden, sie hörte ihre Schreie und ihr Verstummen, sie sah, wenn die eisernen Tore sich öffneten und wieder schlossen, das Glühen der Öfen. Die Nazis, habe die Britin gesagt und es, vom Ankläger dazu aufgefordert, flüsternd und dennoch klar verständlich wiederholt, die Nazis haben lebende Menschen ins Feuer geworfen; sie haben es hauptsächlich getan, um Zeit und Munition zu sparen. Die Worte der Fallschirmspringerin, sagte Mürner, hätten ihm den Atem genommen; er habe den Saal verlassen müssen, sonst hätte er sich übergeben, und auch jetzt noch, sagte er, werde sein Magen hart wie ein Stein, wenn er daran denke.

Der Konsul hatte den Impuls, Mürner tröstend seine Hand auf den Arm zu legen; doch er ließ es bleiben. Dass Mürner so an dieser Geschichte litt, nahm dem Konsul etwas weg von seiner eigenen Vorstellungslast. Schrecklich, murmelte er, nur um etwas zu sagen. Und nach einer Pause, die Pietät signalisieren sollte, fragte er: Sie denken also, sie habe sich mit diesem Ausbruch selber geschadet?

Die Mory? Mürner zwinkerte; seine Nase lief, und er schnäuzte sich wieder mit enervierender Umständlichkeit. Ja, natürlich. Von jetzt an wird man sie im Auge behalten. Ein Prozessausschluss wäre katastrophal für sie; sie könnte selber nicht mehr aussagen und sich verteidigen.

Ob ihr, bei solcher Unbeherrschtheit, ihre eigenen Aussagen überhaupt nützen werden, weiß ich nicht, sagte der Konsul.

Mürner sah ihn überrascht an. Sie sind plötzlich so kühl, vorher haben Sie die Mory doch dauernd in Schutz genommen.

Sie schätzen mich falsch ein, antwortete der Konsul, um eine Spur schärfer, als er gewollt hatte; ich habe Ihnen schon einmal gesagt, dass ich dieser Frau gegenüber meine gesetzlich definierten Pflichten erfülle, nicht mehr und nicht weniger.

Im einen Moment, sagte Mürner mit verschleiertem Blick, traue ich ihr alles zu, im andern bin ich … nein, nicht von ihrer Unschuld überzeugt, aber von einer, wie soll ich sagen, blind machenden Überforderung. Wer kann denn unter solchen Umständen schuldlos bleiben?

Ja, wer? Der Konsul war überrascht und zwang sich ein Lächeln ab. Das ist ja eigentlich eine philosophische oder eine theologische Frage. Bei der Berührung mit der Lagerrealität lösen sie sich auf wie Zucker in schwarzem Kaffee. Wer drinnen ist, fragt vor allem nach dem eigenen Überleben.

Mürners Ohren begannen zu glühen. Sie sind ziemlich illusionslos, was das Gute im Menschen betrifft, nicht wahr?

Ich frage mich manchmal, was ich im Lager getan hätte, antwortete der Konsul. Er zögerte ein paar Sekunden und legte seine Handflächen gegeneinander. Ich möchte Sie etwas fragen, Mürner. Trägt der Umstand, dass die Angeklagte Schweizerin ist, aus Ihrer Sicht dazu bei, sie a priori für weniger schuldig zu halten als andere?

Mürner presste ein verblüfftes Lachen hervor und tupfte mit dem Taschentuch seine Nase ab. Ja, merkwürdig, nicht wahr? Wer zu uns gehört, denke ich immer wieder, kann so etwas gar nicht getan haben.

Wir alle, sagte der Konsul wie im Selbstgespräch, haben offenbar das Bedürfnis, uns zu den Schuldlosen zu zählen. Und wir neigen dazu, Verschontheit mit Schuldlosigkeit zu verwechseln.
Mürner schaute den Konsul verständnislos an. Wie meinen Sie das?
Ach, lassen wir es. Der Konsul schlug einen Ordner auf, der vor ihm auf dem Schreibtisch lag. Flüchtig überlegte er, ob er Mürner einen Whisky aus der Flasche, die im Büchergestell hinter dem Brockhaus versteckt war, anbieten solle, und vergaß den Gedanken gleich wieder.
Morgen, sagte Mürner, werde im Prozess eine weitere Französin als Zeugin der Anklage auftreten, eine Violette Le Coq, Krankenschwester von Beruf; er befürchte, dass sie Carmen Mory mit weiteren schweren Anklagen konfrontieren werde. Er, Mürner – dabei rutschte er ein wenig auf dem Stuhl herum –, wäre dankbar, wenn er zwei, drei Tage pausieren könnte, und doch halte er es für notwendig, gerade in dieser Phase ... Er brach ab und streifte den Konsul mit einem Hilfe suchenden Blick.
Der Konsul schüttelte sich leicht, als ob ein kalter Luftzug durch seine Kleider fahre. In Ordnung, ich werde gehen, *it's my turn*, wie die Briten sagen.

16

Paris, Berlin, 1940

Paris, verfremdet durch Hakenkreuzfahnen, patrouillierende deutsche Soldaten, Panzer und Militärfahrzeuge, die Boulevards entvölkert: das alles sieht sie flüchtig durch die Seitenfenster der Rotkreuz-Ambulanz, die sie zur Ile de la Cité fährt, zu einem der Polizeigebäude, die sie nie betreten wollte.
Für wen arbeiten Sie wirklich, Fräulein Mory? Wieso wurden Sie begnadigt? Welchen Preis haben Sie bezahlt, Fräulein Mory? Was wissen Sie über die Organisation der Gegenseite? Sagen Sie uns die Wahrheit, wir werden uns erkenntlich zeigen. Sie verfügen ja kaum noch über Geld. Wir haben es nachgeprüft: Der Jude Bloch hat Ihr Konto geplündert; er ist im Übrigen unauffindbar.
Sie sagt, was sie weiß und was sie erfunden hat; sie bleibt dabei, dass sie sich nur durch ihre Flucht der Zwangsarbeit entziehen konnte. Sie wird, zu ihrer Erleichterung, weder angeschrien noch geschlagen. Ein Arzt behandelt ihre Verletzung; man fährt sie zwischendurch sogar im Auto spazieren, lässt sie im Jardin de Luxembourg unter Bewachung ein paar Schritte herumhumpeln.
Zwei Wochen vergehen so. Die Wunde schmerzt kaum noch und wird, wie der Arzt ihr sagt, ohne Komplikationen vernarben. Nachts überlegt sie, wofür die Gestapo sie einsetzen könnte? Wird man sie in Pétains unbesetztes Frankreich schicken? Wird man sie in Widerstandskreise einzuschleusen versuchen? Was aber, wenn der französi-

sche Geheimdienst wieder aufersteht und das Versprechen einfordert, das sie Vuillemin gegeben hat?

Dann kommt der Befehl, sie von Paris nach Berlin zu bringen. Man traut ihr also nicht, oder man hofft, noch mehr aus ihr herauszubringen. Der Flug macht sie krank; sie hustet sich die Lunge aus dem Leib; man muss sie beim Verlassen des Flugzeugs in Berlin-Tempelhof tragen, obwohl das Bein jetzt gesund ist. Der Schwindel vergeht erst im Gefängnis am Alexanderplatz.

Diese riesige Halle mit dem Glasdach, die vibrierenden Eisentreppen, die zu den Galerien führen, die aneinander gereihten Zellentüren; ein hallender Dauerlärm, der die Ohren peinigt: Aufseherbefehle, Appelle, Schritte, Geschirrgeklapper, Kettenrasseln, das Aufschlagen der Türhaken. Die Frauen sind im fünften Stock eingeschlossen, die politischen Häftlinge in Zellen mit Sonderbewachung. An der Wand über dem Klapptisch hängt die Gefängnisordnung; morgens fällt ein Lichtstreifen auf den ersten Paragraphen: *Den Gefangenen ist die Anwendung des deutschen Grußes untersagt.*

Die Gesichter derer, die Carmen verhören, sind austauschbar: Buchhaltergesichter; kaum haben sie eigene Kontur gewonnen, kann man sie wieder vergessen. Carmen verlangt einige Male, mit Graf Helldorf, dem Polizeipräsidenten von Berlin, der ihr persönlich bekannt sei, zu sprechen. Man lacht sie aus oder verspricht, ihren Wunsch weiterzuleiten.

Ein Gesicht vergisst sie nicht: ein in die Länge gezogenes Nussknackergesicht, undurchdringlich in seiner Glätte; dazu die stahlblauen, melancholisch umschatteten Augen. Nur die Stimme, diese kindlich hohe, dem Falsett nahe Stimme, die im Zorn ins Kreischende umschlägt, passt nicht dazu. Wer sie zum ersten Mal hört, erschrickt, glaubt, den Schönling in der perfekt sitzenden Uniform vor sich, an eine Täuschung und muss sich, wenn er im gleichen, schwer erträglichen Ton weiterredet, eingestehen, dass etwas in diesem Mann, Heydrich, auseinander gebrochen ist und er sein Äußeres und seine Stimme mit aller Gewalt zusammenhält.

Eines Morgens im August 1940 wird Carmen vom Gefängnis am Alexanderplatz zur Wilhelmstraße gefahren, ins Prinz-Albrecht-Palais, dessen Kolonnaden sie beim Aussteigen gleich wieder erkennt. Sie hat, bewacht von zwei SS-Männern, in einem bibliotheksartigen Raum zu warten, ohne zu wissen worauf. Die doppelflügligen Fenster sind geschlossen; die Ornamente auf dem Marmorboden geraten, wenn Carmen sie anschaut, in wellenartige Bewegung. Sie wartet eine Stunde, anderthalb, bittet darum, ein Fenster zu öffnen, was man ihr abschlägt. Ihre Blicke wandern vom Boden über den Empire-Tisch zu den ledergebundenen Büchern in den Schränken und hinauf zur Stuckatur.
Plötzlich kommt, in der Uniform des Gruppenführers, Heydrich herein, erstaunlich schmächtig, aber mit übertrieben federndem Schritt. Sie weiß sogleich, wer er ist, erhebt sich verlegen, weiß nicht, wie sie ihn anreden soll; er nötigt sie mit einer Geste zum Sitzen, schickt die beiden SS-Männer hinaus.
Diese Hitze!, schimpft er und reißt das nächste Fenster auf; ein paar Sekunden dehnt er die Arme hinter dem Kopf, beugt sich, tief atmend, nach vorne und nach hinten. Dann wendet er sich mit einem Ruck Carmen zu und sagt: Graf Helldorf lassen Sie in Zukunft besser aus dem

Spiel. Er mustert sie, fragt übergangslos: Wie war es denn für Sie, zum Tode verurteilt zu sein? Wie haben Sie sich gefühlt?

Carmen sucht nach Antworten, die ihn befriedigen könnten, entschließt sich zum Lügen: Ich war bereit, mein Schicksal anzunehmen. Ich hatte für Deutschland gekämpft, ich würde, dachte ich, für Deutschland sterben.

Hatten Sie Angst?

Ja. Davor, dass der Schmerz zu lange dauern würde.

Er nickt abwägend. Und wie war es, als Ihr ehemaliger Verlobter hingerichtet wurde?

Wir waren uns fremd geworden, Herr Minister. Ich habe nicht um ihn getrauert.

Er umkreist, die Hände auf dem Rücken, den Tisch mit großen Schritten, bleibt schräg hinter ihrem Stuhl stehen. Worum lohnt es sich zu trauern? Wissen Sie das, Mory?

Um verlorene Ehre, sagt sie. Jetzt, wo Deutschlands Ehre wiederhergestellt ist, gibt es keinen Grund zum Trauern. Das Schicksal der Nation und des deutschen Volkes ist wichtiger als meines.

Er lacht leise in sich hinein. Sie wissen Ihre Worte zu wählen. Und doch geben Sie uns Anlass zur Beunruhigung. Wir wären bestürzt, wenn Sie mit unseren Feinden kooperieren würden oder bereits kooperiert hätten. Wobei dieser Feind ja besiegt ist, aber, wie wir wissen, heimlich weiterwühlt.

Sie dreht sich auf ihrem Stuhl um, legt den Kopf in den Nacken, um zu ihm, der dicht hinter der Lehne steht, aufzuschauen. Wie sollte es mir einfallen, mich dem Strom der Geschichte entgegenzustellen? Ich bin froh, wenn ich mich weiterhin in den Dienst der richtigen Sache stellen darf.

Er schnuppert, mit leicht angewidertem Ausdruck. Ich unterscheide zwischen dem Geruch der Angst und dem der Unterwerfung. Bei Ihnen, Mory, stelle ich eine fatale Mischung fest.
Sie errötet. Man hat zu wenig Gelegenheit, sich im Gefängnis gründlich zu waschen, Herr Minister.
Er selber riecht nicht nach menschlichen Ausdünstungen, sondern nach Leder und Zigarettenrauch, eine Ahnung von etwas anderem ist dabei, Moschus oder Patschuli, ungewöhnlich für einen Mann.
Vielleicht liegt es auch daran, dass Ihr Blut nicht ganz rein ist. Seine Stimme klingt spöttisch und zugleich besorgt.
Carmens Atem stockt. Was meinen Sie damit?
Wieder das verstohlene Lachen; er rückt ab von ihr, umkreist wieder den Tisch. Wir wissen alles über Sie, Mory. Glauben Sie ja nicht, irgendetwas vor uns verstecken zu können. Kein jüdischer Einschlag zum Glück, wir hätten uns sonst schon längst von Ihnen getrennt. Ihre Großmutter mütterlicherseits war dunkelhäutig, eine Tagalin. Wir zählen die Tagalen zu den minderwertigen Rassen. Er macht eine Pause, beobachtet ihre Reaktion, fährt dann beinahe mitleidig fort: Quält Sie dieser Umstand zuzeiten? Sehnen Sie sich nach dem reinen Ariertum?
Sie bringt kein Wort über die Lippen, wüsste auch nicht, was sie sagen sollte; wie ist die Gestapo an ihren Stammbaum herangekommen, den sie doch überall verheimlicht hat?
Heydrich mustert flüchtig die Bücherrücken, nimmt einen der Bände aus dem Glasschrank, legt ihn vor Carmen auf den Tisch. Hier, der Große Brockhaus, Buchstabe T, nachgeführt nach neusten Erkenntnissen der Rassenlehre. Lesen Sie nach.

Es ist nicht nötig, erwidert sie. Ich bin mir dieses Makels durchaus bewusst.

Wir müssten ihn eigentlich, sagt er, indem er sich das Handgelenk massiert, in Ihrem Fall als gewichtigen Nachteil betrachten. Aber sofern Sie sich weiterhin als nützlich erweisen, sind wir bereit, darüber hinwegzusehen.

Ich werde mein Bestes tun, Herr Minister.

Nennen Sie mich Gruppenführer. Und keine Lügen uns gegenüber, Mory. Daneben aber werden Sie alle Verkleidungen benützen, die Ihnen und unsern Zwecken dienen. Er schließt das Fenster, zieht einen Stuhl zu sich, setzt sich, Carmen zugewandt, rittlings darauf. Wir haben, sagt er, von unsern Gewährsleuten erfahren, dass Sie in Ihrer Pariser Zelle häufig Besuch von einem Jesuitenpater hatten. Er entblößt in einem kurzen Lachen die obern Schneidezähne. Ist es ihm am Ende gelungen, Sie zu bekehren?

Sie schüttelt den Kopf; der Schweiß in ihren Achselhöhlen durchnässt immer stärker ihre kurzärmlige Bluse.

Er hat mich belästigt, sagt sie, ich habe ihn weggeschickt. Gut so. Der Trost der Kirche ist Selbstbetrug. Wenn ich die katholischen Glaubensregeln weiterhin befolgt hätte, Mory, dann wäre ich untergegangen.

Er schlägt im Aufstehen ironisch ein Kreuz, und sie denkt schon, sie habe es überstanden. Doch er setzt das Verhör fort mit Fragen, die sie längst kennt; irgendwann bittet sie um Wasser, und er tut so, als habe er sie nicht verstanden. Kurz darauf beginnt er zu gähnen: Sie haben uns also nichts Neues zu sagen? Sie haben keinerlei Verrat begangen? Und Sie planen auch nicht irgendwo in den schmutzigen Winkeln ihres Gehirns, uns zu verraten? Er wartet ihre Bestätigung gar nicht ab, geht mit einer abschätzigen Gebärde hinaus; durch die Tür, die er halb offen gelassen hat, kommen sogleich Carmens Bewacher herein und herrschen sie an aufzustehen.

Während der folgenden Verhöre wird Carmen Mory mehrfach geschlagen; sie zweifelt nicht daran, dass Heydrich persönlich dies angeordnet hat. Man schlägt sie auf den Mund, die Ohren, in die Magengrube; die Folgen sind Schwellungen, kleine Blutergüsse, ziehende Schmerzen, die sie in der Nacht wach halten. Die Monatsregel setzt zur Unzeit ein; Blut in der Unterwäsche, die sie erst mit Verspätung wechseln darf. Sie bekommt uralte, brüchige Binden mit ungenügender Saugfähigkeit, fühlt sich beschmutzt, unrein. Man demütigt sie bewusst, mit Sachverstand; nie aber ist der Schmerz so groß, dass er ihr Lügengespinst zerreißt. Offenbar zielen Heydrichs Anordnungen darauf, sie in Schrecken zu versetzen, nicht aber wirklich zu foltern.

Zwischen den Verhören überlegt sie immer wieder, wie sie sich retten kann. Unter andern Umständen hätte sie es mit Koketterie versucht; sie kennt Heydrichs Ruf als Frauenheld. Aber der Gefängnisalltag macht sie unansehnlich, und ihn interessiert ohnehin nicht die Frau in ihr; ihn interessiert, dass sie dem Tod entgangen ist und er nach seinem Ermessen das Zeichen, das sie auf der Stirn trägt, erneuern oder auslöschen kann.

17

Hamburg, Dezember 1946

Am zwölften Prozesstag bekräftigte die ehemalige kommunistische Widerstandskämpferin Violette Le Coq, die in den Zeugenstand getreten war, während der ersten halben Stunde der Befragung lediglich, was andere schon ausgesagt hatten. Sie war noch jung, wirkte aber frühzeitig gealtert. Obwohl sie sich um Nüchternheit bemühte, ging von ihr eine fiebrige Intensität aus, die den ganzen Saal zu erfassen schien.

Ihre Anspannung übertrug sich auch auf den Konsul, der wieder neben dem Tschechen saß; er beugte sich vor, um ihr gebrochenes Englisch besser zu verstehen, und lehnte sich zurück, sobald die Übersetzung begann, die – zu seiner Erleichterung – den ersten Eindruck wieder abschwächte. Carmen Mory sah erschreckend schlecht aus; kein Vergleich mehr mit der Person, die am ersten Prozesstag herausfordernd das Publikum gemustert hatte. Die Haare fielen ihr in die Stirn; das Gesicht, das sie meist in den Händen verbarg, war eingefallen. Zwischendurch, wenn sie wieder minutenlang keine Bewegung gemacht hatte, dachte der Konsul, es sitze nur noch ihre Hülle da. Dann aber kam Captain da Cunha, der an diesem Tag Major Stewart als Ankläger vertrat, auf Block 10 zu sprechen, wo die Zeugin Le Coq als Krankenschwester eingesetzt worden war; die dritte oder vierte Frage bereits betraf die Rolle von Carmen Mory. Als diese ihren Namen hörte, wich die Erstarrung von ihr; langsam richtete sie sich auf, strich sich die Strähnen aus der Stirn, zog den Mantel enger um sich. Sie flüsterte Zippel, der besorgt zu ihr aufsah, etwas zu; er wiederum machte der britischen Militärpolizistin, die hinter der Angeklagten stand, ein Zeichen, und diese reichte ihr ein Glas Wasser, das sie mit beiden Händen umklammerte, ohne daraus zu trinken. Als ihr schweifender Blick auf den Konsul traf, hob sie fragend die Augenbrauen; er verstand nicht, was sie wollte, vermutete bloß, dass sie von seinem Gesicht eine gute Nachricht abzulesen hoffte. Gerade gestern jedoch hatte sein Vorgesetzter in Bern ihm schriftlich eröffnet, es sei ausgeschlossen, das präventive Asylgesuch Carmen Morys gutzuheißen. Man könne ihr, da sie ja keine schweizerischen Ausweispapiere mehr besitze, höchstens einen Pass ausstellen, der ihr die Einreise in die Schweiz ermögliche; auf die Ausreisebewilligung habe man keinen Einfluss. Die Botschaft zwischen den Zeilen hatte der Konsul genau verstanden: Hände weg von diesem Fall!

Carmen Mory wandte ihren Blick nicht von ihm ab, und der Konsul spürte, wie sein Gesicht gefror. Er schüttelte ganz leicht den Kopf, was sie wohl richtig deutete; sie schloss die Augen, in müder Ergebenheit, wie ihm schien, und zugleich so, als sei ihr seine Anwesenheit zuwider geworden.

Auch Violette Le Coq beschrieb die Blockälteste Mory als unberechenbare Prüglerin, die für sich selber Kleider, Medikamente und Nahrungsmittel gehortet habe. Kranke indessen, die sie angefleht hätten, ihnen zu helfen, habe die Mory verhöhnt: Ihr sollt krepieren! Ihr sterbt sowieso alle!

In steigender Erregung hörte Carmen Mory der Zeugin zu, biss sich, wie der Konsul bemerkte, so heftig auf die

Lippen, dass ein Blutfaden über ihr Kinn lief. Sie stellte das Wasserglas auf die Brüstung vor sich, sie schrieb, wie es ihre Art war, ein paar Worte auf einen Zettel, sie beugte sich vor und ließ den Zettel aus ihren Händen fallen, was Zippel dazu zwang, ihn mit einer komischen kleinen Verrenkung aufzufangen. Als aber die Zeugin erzählte, wie die Blockälteste Mory, offenbar auf Treites Befehl hin, dem Pflegepersonal Deutsch beizubringen versucht habe, entspannte sie sich wieder, und der Konsul dachte schon, der Skandal vom Vortag werde sich nicht wiederholen. Die Mory, fuhr Violette Le Coq indessen fort, habe ihnen Deutsch mit den Fäusten eingehämmert; und als sie, Le Coq, eines Morgens gesagt habe, man würde jetzt, wo die Niederlage des Dritten Reichs besiegelt sei, gescheiter Französisch und Englisch lernen, habe die Mory gedroht, sie anzuzeigen; bis zum Schluss habe sie an der Illusion festgehalten, Deutschland werde den Krieg gewinnen.

Was für ein Quatsch!, entfuhr es der Angeklagten halblaut. Sogleich presste sie, um sich am Weiterreden zu hindern, die Hand auf den Mund, während der Gerichtspräsident tadelnd zu ihr hinschaute, sich aber einer Zurechtweisung enthielt.

Ich habe gesehen, fuhr Le Coq fort, wie die Mory, zusammen mit ihrer Vertrauten Anne Spörry, hilflose Frauen zu Tode gespritzt hat. Ich habe die beiden neben einer alten Jüdin knien gesehen, ich habe gesehen, wie sie in ihre Unterarme stachen, ich habe gesehen, dass diese Frau am nächsten Tag tot war.

Bei diesen Worten schoss Carmen Mory wie eine Sprungfeder in die Höhe: Sie lügt! Sie lügt! Was sie sagt, ist von A bis Z erlogen! Und während dieser Satz aus ihr herausbrach, war sie mit der Zeugin wie durch unsichtbare, elekt-

risch geladene Drähte verbunden, denn beide Frauen, Zeugin und Angeklagte, standen einander in der gleichen, aufs Äußerste gespannten Haltung gegenüber. Ein paar Sekunden lang, so schien es dem Konsul (so scheint es mir, der dies den Protokollen entnimmt), versank der übrige Saal in Bedeutungslosigkeit; nur die zwei Feindinnen waren noch da, wie auf einer Bühne.
Die wütenden Zwischenrufe im Saal, die Carmen Mory galten, holten den Konsul zurück. Carmen Mory war schon wieder überwältigt, saß, flankiert von ihren versteinerten Mitangeklagten, auf ihrem Stuhle und erstickte ihr Schluchzen im Taschentuch. Der Gerichtspräsident brachte das Publikum mit erhobener Stimme zum Schweigen; dann verwarnte er, zum zweiten und letzten Mal, wie er betonte, die Angeklagte Mory. Carmen nickte, trank Wasser in gierigen Schlucken; sie selber schien ihre Unbeherrschtheit am meisten zu bedauern. Dem weitern Verlauf der Befragung folgte sie mit schlecht gespielter Unberührtheit; ihr Mund wurde zum Strich, der nichts mehr verraten wollte.

Das Kreuzverhör begann nach einer kurzen Pause. Doktor Zippel war, nach Treites Anwalt, der zweite Verteidiger, der zu Wort kam. Seine etwas hölzerne Art gab ihm einen Anschein von Redlichkeit, der auch dem Ankläger mehr Aufmerksamkeit abnötigte, als er sie andern Anwälten gegenüber aufbrachte.
Le Coq hatte Carmen Mory beschuldigt, den Französinnen mitten im Winter willkürlich Wolldecken weggenommen zu haben; deswegen hätten sich ihre Kameradinnen erkältet; eine sei später an Lungenentzündung gestorben. Ob denn diese Decken, fragte Zippel nun,

nicht für das neu errichtete Zelt draußen bestimmt gewesen seien, dieses Riesenzelt, in dem man dreitausend Frauen und Kinder schutzlos der bittersten Kälte ausgesetzt habe; ob die Blockälteste Mory nicht versucht habe, die Not dieser Zeltbewohnerinnen zu lindern, und ob sie, die Französinnen, sich nicht geweigert hätten, zusätzlich gehortete Decken herzugeben, die unter den Matratzen versteckt gewesen seien?

Violette Le Coq zeigte sich in ihrer Antwort sichtlich verlegen, sogar ein Anflug von Röte stieg vom Hals her in ihr Gesicht; sie rang um Worte. Schließlich sagte sie, an diese Episode könne sie sich nicht erinnern; auf jeden Fall habe man in Block 10 zu jeder Jahreszeit viel zu wenig Decken gehabt.

Als Letztes, nach ein paar belangloseren Ungereimtheiten, griff Zippel die Selektionen auf, die Carmen Mory, nach Le Coqs Aussagen, veranlasst oder gefördert habe. Sie selber, sprach er die Zeugin an, sind doch, wie Sie uns erzählt haben, beim Abtransport selektionierter Frauen dabei gewesen.

Le Coq stimmte mit einem zögernden Nicken zu.

Sie haben, nach Ihrer Aussage, mitgeholfen, kranke, im Sterben liegende Frauen zu den Lastautos zu tragen.

Ich wurde dazu abkommandiert, antwortete Le Coq, deren Stimme beinahe versagte.

Sie haben diese Frauen auf die Ladefläche hinaufgehoben, auch Frauen, die sich wehrten, nicht wahr?

Die Zeugin umklammerte mit beiden Händen das Geländer des Zeugenstandes; sie schwieg und weinte lautlos.

Haben Sie gewusst, fragte Zippel, wohin diese Frauen kommen? Haben Sie gewusst, dass sie vergast werden sollten?

Wir haben es alle gewusst. Wir haben uns alle davor gefürchtet. Le Coqs Antwort war fast nicht zu verstehen, und ein Murmeln ging durch den Saal.
Ich frage Sie eines, Mademoiselle Le Coq, fuhr Zippel fort, warum haben Sie sich denn nie geweigert, diese Aufgabe zu erfüllen?
Gequält blickte die Zeugin ihn an. Wie hätte ich mich weigern können? Mir war befohlen, diese Arbeit zu tun. Auch die kleinste Weigerung wurde bestraft. Man hätte mich umgebracht, verstehen Sie? … Was konnte ich anderes tun?
Der Konsul sah Doktor Zippel die Anstrengung an, die es ihn kostete, die Zeugin weiter in die Enge zu treiben. Er schluckte leer, versuchte seinen Krawattenknopf zu lockern. Sie haben aber doch, sagte er, von Fräulein Mory verlangt, genau das zu tun, was Sie selber nicht getan haben: nämlich den Gehorsam zu verweigern.
Violette Le Coq atmete heftig ein und aus; in ihre Stimme kehrte der Hass zurück. Carmen Mory war Blockälteste, sagte sie. Sie hatte, im Unterschied zu mir, Macht und Einfluss. Aber sie stand auf der Seite der SS. Sie nützte den Spielraum, der ihr zur Verfügung stand, nicht zu unsern Gunsten aus.
Zu Gunsten der Französinnen, meinen Sie?, fragte Zippel, der sich nun auch wieder verhärtete. Zugunsten der Kommunistinnen?
Zu Gunsten *aller* Häftlinge, meine ich, antwortete Violette Le Coq; Trotz flammte in ihrem Gesicht auf und erlosch gleich wieder.

Als die Verhandlung vertagt wurde, saß Carmen Mory scheinbar schlafend, in unnatürlich gekrümmter Haltung auf ihrer Bank. Doch dann straffte sie sich, zischte der Nachbarin Bösel, die sie unsanft angestoßen hatte, etwas zu und stand ruckartig auf; dabei schien alles Schläfrig-Ergebene wie ein Sack durchnässter Lumpen von ihr abzufallen. Diese Frau ist ein Chamäleon, sagte der Tscheche, der sich beim allgemeinen Aufbruch an die Fersen des Konsuls heftete, als wären sie alte Freunde. Draußen, im leichten Schneetreiben auf der Chaussee, wo die Gefängnislimousinen mit laufendem Motor warteten, schüttelte der Konsul ihn unter einem Vorwand ab; sie gingen in entgegengesetzten Richtungen davon. Nach wenigen Schritten drehte sich der Konsul wieder um; er versuchte sich selber davon zu überzeugen, dass er nicht wisse, was ihn trieb, gegen den Strom zum Eingang des Curio-Hauses zurückzukehren. Aber hatte es einen Sinn, sich selber zu belügen? Er wusste genau, was er wollte: sie sehen, mit ihr sprechen, in ihrer Nähe vergessen, wie viel ihn von ihr trennte.

Die Menge hatte sich inzwischen verlaufen, der Konsul im Gehen seine Lederhandschuhe übergestreift; nur wenige Neugierige, unter ihnen zwei Pressefotografen mit gezückter Kamera, warteten beim Toreingang auf die Wegfahrt der Angeklagten, und der Konsul gesellte sich zu ihnen.

Alles ging sehr schnell. Zuerst kamen die Männer, paarweise mit Handschellen gefesselt, gleichsam eingekreist von einem Dutzend Militärpolizisten; obwohl einige die Köpfe so tief wie möglich gesenkt hatten, erkannte der Konsul den blassen Ramdohr, den ehemaligen Schneiderei-Leiter Binder mit seinem quadratischen Schädel, Doktor Treite, der, trotz seiner gebeugten Haltung, alle andern überragte, Doktor Winkelmann, der, eines leichten Hinkens wegen, von seinem Handschellengenossen Schwarz-

huber ungeduldig mitgerissen wurde. Sie hatten, der Konsul stellte es wieder fest, nichts Außerordentliches an sich, nichts offenkundig Verbrecherisches; sie hätten Mitglieder eines Gesangs- oder Schützenvereins sein können.
Die Angeklagten verschwanden mit ihren Bewachern in zwei Limousinen; hinter den vergitterten Fenstern tauchten, bevor sie wegfuhren, schattenhaft ihre Köpfe auf. Den Männern folgten die Frauen; auch für sie standen zwei Wagen bereit. Den weißlich-gelben Pelzmantel – war es Eisbärenfell? – trug die Angeklagte Salvequart, den rotbraunen Carmen Mory, die mit Greta Bösel zusammengefesselt war. Der Konsul trat so schnell auf sie zu, dass er auf der dünnen Schneeschicht beinahe ausglitt; eine Bewacherin fing ihn halb auf, halb drängte sie ihn zurück.
Was wollen Sie?, fuhr sie ihn auf Englisch an und griff mit der Hand an ihre Pistolentasche.
Ich bin der offizielle Vertreter der Schweiz in der britischen Besatzungszone, sagte der Konsul im albernen Versuch, sich aufzuspielen. Ich möchte lediglich ein paar Worte mit Miss Mory wechseln, deren Interessen ich wahrzunehmen habe.
Nun war die ganze Gruppe unter Protest zum Stehen gekommen; ein Offizier näherte sich dem Konsul und sagte, hier dürften mit den Angeklagten keine Gespräche geführt werden; er solle sich an die Gefängnisverwaltung wenden. Carmen Morys Gesicht, das der Konsul nicht aus den Augen ließ, hellte sich auf; sie hatte den Konsul erkannt, und es sah aus, als ob sie auf ihn zutreten würde, woran sie aber die Handschellen hinderten.
Herr Konsul, sagte sie eilig, noch während der Offizier sprach. Sie wissen doch sicher, ob Anne Spörry nach Hamburg kommen kann.

Der Konsul suchte nach Worten, schüttelte dann stumm den Kopf. Er wusste seit vorgestern, nach einem kurzen Telefonat mit Zippel, Bescheid; und dieser hatte wohl gezögert, seiner Mandantin in ihrem labilen Zustand die Wahrheit zu sagen. Aber durfte man sie ihr vorenthalten? Schluss jetzt!, befahl der Offizier. Die Gruppe der Angeklagten wurde zu den Gefängniswagen abgedrängt, deren Türen schon weit offen standen. Der Konsul folgte ihr mit kleinen Schritten. Hat es Ihnen Herr Doktor Zippel nicht gesagt?, rief er über die Köpfe hinweg. Ihre Freundin sieht keine Möglichkeit, hierher zu reisen … Die Antworten auf Herrn Zippels Fragen sind jedoch eingetroffen … Er wird sie vor Gericht verlesen …

Sie war nun schon beim Auto, wandte ihm, während die Bösel einstieg und sie nach sich zog, noch einmal ihr Gesicht zu, aus dem alle Farbe gewichen war.

Sie will also definitiv nicht kommen?, fragte sie. Sie will wirklich nicht kommen? Dann war sie im Auto; die Tür wurde zugeschlagen; die anfahrende Limousine spritzte Schneematsch auf den Mantel des Konsuls, der versuchte, die Flecken mit der behandschuhten Hand wegzuwischen. Mit einem leichten Schwindel richtete er sich auf; er spürte ein unbezwingbares Rauchbedürfnis und sehnte sich plötzlich nach dem sonnenhellen Engadin, wo er in wenigen Tagen sein würde.

18

Berlin, Herbst 1940

Warten, tagelanges Warten; auch daran hat Carmen sich gewöhnt. Warten soll, das weiß sie, den Widerstand aufweichen, die Folter ihn dann endgültig brechen. Was hat man mit ihr vor? Wenn man sie, mit welchem Auftrag auch immer, tatsächlich freilässt, wird sie ihre Flucht aus Deutschland vorbereiten. Aber wohin denn in einem fast gänzlich von Deutschland beherrschten Europa? London wird täglich bombardiert, auch nach Schweden oder Portugal will sie nicht. Also die Schweiz, trotz allem. Sie ist nach wie vor Schweizer Bürgerin; ihr Vaterland wird sie aufnehmen müssen. Vielleicht findet sie ja Unterschlupf bei Tiny. Was aber, wenn auch die Schweiz besetzt wird? Warten, den Lärm ertragen, das breitflächige Gesicht der Aufseherin. Hat Heydrich sie schon wieder vergessen? Doch dann, vierzehn Tage später, wird Carmen in ein kahles Besuchszimmer geführt; jemand, mit dem sie nicht gerechnet hat, kommt herein: Herr Weber vom Außenpolitischen Amt der NSDAP (oder von der Gestapo inzwischen?). Er ist in Zivil; der graue Anzug entspricht seinem schütteren grauen Haar. Er schüttelt Carmens Hand herzlich, beinahe freundschaftlich, als würden sie sich irgendwo in einem Café zufällig begegnen: Beinahe hätten wir uns aus den Augen verloren, nicht wahr?

Er setzt sich auf einen Stuhl, streckt häuslich seine Beine aus, während Carmen stehen bleibt; er spricht, ohne je auf eine Antwort zu warten, über den Krieg, der trotz der

mächtigen Gegnerschaft bestimmt nicht mehr lange dauern werde; er spricht über die Neuordnung Europas und eine entjudete Zukunft, die Frieden und Prosperität für alle bringen werde. Die Schweiz halte sich zwar noch abseits, komme aber nicht umhin, sich den Erfordernissen der neuen Lage, wirtschaftlich und politisch gesehen, zu beugen.
Die Erfolge des Dritten Reichs scheinen Herrn Weber verwandelt zu haben. Er wirkt gelöster als früher, das Überkorrekte, das ihn steif und unnahbar gemacht hat, ist beinahe verschwunden. Nach einer halben Stunde schaut er auf die Uhr, schüttelt bedauernd den Kopf: Wie schnell die Zeit verfliegt! Ach ja, was ich sagen wollte: Wir sind inzwischen zu neunundneunzig Prozent überzeugt von Ihrer Loyalität, Fräulein Mory. Sie werden von uns im Rundfunk eingesetzt, das ist von höchster Stelle beschlossen. Noch gibt es ja, auch in Ihrem Land, übelste antideutsche Propaganda. Dagegen werden Sie Ihre Stimme erheben, klar und deutlich. Wir schließen im Übrigen nicht aus, Ihnen später, wenn Sie sich bewährt haben, auch wieder delikatere Aufgaben zu übertragen. Nach einer Pause verhärten sich plötzlich seine Züge: Sie gelten dennoch als Sicherheitsrisiko, Fräulein Mory. Es ist Ihnen untersagt, Deutschland zu verlassen. Beim geringsten Verdacht, Sie könnten unsern Vorschriften zuwiderhandeln, müssen wir Sie in Schutzhaft setzen. An der Tür, bevor er sie verlässt, sagt er noch: Tun Sie nichts, was uns missfällt. Es wäre sehr unklug, unser Wohlwollen zu verspielen.

Tags darauf wird Carmen entlassen. Sie trägt wieder ihr gewaschenes, aber ungebügeltes Seidenkleid, verfügt aber über keine persönliche Habe mehr. Man überlässt ihr ein wenig Geld, Lebensmittelmarken, eine Reisetasche mit getragenen Kleidern, die ungefähr zu ihrer Größe passen. Ein paar Augenblicke denkt sie mit unbestimmtem Ekel daran, dass die Kleider aus einem aufgelösten jüdischen Haushalt stammen könnten, vermisst mit alles überschwemmendem Bedauern ihren Mantel.

Auf einem Zettel, den man ihr ebenfalls mitgibt, steht eine Privatadresse irgendwo in Steglitz; die Gestapo hat offenbar für sie ein Zimmer besorgt. Sie bewegt sich wie in Trance durch die Stadt. Ist das ein Land im Krieg? Milde Septemberluft; im Lindenlaub eine Ahnung von Herbst; Plakate des Führers mit einem blondzopfigen Mädchen auf dem Arm. In der S-Bahn argwöhnische Blicke; gelten sie dem zerknitterten Kleid, ihrer Frisur, ihrem kränklichen, immer noch zu dunklen Teint?

Das Zimmer an der Schützenstraße, zu dem sie sich durchfragt, ist eine angenehme Überraschung, groß und hell; in der Vorwoche, sagt der Hauswart jovial, habe eine halb jüdische Familie, er Professor, sie Arierin, die Wohnung räumen müssen, gewiss sehr hart für die Familie, indessen aber gesetzlich vorgeschrieben; und nun würden die sechs Zimmer an Staatspersonal vermietet, seriöse Leute; eine Haushälterin sorge aufs Beste für deren Wohl.

Es stellt sich heraus, dass außer ihrem erst zwei weitere Zimmer belegt sind, von blutjungen Polizeibeamten, die frühmorgens weggehen und erst bei Dunkelheit zurückkommen. Man sieht sich wenig; dennoch hat Carmen das Gefühl, was sie tue, werde genau registriert.

Sie hütet sich davor, alte Bekannte aufzusuchen, gar Graf Helldorf, der auf undurchschaubare Weise kaltgestellt scheint, um Hilfe zu bitten. Sie fährt auch nicht nach

Wannsee, wo sie auf dem Dachboden der ehemaligen Mietwohnung noch einen Koffer stehen hat. Aber schon am dritten Tag nimmt sie mit dem Rundfunkredakteur, der sie in ihre neue Aufgabe einführen soll, Kontakt auf, heuchelt ihm vor, bald schon den ersten Kommentar abzuliefern; sie wird alles tun, um ihre Beschatter in Sicherheit zu wiegen, und zugleich ihre Flucht vorbereiten.

Aber man wird sie nirgendwo legal über die Grenze lassen; also braucht sie gefälschte Papiere, sie wird sich verkleiden müssen, oder sie muss versuchen, wie ein jüdischer Flüchtling, der sich nicht freikaufen konnte, mit Hilfe eines Schleppers über die grüne Grenze zu gelangen. Beides kann tödlich enden. Bleibt der mögliche Beistand der Schweizer Gesandtschaft. Wenn sie einen Diplomatenpass bekäme, würde sie für deutsche Behörden unantastbar; die Gesandtschaft könnte sie in die Schweiz zurückschicken. Würde Tiny sie fürs Erste bei sich aufnehmen? Soll sie ihr schreiben?

Die Schweizer Gesandtschaft, an der Spree gelegen, nicht weit vom Reichstag entfernt, ist in einem ehemaligen Stadtpalais untergebracht; auf dem Dach hängt die Schweizer Fahne träge am Mast. Die beiden Polizisten, die draußen vor dem Zaun das Gebäude bewachen, lassen sie ein; doch der Portier will Carmen, da sie keinen Termin vereinbart hat, gleich wieder wegschicken.

Sie lässt sich nicht abspeisen, besteht darauf, dass es sich um einen Fall von höchster Dringlichkeit handle und sie den Gesandten persönlich zu sprechen wünsche. Zuletzt schreit sie den mürrischen Mann, der handgreiflich zu werden droht, sogar an; sie wird, in einer Mischung aus Schweizerdeutsch und Hochdeutsch, so ausfällig, dass vom obern Stock her, wo sich die Konsulatsabteilung befindet, eine Sekretärin herbeiläuft und dann ihrerseits, als Carmen auch auf sie heftig einzureden beginnt, einen Vorgesetzten holt, einen jungen Attaché in braunbeigem Anzug, der Carmen endlich, wohl um dem Tumult ein Ende zu machen, in sein Büro bittet, einen jener wohl geordneten, leicht muffigen Räume, die sie auch aus deutschen Amtsstellen kennt; sogar das gerahmte Foto an der Wand identifiziert sie im ersten Augenblick automatisch als Hitler-Porträt, sieht beim zweiten Hinschauen, dass es sich um Bundesrat Pilet-Golaz handelt, dessen Menjou-Schnäuzchen an Hitler erinnert.

Sie nimmt Platz, beruhigt sich allmählich. Der Attaché stellt sich vor; sie bittet um Geheimhaltung; er nickt unbehaglich. Sie fasst ihre Geschichte zusammen, indem sie einiges auslässt, anderes beschönigt.

Er durchblättert, während sie erzählt, ihre provisorischen Ausweispapiere, sieht zwischendurch irritiert auf: Zum Tode verurteilt, begnadigt, zwischen den Fronten verhaftet: das klingt doch eher nach einem Abenteuerroman, selbst in Kriegszeiten, finden Sie nicht auch? Er legt, ein bisschen ratlos, seine Fingerspitzen gegeneinander. Den Namen Mory habe er im Übrigen noch nie gehört. Er müsste in den Akten nachschauen, ob da etwas verzeichnet sei.

Sie nennt Namen, Daten, Orte, die ihre Angaben untermauern sollen; die Skepsis weicht nicht aus seinem Blick: Und jetzt, wo alles fehlgeschlagen ist, wollen Sie also zurück in die Schweiz? Und dies, obwohl Sie den deutschen Behörden verbindlich zugesichert haben, hier zu bleiben? Ich fürchte, da können wir Ihnen nicht helfen. Er zieht den Stempelständer auf seinem Pult näher zu sich heran, bringt mit dem Zeigefinger einen der Stempel zum Wippen.

Warum nicht? Carmen befiehlt sich, ruhig zu bleiben; dennoch nimmt ihre Stimme wiederum eine beleidigende Schärfe an. Ich bin Schweizerin, überzeugte Katholikin zudem. Sie sind verpflichtet, mir zu helfen. Schon in Paris wollte die Schweizer Botschaft aus fadenscheinigen Gründen nichts mit mir zu tun haben. Das ist skandalös. Damals saß ich in der Todeszelle, aber jetzt sitze ich hier vor Ihnen und lasse mich nicht verjagen. Rufen Sie den Herrn Gesandten, Sie haben hier, als subalterner Angestellter, gar nichts zu entscheiden.

Der Attaché entfärbt sich leicht und kämpft um seine Beherrschung. Hören Sie, erstens haben Sie sich, sollte Ihre Geschichte stimmen, Ihre Lage selber eingebrockt. Zweitens haben Sie sehr wohl gewusst, dass Sie sich nach schweizerischem Recht strafbar machen, wenn Sie für eine fremde Macht Agentendienste leisten. Und drittens – jetzt erhebt er erstmals die Stimme – fällt es uns nicht ein, Ihretwegen die vernünftige Kooperation mit den deutschen Behörden aufs Spiel zu setzen. Was stellen Sie sich eigentlich vor? Der gute Wille, den wir sorgsam aufgebaut haben, das labile Gleichgewicht zwischen Geben und Nehmen wäre dahin, wenn wir Sie heimlich oder als Diplomatin getarnt zurückschaffen würden. Er steht auf, wischt sich mit dem Taschentuch über die Stirn. Gehen Sie, Fräulein Mory, verstecken Sie sich meinetwegen irgendwo, aber wir haben mit Ihnen nichts zu tun, gar nichts.

Carmen springt ebenfalls auf und hält sich mit beiden Händen an der Schreibtischkante fest. Rufen Sie sogleich den Herrn Gesandten! Mit Ihnen spreche ich kein Wort mehr.

Herr Minister Frölicher, erwidert der Attaché, ist heute und morgen abwesend, und wenn er da wäre, würde er nicht mit Ihnen sprechen wollen. Ich fordere Sie noch einmal gütlich auf, die Gesandtschaft zu verlassen.

Sie wünschen also, dass ich mich den Nazis an den Hals werfe und gegen die Schweiz agitiere? Gut, das können Sie haben. Und noch mehr: Ich werde mich bei Heydrich über Sie beschweren, verstehen Sie? Ich werde ihm sagen, Sie hätten mich für den Schweizer Geheimdienst anwerben wollen.

Noch eine halbe Stunde später in der S-Bahn, eingepfercht zwischen heimfahrenden Angestellten, jagt ihr Puls wie nach einer qualvollen körperlichen Anstrengung. Warum nur?, fragt sie sich. Warum hat sie sich derart hinreißen lassen? Sie hätte ihn bestechen oder erpressen müssen, den feinen Landsmann. Aber bloß dieses kindische Geschrei, dieses Außer-sich-Sein. Was wird jetzt geschehen?

Sie schläft kaum in den nächsten beiden Nächten, sie spielt mit dem Gedanken unterzutauchen oder sich eben doch auf eigene Faust zur Schweizer Grenze durchzuschlagen. Dann fällt ihr ein, dass sie einen Beschwerdebrief an den Bundesrat in Bern schicken könnte; nein, noch besser wäre es, die Schweizer Presse zu mobilisieren und damit Druck auf Deutschland auszuüben. Aber wer würde ihr im Land, dem sie den Rücken gekehrt hat, schon glauben? Der Streit mit dem Attaché hat sie gelähmt; sie hält es fürs Beste, nicht aufzufallen, sich sogar im eigenen Zimmer auf den Zehenspitzen zu bewegen, als ob sie gar nicht da wäre. Dem Rundfunkredakteur, für den sie arbeiten sollte, schreibt sie einen Brief: Sie sei erkrankt und arbeitsunfähig; ein Arztzeugnis werde folgen.

Fünf Tage später wird sie, morgens um fünf, verhaftet; ein Gestapo-Offizier, der sie zur Eile antreibt, liest ihr den Schutzhaftbefehl vor: Widersetzlichkeit gegenüber dem Staat, geplanter Geheimnisverrat, Fluchtvorsatz eines Geheimnisträgers. Es ist eine ganze Liste von Vergehen, wirklichen und erfundenen; sie reichen dreifach aus, Carmen hinter Schloss und Riegel zu bringen.

Man hat mich denunziert, denkt sie in tränenloser Resignation, die Schweiz liefert mich den Nazis aus. Sie sieht den Attaché vor sich; mit seinem geraden Scheitel, dem braven Bubengesicht könnte er ein Bruder des Gestapo-Offiziers sein.

19

Hamburg, Dezember 1946

Am zwanzigsten Dezember wurde der Prozess im Curio-Haus vertagt und die nächste Sitzung auf den dreißigsten Dezember anberaumt. Noch am Vortag hatte die Ärztin Louise Le Porz, die dritte Französin, die als Zeugin der Anklage auftrat, die bisherigen Anschuldigungen gegenüber Carmen Mory erhärtet. Im Besonderen attackierte sie Carmen Morys Willkür bei der Medikamentenverteilung und behauptete, die Blockälteste habe allen, die nicht zu ihren Günstlingen zählten, böswillig Medikamente vorenthalten. Mürner hatte, auf Geheiß seines Chefs, die Verhandlungen bis zum Nachmittag verfolgt; dann war er – nicht unfroh darüber, dass dringende Pflichten ihn wegriefen – vorzeitig gegangen. Auch das Kreuzverhör, dessen Beginn er noch mitbekam, habe die Zeugin Le Porz, berichtete er dem Konsul, nicht aus dem Konzept gebracht. Er habe den Eindruck gewonnen, dass die Französinnen ihre Aussagen minutiös aufeinander abgestimmt hätten; daran könne man leider nichts ändern.
In den Zeitungen galt die Angeklagte Mory inzwischen als das *Monster von Ravensbrück*, hier und dort, ein wenig gedämpfter, als *schwarzer Engel*. Die Redaktionen rissen sich um Fotos von ihr; häufig wurde darauf hingewiesen, dass sie Schweizerin sei. Einige Formulierungen ließen durchblicken, wie erleichtert man war, dass eine Ausländerin, ausgerechnet die Angehörige eines neutralen Kleinstaates, die Deutschen an Grausamkeit noch übertraf.

Die meisten Berichte klangen voreingenommen; in ihnen war Carmen Mory schon verurteilt. Zeitungsausschnitte, die der Konsul zu lesen bekam, zeigten, dass in der Schweiz das Interesse am Fall Mory von Tag zu Tag wuchs; nur wies man dort darauf hin, dass die Angeklagte eigentlich als Wahldeutsche gelten müsse; eine wahre Schweizerin, so stand zwischen den Zeilen, wäre solcher Schandtaten gar nicht fähig.
Der Konsul ertappte sich dabei, dass er jedes Foto von ihr, das er zu Gesicht bekam, genau anschaute, ihre steinkohlenschwarzen Augen vor allem, über denen sich, ebenso schwarz, die Brauen wölbten, ihren kräftigen Mund, ihren Pelzmantel, der zur Berührung verlockte. Er war froh, dass seine Ferien im Engadin den Fall Mory für eine Weile auf Distanz halten würden.

Noch vor seiner Abreise am Morgen des einundzwanzigsten Dezember legte ihm Frau Amacher einen Brief von Carmen Mory auf den Schreibtisch. Die britische Gefängniszensur hatte ihn genehmigt, wie ein Stempel bewies; er war beidseitig auf schlechtem Gefängnispapier geschrieben; dort, wo einzelne Wörter unterstrichen waren, drückte die Tinte durch und machte die Schrift auf der Rückseite unleserlich. *Herr Konsul!*, las er. *Haben Sie und Doktor Zippel wirklich _alles_ getan, um Anne Spörry zum persönlichen Erscheinen vor Gericht zu bewegen?? Allmählich glaube ich doch, dass ich ohne Annes eidesstattliche Aussagen _verloren_ bin, denn die Französinnen (Hereil, Le Coq, Le Porz) hassen mich derart, dass sie mich unbedingt vernichten wollen. Warum nur?? Es ist so schwer, dies alles zu ertragen ... Mit Gottes Hilfe werde ich die Weihnachtstage überleben. Ich habe zum _katholischen Glauben_ zurückge-*

funden. Wenn Sie gläubig sind, Herr Konsul, dann beten Sie für mich ... Noch habe ich die kleine Hoffnung, dass meine persönlichen Aussagen die Richter überzeugen werden. Helfen Sie mir! Carmen Mory.
Es war ein weiterer Hilfeschrei; wie sollte der Konsul darauf reagieren? Er schaute aus dem Fenster, auf den laublosen, schief stehenden Baum, der wohl doch eine Robinie war, auf die Mauer, die im ersten Morgenlicht aufleuchtete. Nach langen Regen- und Schneetagen zeigte sich erstmals wieder die Sonne; sie verwandelte die Backsteinmauer für wenige Minuten in eine kostbare, von Schattenfurchen durchzogene Terrakottaskulptur.
Eigentlich hätte er den Brief, der an ihn als Geschäftsträger gerichtet war, zu den Akten heften müssen; doch er faltete ihn wieder zusammen und steckte ihn in die Brusttasche seines Vestons. Dann öffnete er eine Schublade, holte Schreibpapier mit dem offiziellen Briefkopf heraus. Er überlegte, ob er das Blatt in die Schreibmaschine einspannen solle, griff dann nach dem Füllfederhalter, schraubte die Kappe ab, zögerte wieder, knüllte das Papier zusammen, nahm von einem andern Stapel eine Seite.
Er würde ihr ein paar persönliche Worte zurückschreiben: Noch ist alles offen, verlieren Sie nicht die Fassung, es gibt vieles, was zu Ihren Gunsten spricht; etwas in dem Sinn. Aber schon eine passende Anrede zu finden, fiel ihm schwer. Als er *Geehrtes Fräulein Mory* geschrieben und die Feder wieder abgesetzt hatte (zum *Sehr* vermochte er sich nicht durchzuringen), klopfte es an die Tür. Frau Amacher, die nur in dringenden Fällen die Treppe hochkam, meldete, eine Dame, eine Französin, deren Namen sie nicht verstanden habe, wünsche ihn zu sprechen; sie lasse sich nicht abwimmeln. Der Konsul knöpfte hastig sein

Veston zu, trat in den Flur hinaus zur Treppe, auf deren unterem Absatz die Besucherin wartete, eine hoch gewachsene Frau im schwarzen Persianermantel, mit einer Schultertasche und einem Hut, dessen kleiner Schleier die obere Hälfte ihres Gesichts verbarg.

Was wünschen Sie?, fragte der Konsul frostig. Unsere Besucher pflegen sich sonst an die Öffnungszeiten zu halten.

Ich bin Jacqueline Hereil, antwortete die Frau auf Französisch und schlug ihren Schleier über den Hutrand zurück, so dass er die Narbe auf ihrer Stirn sah. Entschuldigen Sie meine Hartnäckigkeit. Sie haben vermutlich von mir gehört. Ich möchte Ihnen etwas geben.

Der Name klang tatsächlich vertraut; doch es dauerte ein paar Sekunden, bis dem Konsul der Zusammenhang aufging: So hieß doch die erste Zeugin, die Carmen Mory belastet und die er selber nicht gesehen hatte. Er bat die Französin zu sich herauf in sein Büro. Jacqueline Hereil wollte sich nicht auf den Besucherstuhl setzen, sondern kramte nervös aus ihrer Tasche ein Bündel Papiere hervor und streckte es dem Konsul entgegen, der sich hinter seinem Schreibtisch verschanzt hatte.

Nehmen Sie das, sagte sie. Es sind Aufzeichnungen, die Sie der Schweizer Öffentlichkeit zugänglich machen müssen.

Aufzeichnungen welcher Art?, fragte der Konsul. Ich begreife nicht, was Sie zu mir führt. Sie waren doch Zeugin der Anklage …

Das dürfte bekannt sein, fiel ihm die Hereil ins Wort. Ich habe aber noch mehr zu sagen. Carmen Mory stand im Zentrum eines verbrecherischen Netzes, welches das ganze Lager umspannte. Sie hat Dutzende von Frauen in den Tod geschickt, und ihr Verteidiger will dies vernebeln.

Man muss die volle Wahrheit erfahren. Ich möchte Sie bitten, diese Aufzeichnungen Schweizer Zeitungen zukommen zu lassen, zum Beispiel der *Gazette de Lausanne*. Ich bin Journalistin, ich weiß, wie man so etwas schreibt. Die ersten drei Seiten können ohne weiteres als zusammenhängender Artikel gedruckt werden.
Sie legte die Papiere vor den Konsul auf den Schreibtisch, drehte sie dann um hundertachtzig Grad, damit er die erste Seite lesen konnte. Er sah, dass es sich um einen Schreibmaschinendurchschlag handelte. Die blassblauen Buchstaben verschwammen vor seinen Augen; hingegen entging ihm nicht, dass die Punkte hier und dort winzige Löcher in das dünne Papier geschlagen hatten. Er schob das Manuskript zurück.
Es gehört nicht zu meinen Aufgaben, sagte er, Ihnen als Agent zur Verfügung zu stehen. Ich habe mich, im Falle Mory, an die Regeln der Unparteilichkeit zu halten, zumindest bis zur Urteilsverkündung.
Sie wollen meinen Artikel nicht einmal lesen?, fragte Jacqueline Hereil.
Ich habe noch sehr viel anderes zu tun, entgegnete der Konsul.
Sie blätterte sich durch die losen Seiten, bis sie zu einem etwas dickeren Blatt kam. Ich habe ein paar Zeichnungen meiner Freundin Violette Le Coq beigelegt. Sie hat unter Lebensgefahr Lagerszenen festgehalten, mit Bleistiftstummeln und Kohlestücken auf Lagerformularen. Können Sie sich das vorstellen? Sie packte mit Zeigefinger und Daumen eine Zeichnung an zwei Ecken und hielt sie, indem sie sich leicht über den Schreibtisch beugte, dem Konsul vors Gesicht: Das hier ist zum Beispiel eine Aufseherin im schwarzen Umhang, vor ihr liegt eine Tote.

Der Konsul sah zittrige Umrisse vor sich, die sich zu Figuren zusammenfügten, doch er widersetzte sich dem Sinn, den sie ergeben wollten.
Und was hat das mit Fräulein Mory zu tun?, fragte er.
Es geht um die Wahrheit! In Hereils Stimme schwang etwas Schrilles mit, das den Konsul noch mehr gegen sie aufbrachte. Es geht darum, all die billigen Rechtfertigungen, die jetzt vorgebracht werden, zu widerlegen!
Nehmen Sie Ihre Papiere wieder mit, sagte der Konsul, ich kann Ihnen nicht weiterhelfen.
Die Französin ließ die Zeichnung sinken und schüttelte ungläubig den Kopf. Liegt Ihnen nichts daran, diese Verbrechen aufzudecken?
Der Konsul schaute an ihr vorbei. Ich kann nur wiederholen: Es ist nicht meine berufliche Aufgabe, dies zu tun.
Hereil ergriff den Stapel mit beiden Händen, steckte ihn in ihre Tasche zurück; sie loderte vor Entrüstung, an ihrem Hals traten die gespannten Sehnen hervor. Es genügt offenbar schon, dass jemand Ihre Nationalität teilt, damit Sie die Augen vor schreiendem Unrecht verschließen. Unparteiisch, sagen Sie? Haben Sie überhaupt ein Rückgrat?
Er deutete unmissverständlich auf den Ausgang; sie ging, mit einem Rauschen des Mantels, hinaus und warf die Tür hinter sich ins Schloss. Er verzichtete darauf, ihr nachzugehen und zu kontrollieren, ob sie das Gebäude wirklich verließ; er hätte, bis sich sein Atem beruhigte und das Zittern in den Oberschenkeln nachließ, gar nicht die Kraft gehabt aufzustehen.
Sobald er wieder einen klaren Gedanken fassen konnte, begriff er nicht mehr, weshalb er sich so aufgeregt hatte. Es war nicht verboten, Carmen Mory im Namen der

Wahrheit zu schaden; und es war ebenso wenig verboten, jeder vermeintlichen Wahrheit über einen Menschen zu misstrauen. Sein Blick kehrte zurück zur handschriftlichen Anrede, die auf der vor ihm liegenden Seite stand; er strich sie mit zwei dicken Federstrichen durch und warf das Blatt in den Papierkorb.

20

Ravensbrück, 1940–42

Die Schwelle Ravensbrück. Die Fakten sind bekannt: Soundso viele Häftlinge, soundso viele Tote, Grundriss, Lagerordnung; es gibt ganze Bibliotheken über Ravensbrück, Dissertationen, Augenzeuginnenberichte, Prozessprotokolle. Aber vor dem Alltag in Ravensbrück versagt meine Vorstellungskraft. Leere Seiten also? Das unbeschriebene Blatt als Zeichen fürs Unbeschreibbare? Nein, ich kann meine Figur, der ich so weit gefolgt bin, hier nicht im Stich lassen; es wäre ein weiterer, ein postumer Verrat an ihr. So imaginiere ich, als Halbblinder, mein So-könnte-es-gewesen-Sein.

Fünfzehn Monate verbringt Carmen Mory als Sonderhäftling im Zellenbau: die Strafe für den Versuch, sich der Gestapo zu entziehen. Die Zeit beschleunigt sich durch die Gleichförmigkeit des Eingesperrtseins; sie verlangsamt sich zugleich für den ausgehungerten Körper, den hungrigen Intellekt. Ein Privileg immerhin: kein Appellstehen, keine Zwangsarbeit.
Ich versuche sie mir vorzustellen: kurz geschoren, abgemagert, in gestreifter Häftlingskleidung, vermutlich mit rotem Winkel, der sie als *Politische* kennzeichnet; sie gleicht äußerlich den Hunderttausenden anderer in der weit verzweigten Lagergeographie des Dritten Reiches. Wieder Einzelhaft. In Paris, hat sie geglaubt, sie habe den Grund erreicht, tiefer ins Elend könne sie nicht sinken.

Jetzt, im Rückblick erscheint ihr die Zeit in *La Roquette* beinahe idyllisch.

Der Zellenbau in Ravensbrück ist ein zweistöckiges Betongebäude mit rund hundert kleinen Einzelzellen, drei auf zwei Meter; in jeder ein Klappbett zum Schlafen, ein Tischchen, ein Schemel, ein Waschbecken, ein Klosett. Carmen Mory kommt ins feuchte Untergeschoss; es wird von zwei beim Treppenabgang angeketteten Schäferhunden bewacht. Das Essen: morgens Kaffee-Ersatz, ein Stück Brot, mittags ein halber Liter dünne Suppe, am Nachmittag ein Becher Tee. Zwanzig Minuten Hofgang pro Tag, im Gang zwischen Zellenbau und Kommandantur, sind vorgeschrieben; sie werden den Gefangenen bei jeder Gelegenheit vorenthalten.

Vom Lagerleben bekommt der Sonderhäftling Mory während dieser Monate kaum etwas mit; sie ist eingesperrt, wird mit geringstem Aufwand am Leben erhalten; vielleicht hat man die Absicht, sie bei Bedarf wieder zu verwenden. Keine Verhöre mehr; Kontakt hat Carmen nur mit den Aufseherinnen, vor allem mit der SS-Arrestführerin Dorothea Binz, einer jungen pummeligen Frau mit aufgestecktem blonden Haar, Jahrgang 1920, einer ehemaligen Küchengehilfin, die sich durch besondere Härte gegenüber den Gefangenen für diese Stellung empfohlen hat. Carmen Mory gilt als politisch gefährlich, als aufsässig; ihr Wille muss gebrochen werden. Und doch, vermute ich, entsteht über die Monate hinweg zwischen der Binz und Carmen Mory, unter der Oberfläche des Herr-Knecht-Verhältnisses, ein Gefühl der Vertrautheit. Es mag Tage geben, an denen die Binz den Sonderhäftling vom bevorstehenden Endsieg überzeugen will: Heute gehört uns Europa, morgen die ganze Welt, wie in dem

Lied, Mory. Ich kann dir nur raten: Stell dich uns nicht in den Weg! Sie kneift Carmen in die Wange, geht lachend hinaus. Widerspruch ist sinnlos; bisweilen lässt sich Carmen zu einer Entgegnung hinreißen, erntet perplexes Gelächter, einen Schubs oder einen Tritt.

Der Hunger ist allgegenwärtig: gerade nach einer Extraration verstärkt er sich, wühlt sich durch die Gedärme, als hätte ihn das Fetzchen Fleisch, das in der Suppe schwamm, erst geweckt. Was für eine Demütigung, an nichts anderes mehr denken zu können als an Ess- und Beißbares. Stundenlang kann Carmen sich einen gedeckten Tisch vorstellen: die dampfenden Schüsseln, die Konsistenz einer Rahmsauce, die Kruste eines Gratins.
Lektüre ist ihr verboten; aber die Zeit vergeht auch, wenn sie Gedichtzeilen aufsagt und Liedanfänge summt, sie dort, wo sie nicht mehr weiter weiß, selber weiterdichtet. *L'oiseau rebelle,* wo ist er geblieben? Sie ruft sich den Klavierauszug, Seite um Seite, ins Gedächtnis zurück; beinahe wörtlich rekonstruiert sie den Schluss: Wie Don José draußen vor der Arena sein Messer zückt und Carmen mit einem lauten *Eh bien! Damnée!* ersticht. Wie aus der Arena zugleich das Torerolied erklingt, begleitet von Trompetengeschmetter: *Toréador, en garde!* Immer wieder, beinahe zwanghaft, inszeniert sie auf ihrer innern Bühne diese Szene, verkörpert einmal die sterbende Carmen, das andere Mal Don José, der nicht erträgt, dass die Liebe frei ist. Wen hat sie denn in ihrem gescheiterten Leben geliebt?

Nach den ersten Monaten, als sie sich an den Hunger gewöhnt hat, wird ihr bewusst, wie sehr ihr sinnliche Eindrücke fehlen. Sie stellt sich im Kopf eine Liste der Vögel zusammen, versucht sie sich aufs Genauste zu vergegenwärtigen: die Spatzen auf dem Kiesweg vor dem Doktorhaus, die Kohlmeisen und Buchfinken auf dem Fensterbrett, das Dompfaffenpärchen, den Eichelhäher, den Buntspecht; blaue Flügelblitze, Knopfaugen, übers Gras huschender Habichtschatten, die Trillertöne der Grasmücken. Ein Gefiederschimmern, das einen vergangenen Sommermorgen zurückruft, rettet vor dem Versinken in Hoffnungslosigkeit.

Danach ist das Herbarium an der Reihe. Sie findet in ihrem Gedächtnis Dutzende von Blumen, vom Löwenzahn bis zum Frauenschuh, vom Ackerstiefmütterchen bis zur Pfingstrose; all die glatten, behaarten, pelzigen Blätter, die kantigen Stängel, die runden, die seidige Glätte eines Erdbeerblütenblattes, die transparente Farbigkeit der Wicken, die sich an den Verandasäulen emporrankten, das Summen der Bienen, die Düfte, die sogar den Rauchgestank von draußen überdecken.

Natürlich erlernt sie auch die Sprache der Klopfzeichen: Man schlägt mit dem Zeigefingerknöchel auf das armdicke Heizungsrohr, das die Zelle durchquert, einmal für A, zweimal für B und so fort. Es braucht höchste Konzentration, Botschaften zu entziffern und herauszufinden, woher sie kommen, ob von links oder rechts, von oben oder von unten. Auch wenn bloß ein Vorname verständlich wird, fühlst du dich nicht mehr allein, und versuchst deinerseits etwas weiterzugeben: *Bin schon sechs Monate hier.* Du schlägst auf das Rohr, bis der Knöchel wund ist oder bis Geschrei und Schritte von draußen sich gefährlich nähern. Wer vom Wachpersonal erwischt wird, muss über den Bock und bekommt fünfundzwanzig oder fünfzig Schläge mit dem Ochsenziemer. Sie lernt, Botschaften weiterzugeben, die eigene Ungeduld zu zügeln; doch an Tagen, an denen das Wachpersonal besonders aggressiv ist, klopfen zehn oder zwanzig Frauen zugleich, um Verwirrung zu stiften. Dann ist im Zellenbau der Teufel los, die Wärterinnen rennen herum, öffnen Türen, schmettern sie zu; die Binz schreit sinnlose Befehle. Das sind die seltenen Momente, wo Carmen sich sogar ein bisschen erheitert fühlt.

Das Heizungsrohr kann sich jedoch in ein Folterinstrument verwandeln. Mitten im Hochsommer wird es, ohne jeden Grund, glühend heiß, scheint den letzten Sauerstoff im stickigen Raum aufzusaugen. Der Schweiß läuft ihr aus allen Poren; Wasser gibt es erst wieder am nächsten Morgen. Im Winter dagegen bleibt das Rohr meistens lauwarm; nicht einmal die kalten Hände kann sie sich daran aufwärmen. Im Traum stolpert sie über Röhrenlabyrinthe; sie kriecht in ein aufgesägtes Rohr hinein, bleibt, als es sich verengt, mit den Schultern stecken, und jemand befiehlt: Sing jetzt, sing!

Immer wieder fiebert sie, sogar im Sommer. Man lässt Carmen liegen; sie döst, friert, sehnt sich nach dem mit Honig gesüßten Lindenblütentee, den sie als Kind bekam, sogar nach Frau Bründlers Wadenwickel. Doch sie rafft sich immer wieder auf, gesundet halbwegs. Tage und Wochen schilfern von ihr ab wie Hautschuppen. Was außerhalb des Bunkers, des Lagers geschieht, verschwindet vollkommen. Die Binz hat erwähnt, die Wehrmacht sei in Russland einmarschiert; bis Weihnachten sei Moskau besetzt. Doch was kümmert sie das, wenn die Einöde von ihrem Kopf bis zu den Zehen größer ist als die ganze

Ukraine? Wie ein Sack liegt sie da, der sich von Westen nach Osten ausbreitet; grober Stoff, durchlöchert.
Nimm gefälligst Haltung an, wenn von deutschen Siegen die Rede ist!, schreit die Binz.
Ein anderes Mal sagt sie: Udet ist tot; den hast du doch gekannt. Hat sich umgebracht, der feige Hund.
Das ist nicht wahr, widerspricht Carmen. Ein Udet würde das nie tun.
Willst du sagen, ich lüge?, schreit die Binz und schlägt ihr ins Gesicht.

Der Tag, an dem Carmen zurückschreit; da ist noch eine andere in ihr drin, die sich unvermutet aufbäumt: Als Menschenschinder beschimpft sie das SS-Personal; auch der Kögl, schreit sie, ist einer. Was wollt ihr von uns? Schlagt uns doch tot! Die Binz stürzt sich, unterstützt von Gehilfinnen, auf Carmen, hält ihr im Würgegriff Mund und Nase zu. Ein Kampf um Luft, Gestrampel, der Blutgeschmack im Mund, das Erschlaffen der Glieder. Man lässt sie einfach liegen; sie betastet das Handgelenk und fürchtet, es sei gebrochen. Dennoch, wie eine schimmernde Kugel außerhalb von ihr, dieses Hochgefühl, den Zorn in sich befreit zu haben.
Der Sonderhäftling Mory wird von Lagerleiter Kögl wegen versuchter Meuterei bestraft: Drei Wochen verschärfter Arrest, das heißt totale Verdunkelung der Zelle, Essensentzug.
Sie verbietet sich, an den Tod zu denken; tot war der Sarg im Grab, nicht die Mutter darin, tot ist Generalluftzeugmeister Udet, tot sind die Mauern, an die sie mit dem Kopf stößt; und dann der Wunsch, sich aufzulösen, noch weniger als niemand zu sein, luftleerer Raum, eine Vogelseele.

Bern, Pontresina, Jahreswende 1946/47

Nach dreißigstündiger Eisenbahnfahrt kam der Konsul endlich im winterlichen Bern an. Er fühlte sich ausgelaugt von der Fahrt in ungeheizten, überfüllten Zügen, dem fünfmaligen Umsteigen, den Grenzkontrollen, dem stundenlangen Warten auf Abstellgleisen. Dennoch konnte er sich nicht satt sehen an Berns Altstadtsilhouette, die beim Überqueren der Aarebrücke plötzlich das Abteilfenster ausfüllte. Die Häuser schienen dem leichten Nebel zu entschweben, der die Halbinsel umgab; auf den Dächern lag ein wenig Schnee. Der Fluss hatte ein dunkles Meergrün. Am südlichen Horizont, wo Wolken- und Gebirgsformen ineinander übergingen, zeigten sich knapp, immer wieder auf Verhüllung bedacht, Eiger, Mönch und Jungfrau.
Der Konsul ließ sein Gepäck von einem Portier zum Taxistand bei der Heiliggeistkirche bringen. Die unversehrte Stadt kam ihm unwirklich vor. Er war nicht mehr an heile Fassaden und beleuchtete Schaufensterauslagen gewöhnt. Auch wenn es gewiss nicht so gemeint war, hatte er den Eindruck, man stelle hier in geradezu unverschämter Weise Reichtum und Wohlleben zur Schau.
Adele begrüßte ihn mit distanzierter Freundlichkeit; sie servierte ihm Tee mit Gebäck. Er sei abgemagert. Ob seine Haushälterin nicht genügend für ihn sorge? Im Flur standen Schachteln mit Büchern. In den nächsten Monaten würde sich Adele entscheiden müssen, ob sie nicht doch zu ihm nach Hamburg ziehen wollte. Das hatte sie

bisher abgelehnt: Paris, London, Rom wären in Frage gekommen, sogar Kairo, aber nicht eine völlig zerstörte deutsche Stadt ohne sauberes Wasser, ohne Gesellschaftsleben. Wenn sie auf ihrer Ablehnung beharrte und der Konsul eine Ehe weiterführen wollte, die diesen Namen verdiente, würde ihm nichts anderes übrig bleiben, als seine Versetzung zu beantragen; doch mit einem solchen Schritt gefährdete er seine Karriere, und das wollte sie à tout prix nicht begreifen.

Noch vermieden sie dieses Thema, sprachen lieber über Adeles Kunstgeschichtsstudien, die sie, kurz vor ihrem sechsunddreißigsten Geburtstag, wieder aufgenommen hatte, und dann, gleichsam im Gegenzug, über seine Arbeit. Aber der Konsul spürte genau, dass seine Frau gar nicht allzu genau wissen wollte, wie es in Hamburg wirklich war.

Er legte sich früh zu Bett, blätterte sich im neu erschienenen Staatskalender bis zu seinem eigenen Foto durch und überprüfte die Stichwörter der beigefügten Kurzbiographie. Dann suchte er aufs Geratewohl nach den Namen von Studienkollegen, um herauszufinden, wie weit sie es inzwischen gebracht hatten; doch die Augen fielen ihm immer wieder zu, und das Buch entglitt seinen Händen. Er hörte noch, wie Adele das Licht ausknipste und ins Nachbarbett schlüpfte. Ihre beiden Betten waren leicht auseinander geschoben; ein Doppelbett hatten sie sich nie angeschafft, Adele hätte es kleinbürgerlich gefunden. Dem Konsul fiel im Halbschlaf ein, dass das andere heikle Thema, das sie gerne unberührt ließen, die Kinderfrage war. Sie hatten jetzt, wo sich bei Adele die ersten grauen Haare zeigten, nicht mehr lange die Wahl; auch darüber, so nahm sich der Konsul schläfrig vor, würden sie nächste Woche auf langen Spaziergängen endlich einmal reden müssen. Adeles Hand, die sich zu ihm hinübertastete und sich, wie früher, mit seiner verflocht, schien seine Vorsätze gutzuheißen, und so konnte er sich endlich in einen traumlosen Schlaf fallen lassen.

Zu Weihnachten stürmte es in Pontresina; der Wind rüttelte an den Läden und trieb den Schnee beinahe waagrecht an die Fenster, hinter denen sie feierten. Am nächsten Morgen aber, als der Konsul den Weg zum Haus freischaufelte, war der Himmel wolkenlos, von einem unvergleichlich tiefen Blau.
Der Konsul kannte das Haus schon lange und war nie wirklich heimisch darin geworden. Er fand die dicken Mauern und die Arvenmöbel abweisend; Adele und ihre Mutter indessen, der das Haus gehörte, fühlten sich gerade in diesem rustikalen Ambiente geborgen. Der Konsul zog es vor, sich möglichst viel im Freien aufzuhalten. So lange die Sonne schien, saß er lesend auf der kleinen Terrasse und spürte, wie die Mauer in seinem Rücken die Wärme reflektierte. Er hatte wieder einmal Zeit, sich in Fontane zu vertiefen; von ihm bekam er nie genug. Mittags, zur Kaffeezeit, gesellten sich die beiden Frauen zu ihm, beide in ihre Pelzmäntel gehüllt, obwohl man es um die Mittagszeit auf der Terrasse ohne weiteres in Hemdsärmeln aushielt. Mit der Schwiegermutter verband ihn wenig; ihr hochmütiges Gesicht mit dem schmalen Mund erinnerte ihn an eine von Velazquez gemalte Hofdame; mit jeder Faser schien sie auszudrücken, dass ihre Familie wohlhabender war als seine. Sie hatte damals gegen die Heirat intrigiert, für Adele war eine bessere Partie bestimmt gewesen. Auch jetzt gab sie dem Schwiegersohn durch kleine Sticheleien zu verstehen, dass er in seinem Alter längst hätte Botschafter sein müssen.

Sie ließen sich die Mahlzeiten vom nahe gelegenen Hotel bringen. Das Essen zog sich gewöhnlich in die Länge; den beiden Frauen ging der Gesprächsstoff – Bekannte, Kleider, Karrieren – nie aus, und obwohl sie sich zwischendurch wortreich befehdeten, schienen sie einander verbunden wie siamesische Zwillinge.
Adele, die heiße Schokolade einem Glas Wein vorzog, ließ sich zu gemeinsamen Tea-Room-Besuchen und Schlittenfahrten überreden, bei denen ihre Mutter aber nicht fehlen durfte; den längern Spaziergang zu zweit, den sie ihm versprochen hatte, verschob sie immer wieder auf den nächsten Tag. Ob sie damit einem Gespräch auswich oder bloß die Mutter nicht allein lassen wollte, wusste er nicht. Zum Glück, sagte sich der Konsul sarkastisch, waren er und seine Frau wenigstens abends im Schlafzimmer allein. Doch auch da stellte sie sich gegenüber seinen Annäherungsversuchen taub; allerhöchstens duldete sie ein Streicheln der Nackenwirbel oder eine geschwisterliche Umarmung. Es war, unter solchen Umständen, gar nicht nötig, die Kinderfrage aufzugreifen.
Üblicherweise zogen sie sich schon gegen halb elf zurück und plauderten sitzend oder liegend noch eine Weile miteinander, unernst, ein bisschen wegwerfend, wie es ihre Art war. Schon am ersten Abend, nachdem die Standuhr unten im Flur elf geschlagen hatte, erfasste den Konsul plötzlich der heftige Wunsch, seiner Frau von Carmen Mory zu erzählen. Gerade als er, noch ohne ihren Namen zu erwähnen, die ersten Sätze ausgesprochen hatte, sah er, dass Adele gähnte; sie tat es unverblümt, mit weit aufgerissenem Mund, und er brach seine Erzählung, kaum hatte er damit begonnen, gleich wieder ab. Merkwürdigerweise kam ihm nun allabend-

lich, wenn es elf Uhr schlug, Carmen Mory in den Sinn.

Zu ihren kleinen Ferientraditionen gehörte es, dass der Konsul die beiden Frauen einmal zu einem Nachtessen in den *Schweizerhof* einlud. Das Hotel war über die Festzeit eigentlich ausgebucht; aber für sie drei fanden sich stets freie Plätze. Zur Not trug man einen Tisch in die Eingangshalle, deckte ihn festlich und stellte einen Elektroofen daneben.

Dieses Jahr hatten sie Glück; sie bekamen einen der Tische bei den großen Fenstern, von denen aus man über das Inntal nach Samedan hinübersah. Sogar bei Nacht war die Aussicht betörend schön: Die Hochebene, die in milchigem Mondlicht lag, leuchete sanft; der Himmel war von Sternen übersät.

Sie bestellten das Fünfgangmenü, das mit eingelegten Artischockenherzen begann; die Schwiegermutter fand, dass sie zu fasrig seien, und verlor sich in einer Schilderung der Tafelfreuden, die sie mit ihrem verstorbenen Mann vor zwölf Jahren in Montpellier genossen habe. Sie lobte vor allem das Rebhuhn und das Wildschweinragout an einer gebundenen Sauce; diese kulinarische Vorkriegskultur finde man heute leider erst in Ansätzen wieder.

Der Konsul, der so tat, als stimme er ihr zu, hörte innerlich weg; dafür hoben sich nun vom allgemeinen Geräuschewirrwarr, der ihn umgab, allmählich einzelne Stimmen ab, die, je nachdem worauf er seine Aufmerksamkeit richtete, deutlicher wurden oder wieder verschwammen. Am Nebentisch saß eine Gesellschaft, an die er sich vage zu erinnern glaubte: Es waren zwei Paare, eines in vorgerücktem, das andere in mittlerem Alter, zu dem offensichtlich zwei halb erwachsene Kinder gehörten. Die

Frauen trugen Brillantschmuck, die Männer einen Smoking. Sie sprachen Deutsch in einer ungedämpften Weise, wie man's in Hamburg längst nicht mehr tat. Der Konsul hatte von Fällen gehört, wo es reich gewordenen Nazis gelungen war, ihr Geld in die Schweiz zu transferieren und sich selber rechtzeitig unter falschem Namen über die Grenze abzusetzen. Tat er den beiden Männern am Nebentisch Unrecht, wenn er sie dieser Kategorie zurechnete? Plötzlich war es dem Konsul unerträglich, dass sie das gleiche Menü aßen wie er, dass ihnen die Speisen in der gleichen Reihenfolge aufgetragen wurden wie ihm. Angewidert schob er seinen Teller weg; er trank das Glas, das der Kellner nachgefüllt hatte, in einem Zug aus, zündete sich dann, unter den tadelnden Blicken seiner Frau, eine Zigarette an, obwohl die Schwiegermutter noch aß.
Mir ist nicht wohl, sagte der Konsul, ich muss ein wenig hinaus.
Siehst du?, erwiderte Adele spöttisch. Das kommt davon, wenn man die Luft verpestet.
Der Konsul stand auf, wand sich, Entschuldigungen murmelnd, zwischen den Tischen durch, fand endlich die richtige Tür. Die kalte Luft draußen ernüchterte ihn sogleich; es war, als schlucke er Eis, das ihn inwendig verbrannte. Er warf seine Zigarette weg, ging, das Hotel im Rücken, ein paar Schritte der Dorfstraße entlang. Der festgetretene Schnee knirschte unter seinen Schuhen; aus einem offenen Fenster erklang Gelächter. Jede Straßenlaterne verbreitete einen kreisförmigen Schein. So bewegte der Konsul sich unsicher von Lichtinsel zu Lichtinsel, schaute dort, wo's dunkler war, zu den Sternen auf, die keine funkelnden Punkte mehr waren, sondern Löcher im Firmament, durch die eine blendend helle Wahrheit

drang. Löcher, winzige, in den Himmel gestanzte Löcher, die Punkte auf einem Schreibmaschinendurchschlag, die das Papier durchlöchert hatten; wo war das gewesen? Er blieb stehen, lehnte sich an einen Laternenpfahl.

Plötzlich war sie da, der Konsul spürte sein Herz hämmern. Sie stand außerhalb des Lichtkreises, ein dunkel glühendes Kraftzentrum, das ihn auf dem Lichtfleck festbannte. Er sah sie nicht, nichts Genaues, nichts Körperliches jedenfalls, und doch erschreckte ihn ihre Präsenz. Carmen, murmelte er mit ausgetrocknetem Mund. Es war das erste Mal, dass er sie bewusst bei ihrem Vornamen nannte. Wie ging es ihr wohl? Sie hatte die Weihnachtstage in ihrer Gefängniszelle verbracht; und er hatte nichts getan, um ihr Los ein wenig zu erleichtern; kein Kartengruß, kein Geschenkpaket. Gewiss, er hatte sich nichts vorzuwerfen; nichts von dem, was zu tun war, hatte er versäumt. An der Stelle außerhalb des Lichtkreises, wohin sie ihn rief, schien sich ihre Einsamkeit zu verdichten wie eingekochter Teer. Carmen Mory war, zum Glück, tausend Kilometer von ihm entfernt; was kümmerte es ihn, ob sie zum Tode verurteilt wurde oder zu langjähriger Haft? Sie hatte sich ohne Zweifel schuldig gemacht; und Schuld verlangt nach Sühne. In jeder großen Schuld gab es allerdings, wie Adern und Schichten in einem Felsbrocken, die Einsprengsel der Unschuld, des Nichtwissens, der Fatalität. Was hieß das nun? Nichts. Für den Konsul hieß das gar nichts; er war weder Ankläger noch Richter. Nichts, sagte er in die Richtung, wo er sie vermutet hatte. Falsch, da war doch etwas: Schnee, glitzernd im Laternenlicht, von einem Lattenzaun begrenzt; und nun, da der Schrecken von ihm gewichen war und die Glieder ihm wieder gehorchten, ging er zum Rand des Lichtkreises, trat über ihn hinaus. Jenseits des Zaunes sah er Büsche, deren

Zweige sich unter der Last des Schnees bogen; er sah eine Hausmauer mit dunklen Fensterhöhlen. Hier schlief man schon, oder das Haus war verlassen.
Der Konsul drehte sich um und ging zurück zum festlich beleuchteten Hotel. In der Eingangshalle hatte sich ein Barpianist an den Flügel gesetzt und versuchte, die übrigen Geräusche zu übertönen. Er spielte eine Chopin-Mazurka, wechselte, als der Konsul an ihm vorüberging, mit ironischem Zwinkern Tonart und Stück; die Melodie, die ihn durch den Lärm bis zum Tisch verfolgte, klang unpassenderweise nach Spanien und lauen Sommernächten. Seine Frau und die Schwiegermutter, die bereits die *mousse au chocolat* vor sich hatten, starrten den Konsul an.
Wir haben schon gedacht, sagte Adele, du seist draußen festgefroren.

Nach kühlem Abschied von der Schwiegermutter fuhren der Konsul und seine Frau durch Schluchten und Tunnels zurück ins Unterland, nach Bern. Während die Wagen der Rhätischen Bahn sich immer tiefer schraubten, veränderte sich draußen die Landschaft in dramatischen Schüben. Doch zwischen ihnen, dem Konsul und seiner Frau, hatte sich nichts verändert; eine Woche lang hatten sie es vermieden, über ihre Zukunft zu sprechen und ihre unterschiedlichen Vorstellungen gegeneinander abzuwägen. So blieb alles in der Schwebe; er würde, das stand unausgesprochen fest, ohne Adele nach Hamburg zurückkehren. Vielleicht war es ohnehin besser, all das, was zu klären war, einem langen Brief anzuvertrauen.

In Zürich, wo sie eine halbe Stunde auf den Anschlusszug zu warten hatten, wurde der Konsul plötzlich von der Idee bedrängt, Anne Spörry aufzusuchen, die ja gegenwärtig in Männedorf am Zürichsee wohnen sollte. Vielleicht konnte er sie dazu bewegen, mit ihm nach Hamburg zu fahren und so dem Prozess eine unerwartete Wendung zu geben. War es nicht denkbar, Carmen Mory vor einem Todesurteil zu retten? Eine Zeit lang schwankte er, dann überwand er sich zu einer Lüge: Er habe, sagte er zu Adele, unglücklicherweise ganz vergessen, eine private Besorgung für seinen Stellvertreter, der ja aus Zürich komme, zu erledigen. Adele solle doch vorausfahren, er werde ihr so bald wie möglich folgen. Sie forderte keine genaueren Erklärungen, schien sogar erleichtert zu sein, die Weiterreise ohne ihn anzutreten. Der Konsul nahm ein Taxi und ließ sich nach Männedorf fahren. Auf der Gemeindeschreiberei erkundigte er sich nach einer kürzlich zugezogenen Anne Spörry. Sie hatte sich ordnungsgemäß angemeldet und wohnte bei ihrer Mutter. Man nannte ihm eine Adresse. Doch als das Taxi endlich vor dem Haus mit der richtigen Nummer hielt, packte den Konsul eine unerklärliche Bangigkeit. Er schaute zu den Fenstern des zweistöckigen Baus auf, wo sich, wie ihm schien, die Vorhänge bewegten; er befahl dem verdutzten Fahrer umzukehren und zum Hauptbahnhof Zürich zurückzufahren. Eine Stunde später saß er im Schnellzug nach Bern; sein Herz klopfte immer noch rascher als gewöhnlich.

Am nächsten Tag, morgens um zehn – die Abfahrt nach Hamburg war für den späten Nachmittag vorgesehen –, traf der Konsul im Bundeshaus seinen direkten Vorgesetzten, Botschafter Cantieni, zu einer Routinebesprechung. Der Termin war schon Anfang Dezember festgesetzt worden; es ging um die desolate Lage der deutschen Bevölkerung in der

britischen Besatzungszone. Cantieni wollte wissen, welche Hilfsmaßnahmen der Konsul befürworte und ob sich seine Eindrücke mit jenen eines Sonderemissärs deckten, der eben von einer Erkundigungsreise zurückgekommen war.
Der Konsul sagte, was zu sagen war; als er glaubte, dieses Traktandum sei abgehakt, entschloss er sich trotz starker innerer Widerstände, den Fall Mory aufzugreifen. Er fasste, so sachlich wie möglich, den bisherigen Prozessverlauf zusammen und sagte zum Schluss, er sei überzeugt davon, dass Carmen Mory von den französischen Zeuginnen zum Sündenbock gemacht werde. Er halte es für unangemessen, einen Häftling auf die gleiche Stufe zu stellen wie das SS-Personal; es sei vielleicht angebracht, auf die Briten einen gewissen Druck auszuüben. Cantieni zeigte sich mäßig interessiert. Diese Frau sei ja bloß ein kleiner Fisch, sagte er; die Weltöffentlichkeit interessiere sich für die großen. Der Lärm um die Mory werde bald verklingen. Es wäre schlechter Stil, einen laufenden Prozess beeinflussen zu wollen. Man könne im Moment nichts anderes tun, als aufs Urteil zu warten.
Und wenn es ein Todesurteil ist?, fragte der Konsul.
Cantieni zuckte mit den Schultern. Dann soll ihr Verteidiger Berufung einlegen. Es liegt nicht an uns, das britische Rechtssystem zu verändern.
Der Konsul dachte schon, das Gespräch sei beendet; doch Cantieni beugte sich vor und sagte in verschwörerischem Ton: Ich muss leider noch eine äußerst heikle Angelegenheit aufs Tapet bringen. Es kommt in letzter Zeit immer wieder vor, dass ehemalige Führungsleute der NSDAP mit gefälschten Papieren, aber legalem Visum in die Schweiz einreisen und von hier aus nach Argentinien oder Brasilien weiterfliegen. Man hat, ich sage es ungern, in Washington

und in London den Verdacht geäußert, dass hier oder dort das Konsulatspersonal in den Besatzungszonen mit hohen Summen bestochen wird. Wissen Sie etwas von solchen Gerüchten? Cantieni ließ den Konsul nicht aus den Augen; in seine Züge, die sonst gerne ein freundliches Phlegma vorspiegelten, hatte sich etwas Lauerndes geschlichen.

Dem Konsul schoss das Blut in den Kopf, halb aus Ärger, halb aus grundlosem Schuldgefühl. Nein, sagte er mit einem Nachdruck, der ihm selber übertrieben schien. Davon weiß ich nichts. Dafür gibt es bei uns auch nicht den Schimmer eines Verdachts. Für meine Leute lege ich die Hand ins Feuer.

Ich habe auch nichts anderes erwartet, erwiderte Cantieni mit einem skeptischen Lächeln. Bleiben Sie trotzdem wachsam. Solche Gerüchte schaden unserm Ruf. Sie wiegen weit schwerer als die Taten einer isolierten Einzelperson in einem KZ. Es war ja schon mühsam genug, das Vertrauen der Alliierten zurückzukaufen. Wir dürfen es auf keinen Fall wieder verscherzen.

Natürlich, sagte der Konsul.

Sie werden uns auf dem Laufenden halten, nicht wahr? Cantieni stand auf und schickte sich an, den Besucher zur Tür zu begleiten; doch in der Mitte des Raums, auf dem tiefroten Perserteppich, der die Hälfte des Parketts bedeckte, blieb er noch einmal stehen. Ich gehe davon aus, dass Sie unsere Unterredung geheim halten werden, nicht wahr?

Der Konsul nickte wieder. Selbstverständlich, Herr Botschafter.

Sie maßen einander ein paar Sekunden mit Blicken; dann öffnete Cantieni die Tür und streckte die Hand zum Abschied aus. Wir wissen Ihr Pflichtbewusstsein zu schätzen, Herr Konsul.

22

Ravensbrück, 1943/44

Im Berliner Gefängnis, wo sie monatelang verhört worden ist, erkrankt Carmen Mory schwer; wieder ihre Lungengeschichte. Trotz hohen Fiebers wird sie, im Oktober 1943, zum zweiten Mal ins KZ Ravensbrück eingeliefert, nun als gewöhnlicher Häftling. Sie kommt für vier Wochen ins Krankenrevier; hier, wie in den andern Baracken, liegen die Frauen in dreistöckigen Pritschenbetten über- und nebeneinander. Beim ersten Anblick der Zustände im Revier, gepeinigt vom allgegenwärtigen Gestank, verliert Carmen das Bewusstsein, so wird sie später aussagen; dann gewöhnt sie sich daran, neben Todkranken und Sterbenden zu liegen. Als sie halbwegs genesen ist, hat sie, auf Anordnung des KZ-Arztes, im Revier zu bleiben und die andern zu pflegen. An allem herrscht Mangel; die Kranken frieren und hungern. Am schlimmsten geht es den Frauen mit Neugeborenen; die Sterblichkeitsrate liegt bei hundert Prozent.
All diese nutzlosen Gänge durchs Lagergelände, im Dauerregen, wenn die Füße im Dreck stecken bleiben. Der Versuch, bei der Lagerleitung Medikamente, Decken, Essen zu erbetteln. Tagwache um vier Uhr früh, dann die stundenlangen Appelle. Weiter hinab kann es nicht mehr gehen. Dort ankommen, wo jeder Atemzug zählt, jede Brotkrume, jeder Zentimeter Platz auf der Pritsche. Wo jeder Brotkanten, jeder Stofffetzen, den man ergattert, einem Macht über andere verleiht. Wer auch nur um eine Win-

zigkeit aufsteigt in der Lagerhierarchie, wer sich einen intakten Blechnapf oder Schuhe besorgen kann, dessen Überlebenschance vergrößert sich.

Carmen weiß vom ersten Appell an, dass nur äußerste Selbstdisziplin sie retten wird. Also hungert sie, tauscht ihr Essen gegen warme Kleider ein, setzt alles daran, sich sauber zu halten. Sie muss eine Position finden: Hier die einflussreichen Kommunistinnen, die das ganze Lager zu dominieren versuchen, die Französinnen aus dem Widerstand, dort die Bibelforscherinnen, die Kriminellen, die Asozialen, die Lesben, die wenigen Politischen aus dem konservativen Lager, zu denen sie sich selber zählt. Wer nicht zu einer Gruppe gehört, ist verloren. Wie viel Unverfrorenheit, wie viel Devotheit gegenüber den Aufseherinnen, der verkniffenen Oberschwester Marschall? Dorothea Binz ist inzwischen zur Oberaufseherin aufgestiegen, bildet das Personal für andere Lager aus. Man kennt sich; Carmen bleibt fürs Erste von ihren Schikanen verschont. Abhärtung gegenüber den dauernd umlaufenden Gerüchten. Man weiß Bescheid über die Vergasungen; wie entgeht man der nächsten Selektion? Sie ist nicht Jüdin, zum Glück; die Jüdinnen sind immer die Ersten, die von der Lager-SS ausgesondert werden. Die Wahrnehmung zersplittert, stelle ich mir vor, verschärft sich zugleich: ein Leben unter der Lupe (so beschreibt es Primo Levi). Wie entgehe ich, der Verschonte, der Nachfahre, den tausendfach gezeigten Bildern, dem trügerischen Schwarzweiß in *Schindler's List*? Ende 43 trugen die 50'000 Frauen in Ravensbrück keine Häftlingskleidung mehr, sondern das, was an eigenen, erbeuteten, gestohlenen Kleidern und Lumpen zur Verfügung stand. Die Textilindustrie des Reichs, obwohl mit Tausenden von Zwangsarbeiterinnen auf Hochtouren gebracht, war außer Stande, sämtliche Lager zu beliefern. Weiterhin versuche ich, mir einzelne Bilder und Episoden zu vergegenwärtigen; Carmen Morys Verhörprotokolle, von den Briten aufgenommen, enthalten zahllose Einzelheiten, die den Lagerkosmos aus ihrer Sicht darstellen.

Das Stehen in der Morgenkälte. Sich zählen lassen, immer wieder von vorne, bis sämtliche Zu- und Abgänge verbucht sind. Befehlsgeschrei, Hundegebell; wer sich bewegt, wer zusammenbricht, wird beschimpft und geschlagen. Es ist verboten, Alte, Kranke und Schwache zu stützen oder ihnen aufzuhelfen. Bis zu vier Stunden täglich steht man Appell. Carmens Füße bekommen Frostbeulen im Schneematsch; die Kälte kriecht die Beine hinauf, nimmt Besitz vom Rumpf. Dann der Schwindel; nur nicht umkippen jetzt, sonst schleifen sie einen an den Füßen weg, in den Waschraum womöglich, überschütten den Körper mit kaltem Wasser.
Weit weg und doch zum Greifen nahe, hinter der Backsteinmauer: Kiefernwipfel, der märkische Wald, Vogelschwärme, die übers Gelände fliegen und denen Tausende von Blicken folgen. Plötzlich heult die Sirene auf: Abtreten; Marschmusik aus Lautsprechern. In Sekundenschnelle müssen die Glieder aus der Erstarrung erwachen. Man taumelt, strengt sich an, zur Baracke zurückzugelangen, bevor der Suppenkessel leer ist.

Sie erstarkt nach der Jahreswende 43/44; sie hustet weniger, verschafft sich Gehör unter ihresgleichen, wird zunehmend respektiert; sie gehört zu den wenigen, die den Mut haben, sich bei der Binz und der Oberschwester Marschall über unhaltbare Zustände zu beschweren.

Alle drei, vier Wochen bekommt sie ein Rotkreuzpaket von einer Bekannten aus Berlin oder von Tiny, die über Umwege ihren Aufenthaltsort erfahren hat. Kaum ein Paket wird ihr unversehrt ausgehändigt; doch etwas bleibt immer übrig, Corned Beef, Biskuits, gesüßte Kondensmilch. Die eine Hälfte schlingt sie im Versteck herunter, die andere tauscht sie ein gegen Nähzeug, gegen Ohrenklappen, einen Ersatzknopf, ein Stück Schnur, mit dem sie Napf und Löffel um ihre Taille bindet. Oder sie verschenkt die Konserven und erkauft sich damit Loyalität. Sie hat ihre Lieblinge unter den Frauen, Rotwinklige die meisten, aber keine Kommunistinnen: Leonie Brandt, die Holländerin, Marta aus Kiew, Hilde Pechter, die wegen abfälliger Bemerkungen über Hitler verhaftet worden ist, später Anne Spörry, die ihr die Wichtigste von allen wird. Mit den zehn, zwölf Französinnen von Block 10 versteht sie sich schlecht. Sie sind Stalinistinnen, und das missfällt Carmen; wer gegen den einen Tyrannen ist, muss auch gegen den andern sein.

Doktor Percy Treite, Untersturmführer und neu ernannter Lagerarzt, hat den Block 10, die frühere Effektenkammer, reserviert für Tbc- und Geisteskranke. Die Gefangene Mory, die sich hartnäckig für die Verbesserung der Lagerhygiene einsetzt, fällt auch ihm auf. Er zitiert Carmen in sein Dienstzimmer, lässt sich ihre Geschichte erzählen. Als er hört, sie sei in Adelboden aufgewachsen, stutzt er, fragt nach, ob ihr Vater Arzt sei.
Gewesen, antwortet sie, er starb vor zehn Jahren.
Er lacht ungläubig: Dann war meine Mutter vor zwanzig Jahren bei Ihrem Vater in Kur! Das Asthma meiner Mutter hat sich im alpinen Höhenklima jedenfalls entschie-

den gebessert. Und Sie sind also Doktor Morys Tochter. Daher Ihre Tüchtigkeit. Er selber, sagt er, sei vor dem Krieg einige Male in der Schweiz gewesen, am Jurasüdfuß, in Wangen an der Aare, wo seine Schwester einen Arzt geheiratet habe.

Den Jura, antwortet Carmen, kenne sie schlecht; sie bringt das Gespräch auf die Schonkost, die für die Schwerkranken im Revier unerlässlich sei, bittet um siebzig Liter Schleimsuppe pro Tag. Treite, zunächst irritiert, verspricht, das Anliegen zu prüfen. Als sie denkt, das Gespräch sei zu Ende, verändert er seinen Ton und sagt mit Bestimmtheit, er ernenne sie hiermit zu einer der beiden Stubenältesten in Block 10. Sie trage von nun an die Verantwortung für die ihr unterstellten Mitgefangenen; sie habe für die Einhaltung der Lagerordnung zu sorgen und der Blockältesten, Bertha Viebig, bedingungslos zu gehorchen.

Carmen ist bestürzt; sie weiß, was auf sie zukommt, versucht zu widersprechen, und tut es nur halb, mit ein paar fragenden Worten. Treite schneidet ihr das Wort ab: Das ist ein Befehl, Gefangene Mory.

So beginnt Carmen Morys Aufstieg in der Lagerhierarchie, gegen ihren Willen, wie sie später aussagt, und doch, wie ich vermute, nicht ohne eine Spur von Genugtuung: Wollte sie nicht schon immer aus der Menge herausragen? Stubenälteste, Blockälteste, Lagerälteste: das ist vielleicht der Weg zu überleben.

Noch mehr Bittgänge, noch mehr Auseinandersetzungen. Ungezieferfreie Decken braucht sie, Morphium, ungebrauchte Spritzen. Und nicht noch mehr Frauen in Block 10, um Gottes willen, sie schlafen ja schon zu zweit, zu dritt auf den Säcken mit faulendem Stroh. Jeden Morgen muss man die Sterbenden aussondern, die Toten wegschaffen. Dieser Schmutz überall, Kot, Erbrochenes. Sie befiehlt den Kranken, sich sauber zu halten. Was nützt es? Die Lethargischen rühren sich kaum noch; manchmal schleppt sie eine von ihnen in den Waschraum. Abspritzen mit eiskaltem Wasser, von Kopf bis Fuß schrubben. Reine, rosige Haut: das ist wie ein Hoffnungsschimmer, der den Tag aufhellt; absurd, sie weiß es. Ihrem Gesicht im Spiegel weicht sie aus: einen Schrumpfkopf wie alle andern hätte sie, diese harten, gemeißelten Züge, das Kopftuch wie zum Hohn.

All diese Beschwerden, Denunziationen, Geschichten über Diebstähle, Prügeleien, Pritschenwechsel, Arbeitsverweigerung, Selbstmordversuche. Carmen wehrt ab, wählt aus, wem sie zuhören will. Entscheidungen aus Augenblickslaunen heraus; sie hat Macht über zweihundert Frauen und ist im Lagergetriebe doch bloß ein Rädchen. Der Kampf gegen die Blockälteste, Bertha Viebig, eine Grünwinklige, die bei der Essensausgabe Carmens Frauen benachteiligt, die Schwerkranken auf halbe Ration setzt. Gerüchte wittern, ihren Wahrheitsgehalt abschätzen: Hat sich der neue Lagerleiter, Suhren, wirklich eine Mätresse genommen? Wie nahe sind die Russen schon? Ein- und Abgänge verbuchen. Die Totenstatistik. Zählen, immer wieder zählen. Doch auch Zahlen lassen sich überlisten: Tote können auf Meldezetteln noch ein paar Tage weiterleben, dann kocht die Lagerküche für die Toten, die nichts mehr essen; die Lebenden haben ein bisschen mehr, und Carmen kann die Extrarationen nach ihrem Gutdünken verteilen.

Treite lobt Carmens Einsatz, erwägt, sie zur Blockältesten zu machen; sie müsse ihm helfen, die heilbaren Fälle von den unheilbaren zu trennen. Das will sie nicht; sie wird es tun müssen, wenn er es befiehlt.

Die Trostinseln im Lagerlärm: Schwäne, die das Lager überfliegen, Entengeschnatter am Morgen vom See. Und einmal Musik, am Abend, als sie, nach tagelangem Dauerregen, von der Apotheke zu ihrer Baracke zurückkehrt. Sie geht nahe an den regendichten, aus Stein erbauten Unterkünften der SS jenseits der Mauer vorbei und hört plötzlich, wie verzaubert, Klänge, die sie sogleich erkennt. Einer, Treite vielleicht, hat die Tür offen gelassen, spielt eine Platte auf dem Grammophon: Mozart, Klavierkonzert in d-Moll; dieser dunkel leuchtende Anfang, eine Botschaft aus vergessen geglaubten Gegenden, wo es beiläufige Gespräche gibt, Liebeleien und manchmal einen unbegreiflichen Schmerz. Sie weiß sogleich, wo sie das Konzert zum ersten Mal gehört hat: im Berner Casino-Saal, neben einem Blondlockigen, in den sie eine Zeit lang verliebt war. Sie weint und hat doch gedacht, sie habe keine Tränen mehr.

Marta, die kranke Ukrainerin, streichelt mit der Hand Carmens Wange, als sie ihr Zitronensaft einflößt. Zitronensaft ist kostbar im Lager, und Carmen hat sich im Magazin vier Zitronen eingehandelt gegen Aspirintabletten. Marta, die zarte Marta soll gekräftigt werden, wird dennoch täglich schwächer, schleppt sich in den Werkhof, zum Aussortieren der Beute, die aus andern Lagern herbeigeschafft wird, Matratzen, Kleiderhaufen, Berge von Schuhen. Marta, die Jüdin, erträgt dies nicht, erlischt allmählich, so wie Rosy, die mutterlose Dreijährige, die tagelang zwischen den Betten herumgegangen ist, mit allen geplaudert hat, Rosy im Hemd, das nur bis zu den Knien reicht; die Erwachsenenstrümpfe, die sich für sie gefunden haben, fallen ihr auf die Knöchel. Jetzt liegt sie bloß noch herum. Auch die kleinen Geschenke, die sie bekommt, Kühe, aus Zahnbürstenstielen geschnitzt, eine Strumpfpuppe, heitern sie nicht auf; sie hat Durchfall, macht sich schmutzig. Das erzürnt Emma mit dem grünen Winkel, die Rosy betreut, weil sie es ihrer Mutter versprochen hat. Sie befiehlt dem Kind, das Bett zu säubern, schlägt es, wenn es nicht sogleich gehorcht, schlägt Rosy eines Morgens mit dem Holzpantoffel blutig, kauert über dem wimmernden Kind, bis Carmen, von andern herbeigerufen, sie wegreißt und ihrerseits mit beiden Fäusten zuschlägt. Rosy sagt kein Wort mehr, nimmt nichts mehr zu sich, die Augen sinken in die Höhlen, die Wunde am Kopf eitert. Emma bereut vergeblich ihren Ausbruch; es lässt sich nichts gutmachen. Carmen zwingt sie, das tote Kind zu waschen und in den Leichenkeller zu tragen.

Dann diese Dummheit. Carmen wird abkommandiert, um neu angekommene Französinnen durch die Aufnahmeprozedur zu schleusen. Eine der Neuen heißt Anne, französisch-schweizerische Doppelbürgerin, wie sie sagt. In einem unbewachten Winkel vertraut sie Carmen einen Rosenkranz an, einen Ring, ein Stück Toilettenseife, bittet sie, diese Dinge in Sicherheit zu bringen. Unter ihrem Wollrock schmuggelt Carmen auch für andere Ringe und Broschen durch die Kontrollen. Sie verspricht, den Schmuck später zurückzugeben, gegen Entgelt; Brot will sie dafür, Kleider, Medikamente. Doch der Handel fliegt noch am gleichen Tag auf. Jemand hat Carmen verraten; Verrat holt sie immer wieder ein. Sie wird unter Aufsicht der Binz gefilzt; die Säckchen, die sie auf der Haut trägt, werden rasch entdeckt. Ihre Beteuerungen, sie habe Brot und Medikamente nicht für sich gewollt, nützen ihr nichts. Der neue Lagerkommandant, Suhren, verkündet auf dem Appellplatz die Strafe: drei Monate Bunker und fünfundzwanzig Schläge mit dem Ochsenziemer.

Später dann, in der Zelle, auf dem Bauch, die Hände in die Wolldecke gekrampft, gepeinigt von der Erinnerung: Wie sie vor dem hölzernen Bock kniet und sich darüber beugt, wie sie angeschnallt und ihr Rock hochgehoben wird, wie sie auf das nach Petrol riechende Tuch beißt, das ihr zwischen die Zähne geschoben wird, wie sie zusammenzuckt unter den ersten Schlägen, überrascht, dass sie zunächst außer der Wucht der pfeifenden Lederschnüre gar nichts fühlt, wie dann aber, bei den nächsten Schlägen, die Treite sachlich zählt, der Schmerz über sie hereinbricht, wie sie aufschreit, nur noch Schrei ist, Schmerz- und Wutschrei.

23

Hamburg, Januar 1947

In Hamburg war es bitter kalt, weit kälter als in Bern; es lag wohl am Wind, der dem Konsul ins Gesicht schnitt und die Hosenbeine aufplusterte. Der Fahrer Trenkel, der ihn vom Bahnhof abholte, sagte, der Motor sei am Morgen erst gar nicht angesprungen. Er habe ein paar Jugendliche aus der Nachbarschaft zusammengetrommelt, und die hätten den Wagen angeschoben. Minus achtzehn Grad! Daran seien die sibirischen Kaltluftmassen schuld, die sich nicht von der Stelle rührten. Und ausgerechnet jetzt die Kohlenkrise! Aus der Ruhr kämen keine Waggons mehr. Der Stromverbrauch solle halbiert werden, mit weitern Sperrstunden müsse man rechnen. Der Hafen drohe zuzufrieren. Eine Katastrophe für Hamburg!
Der Konsul hatte den Fahrer, einen vierschrötigen Mann mit zarten Händen, noch nie so gesprächig erlebt. Während Trenkel sonst am liebsten mit Ja oder Nein antwortete und sich auch über seine Kriegserfahrungen kaum ein Wort entlocken ließ, zählte er jetzt mit grimmiger Lust die Schwierigkeiten auf, mit denen man zu kämpfen hatte oder die einem noch bevorstanden. Vielleicht lag es daran, dass der Dauerfrost ein Thema war, das im Unterschied zu politischen Themen keine gegensätzlichen Meinungen hervorrief. Über alle Schranken hinweg konnte man sich einig fühlen in der Gewissheit, schuldlos zu leiden; für die Kältewelle war niemand verantwortlich, nicht einmal Hitler.

Die eingeschneite Stadt, der verhangene Himmel wiesen den Konsul ab; noch hielt die Erinnerung an die Schweiz den Bildern der Zerstörung stand, und darum erschienen ihm die Ruinen und die Straßenbahnen, die Steine statt Passagieren beförderten, umso fremder; dazu überall der Rauch, flatternde Rauchfahnen, Rauchwolken, Rauchsäulen. Auf den Straßen lungerten keine Müßiggänger mehr herum wie noch Anfang Dezember; die Menschen bewegten sich zielstrebig und eilig; sie schleppten volle Säcke, hatten Äste, ganze Holzbündel geschultert. Irgendwo versuchten zwei in Tücher gehüllte Alte eine Birke zu fällen. Wo die Jeeps der Militärpolizei nahten, versteckten sich die Menschen in Nischen und Eingängen, um nicht gefasst zu werden; Schnellgerichte, sagte Trenkel, würden neustens Diebe und Holzplünderer hart bestrafen.
Die Eisfläche des Alsterteichs, dem das Auto, einer Umleitung wegen, eine kurze Weile entlang fuhr, bot den Augen Trost: sanftes Grauweiß, an Gänsedaunen erinnernd; ein paar Fischer, die Löcher ins Eis geschlagen hatten, standen wie Statuen da, von Möwen umkreist.

Der Konsul beschloss, trotz seiner Müdigkeit direkt ins Büro zu fahren. Was sollte er, mitten am Tag, in der ungeheizten Wohnung?
Frau Amacher begrüßte ihn mit dem üblichen Überschwang, der immer auch eine Reihe unausgesprochener Vorwürfe enthielt; sie erkundigte sich nach seinem Gesundheitszustand und ließ einfließen, dass der ihre unbefriedigend sei, sie beklagte sich über die Kälte, über neue britische Schikanen, über die zudringlichen Antragsteller. Er versuchte sich gegen ihren Wortstrom abzuschirmen;

doch erst als er ihr die fünf Schokoladentafeln von Cailler überreichte, die er in Bern für sie gekauft hatte, spielte sie ein paar Sekunden lang die Sprachlose.

Auch Mürner redete erst über die Kälte. Die Kohlenvorräte im Keller reichten noch für drei, vier Wochen, sagte er; ob aber das Konsulat weiterhin bevorzugt beliefert würde, sei fraglich. Er persönlich wolle, im Gegensatz zu andern Personen im Haus, um jeden Preis sparen; deshalb habe er die Heizkörper zurückgedreht.

On verra, sagte der Konsul fröstelnd. Sonst stellen wir eben Petrolöfen in die Büros.

Mürner lächelte schwach. Es ist leider erst Januar. Die Lage kann sich noch erheblich verschlimmern.

Und wie geht es mit der Arbeit?, fragte der Konsul und musterte das Durcheinander auf dem Schreibtisch.

Man tut, was man kann, entgegnete Mürner. Er nannte die Zahl der bewilligten Visumsanträge und schob die Liste zum Konsul hinüber. Dieser erinnerte sich, die Namen überfliegend, an den Bestechungsverdacht, mit dem er in Bern konfrontiert worden war, schob den Gedanken aber gleich wieder beiseite. Mürner erwähnte ein paar nebensächliche Ereignisse, eine Einladung bei den schwedischen Kollegen, eine Presseorientierung bei Bürgermeister Brauer. Mit ein paar Scheinfragen versuchte der Konsul den Moment hinauszuzögern, wo Mürner auf den Prozess zu sprechen kommen würde; doch schließlich war er es und nicht Mürner, der den Bann brach und nach Carmen Mory fragte.

Die Verhandlungen waren am dreißigsten Dezember wieder aufgenommen worden; das Gericht hatte sogar, um nicht in Zeitnot zu geraten, an Silvester und Neujahr getagt, und Mürner war an den bisherigen fünf Verhandlungstagen entweder morgens oder nachmittags dabei gewesen. Er habe es, sagte er verlegen und zugleich in verhaltener Aufregung, für seine Pflicht gehalten, sich in Abwesenheit des Konsuls umfassend zu orientieren. An Silvester hätten drei Polinnen ausgesagt, die, wie siebzig andere, zu Versuchszwecken am Bein operiert und dann mit Gasbrand infiziert worden seien. Zeitweise habe er, Mürner, nicht mehr hinhören können; es sei unvorstellbar, was für Schmerzen diese Frauen gelitten hätten; die Überlebenden würden ihr Leben lang verkrüppelt bleiben. Carmen Mory habe damit zum Glück nichts zu tun. Mürner zog unter einem Formularstapel sein Notizheft hervor, durchblätterte es mit unmerklich zitternden Fingern. Am Neujahrstag, fuhr er fort, habe der Ankläger die Einvernahme seiner Zeuginnen für beendet erklärt; danach habe der Judge Advocate angekündigt, nun würden, in der Reihenfolge ihrer Nummern, die Angeklagten in den Zeugenstand treten. Der Schutzhaftlagerführer Schwarzhuber habe, eines Unfalls wegen, nicht aussagen können; deshalb habe der Kriminalbeamte Ramdohr, Gestapo-Chef im Lager, eine höchst widerliche Figur, den Reigen begonnen; nach ihm hätten sich der Schneidereileiter Binder und der Kommandant der Wachtkompanie, Peters, zu rechtfertigen versucht. Interessant – soweit es um den Fall Mory gehe – sei's erst gestern wieder geworden, als Doktor Zippel die Angeklagte Binz, die ehemalige Oberaufseherin, ins Kreuzverhör genommen habe. Carmen Mory, habe die Binz zugegeben, sei eine unbequeme Gefangene gewesen, eine, die immer wieder aufbegehrt und sich für die Rechte der Gefangenen gewehrt, die Einzige, die durch ihre Furchtlosigkeit der SS Respekt abgenötigt habe.

Hat das die Binz wirklich gesagt?

Ich habe mitstenographiert. Mürner tippte auf die aufgeschlagene Seite seines Notizbuchs. Das setzt doch die Aussagen der Französinnen in ein anderes Licht, nicht wahr?

Es kommt darauf an, ob das Gericht der Binz überhaupt Glauben schenkt, erwiderte der Konsul. Hofft sie vielleicht, ihrerseits von der Mory entlastet zu werden?

Das glaube ich nicht. Sie hat keine Chance, sich rein zu waschen. Vielleicht will sie nur einer ehemaligen Gegnerin Anerkennung zollen.

Der Konsul lächelte und zündete sich, mit einem warm strömenden Gefühl der Erleichterung, eine Zigarette an. Sie sind ein Romantiker, Mürner. Sie trauen Verbrecherinnen wie der Binz edle Regungen zu.

Mürner griff nach einem Bleistift und strich eine Bemerkung im Notizheft durch: Heute Morgen, sagte er aufblickend, ist Fräulein Mory übrigens nicht vor Gericht erschienen. Doktor Zippel hat gesagt, sie sei wegen einer Blutung in ärztlicher Behandlung; er werde dem Gericht ein Arztzeugnis vorlegen.

Wegen einer Blutung?, wiederholte der Konsul konsterniert. Warum haben Sie das nicht früher erwähnt?

Es handelt sich offenbar nicht um etwas Gravierendes. Aber sie wird, laut Doktor Zippel, morgen wieder anwesend sein; für morgen ist nämlich ihr Kreuzverhör geplant. Werden Sie hingehen?

Der Konsul war die ganze Zeit gestanden; nun hatte er das Gefühl, ganz versteift zu sein, und betastete vorsichtig seine Nackenmuskeln. Ich bin mir noch nicht sicher, sagte er. Einer von uns sollte unbedingt dort sein. Es war Mürner anzusehen, dass er wünschte, seinen Chef im Curio-Haus weiterhin zu vertreten.

Der Konsul schaute ihn forschend und zugleich mit eifersüchtigem Ärger an. Seien Sie ehrlich, Mürner, was zieht Sie dorthin?
Mürner errötete bis zu den Haarwurzeln. Wohin? Was meinen Sie?
Nun ja, noch vor Weihnachten haben Sie es fast nicht ausgehalten, dem Prozess beizuwohnen. Und jetzt scheinen Sie plötzlich ganz erpicht darauf zu sein.
Mürner rang, ins Stottern geratend, um eine Antwort. Erpicht? ... Sie täuschen sich, Herr Konsul. Es macht mir keine Freude, mich diesen schrecklichen Einzelheiten auszusetzen ... Aber es ist doch auch Ihre Meinung, dass wir uns ein möglichst genaues Bild machen müssen, um allenfalls über spätere Interventionen entscheiden zu können ... Er brach ab, leckte sich mit der Zungenspitze die Lippen und schien sich innerlich einen Ruck zu geben; denn plötzlich lehnte er sich, die Arme verschränkend, auf seinem Stuhl zurück und sagte provozierend: Auch Sie scheinen ja an diesem Fall ein Interesse entwickelt zu haben, das über das Berufliche hinaus geht.
Der Konsul lächelte verkrampft. Der Fall Mory interessiert mich in der Tat stärker, als er sollte. Und wissen Sie warum? Weil er die Frage aufwirft, ob die Wahrheit, je nach Standpunkt, nicht ganz verschiedene Gesichter hat. Ob Schuld überhaupt gerecht gewogen werden kann.
Das scheint mir doch sehr abstrakt zu sein, erwiderte Mürner.
Abstrakt? Der Konsul erinnerte sich mit Unbehagen daran, dass er Mürner kürzlich auf ähnliche Weise getadelt hatte; aus unerfindlichen Gründen waren ihre Rollen plötzlich vertauscht.

Mürner blickte haarscharf, mit eigensinnigem Ausdruck am Konsul vorbei. Haben Sie nicht selber gesagt, Carmen Mory sei eine faszinierende Frau? Sie ist es, zweifellos. Er sprach nun geradeheraus, mit einem Anflug von jugendlichem Bekennertum, das auf väterliche Zuwendung hofft. Nicht dass ich mich in sie verlieben würde, aber sie lässt mich nicht los. Ich möchte wissen, wer sie ist, ich meine: jenseits aller Rollen, die sie abwechselnd spielt.

Der Konsul fühlte sich von Mürners Attacke merkwürdig verletzt. Die Vorstellung, dass ihn ein jüngerer Untergebener durchschauen könnte, war ihm peinlich. Ob mich jemand fasziniert oder nicht, geht Sie nichts an, sagte er abweisend. Oder wollen Sie mir etwa eine Pflichtverletzung unterstellen?

Mürner fiel augenblicklich in seine vorherige Verlegenheit zurück. Das habe ich keinesfalls so gemeint ... Verzeihen Sie bitte, wenn ich ...

Schon gut, unterbrach ihn der Konsul. Nehmen Sie bitte zur Kenntnis, dass ich morgen im Curio-Haus sein werde. Mürner nickte heftig.

Ohne ein weiteres Wort verließ der Konsul den Raum. Er hatte gesiegt, auf billige Weise. Doch irgendwo spürte er einen diffusen Schmerz. Wäre es nicht so abwegig gewesen, hätte er geglaubt, es sei die Eifersucht auf einen Nebenbuhler, die ihn plage. Er setzte sich, fünf Schritte weiter drüben, in seinem Büro an den Schreibtisch, sah flüchtig die Post durch, die darauf lag. Ein paar handschriftliche Briefe und Karten bezogen sich auf den Prozess. Die Absenderinnen waren ihm unbekannte Frauen, die für Carmen Mory Partei ergriffen und den Konsul aufforderten, alles in seiner Macht Stehende zu tun, um einen Freispruch zu erwirken. Weshalb die Frauen glaubten, er habe Einfluss aufs Gericht, wusste er nicht. Sie kannten das KZ Ravensbrück offenbar aus eigener Erfahrung; die Briefe glichen sich im Tonfall und in den Argumenten, und dies wiederum kam dem Konsul rätselhaft vor.

Er rauchte, ließ seine Gedanken schweifen; zwischendurch schaute er hinaus auf die eingestürzte Mauer, die schief stehende Robinie mit ihrem filigranen Geäst. Es wäre ein hoffnungsvolles Zeichen gewesen, wenn man die Mauer während seiner Abwesenheit wieder aufgebaut hätte. Aber bis Hamburgs Kriegsschäden beseitigt waren, würde er wohl längst auf einen andern Posten versetzt sein. Wenn er Botschafter werden wollte, durfte er sich nicht von diffusen Gefühlen leiten lassen. Er legte die Hand auf die Wange. Da war er wieder, der vertraute Schmerz; er hatte sich hochgearbeitet, nein: hochgewühlt und sich im Kiefer und in den Zahnwurzeln festgebissen.

In dieser Nacht hatte er einen schlimmen Traum: Carmen Mory lag in einem Holzsarg und blutete aus dem Mund. Er versuchte, über sie gebeugt, das Blut mit einem Kaninchenfell aufzuwischen. Doch der Sarg füllte sich mit Blut, sie versank darin, und er wusste, dass sie noch lebte. Er tauchte seine Arme bis zu den Ellbogen ins Blut, um sie herauszuheben, bekam aber nichts zu fassen als ein Bündel Kleider, das er auswrang, und jetzt tropfte nicht mehr Blut an seinen Armen herunter, sondern etwas Gelblich-Klebriges. Er roch daran; es war Harz.

24

Ravensbrück, 1944

Wieder drei Monate im Bunker, diesmal im kalten Nordtrakt, wo der Kalk an den Wänden Blasen wirft. Das zerschrundene Gesäß verheilt; Carmen nimmt ein bisschen zu, obwohl sie zeitweise auf halbe Ration gesetzt wird. Dass sie sich nicht anstrengen muss, kommt ihrem Körper zugute; sie gewöhnt sich wieder ans Alleinsein, zieht sich darin zurück wie die Raupe in den Kokon.
Etwas ist anders als in der vorherigen Zelle: Man hat neue Fenster eingesetzt; das ihre, ein vergittertes Milchglasfenster, hat eine kleine Luftklappe, die Carmen selber öffnen und schließen kann. Sobald die Wärterinnen, den Geräuschen zufolge, möglichst weit weg sind, pfeift Carmen auf bestimmte Weise durch die Klappe; wenn sie Glück hat, erwidert Isa, die Nachbarin zur Linken, den Pfiff. Indem beide abwechselnd ins Leere sprechen oder das Ohr an die Klappe pressen, unterhalten sie sich miteinander in abgerissenen Sätzen, so lange, bis die eine oder die andere das Gefühl hat, es drohe Gefahr, und das Gespräch abrupt abbricht.
Mit Worten lässt sich mehr austauschen als mit Klopfzeichen; jedes Wort, das weitergeht und verstanden wird, macht einen wieder ein bisschen mehr zum Menschen. Von Isa, die erst kürzlich eingeliefert worden ist, erfährt Carmen, dass Berlin sich in eine Ruinenstadt verwandle; die Zahl der Ausgebombten übertreffe schon die der Deportierten. Nur Fanatiker glauben noch an den Endsieg.

Ein andermal berichtet Isa, sie habe noch vor drei Wochen den schweizerischen Landessender Beromünster abgehört; die Alliierten planten eine Invasion an der Atlantikküste; das werde den Nazis den Todesstoß versetzen. Carmen weiß nicht, wie viel sie davon glauben soll; ist die gigantische Kriegsmaschinerie des Dritten Reiches wirklich am Ende? Dann wieder will sie es glauben, stellt sich euphorisch die Befreiung vor; sie beginnt zu vergessen, dass auch sie einmal zu denen gehörte, die dem Führer gefolgt sind.

Kaum ist Carmen, Mitte Mai 1944, aus dem Bunker entlassen, kaum hat sie, gegen ihr Sträuben, die Stellung als Stubenälteste wieder angetreten, bestellt Ludwig Ramdohr sie zu sich. Er, der verlängerte Arm der Gestapo in Ravensbrück, steht außerhalb der SS-Hierarchie und wird sogar vom Lagerleiter gefürchtet; sein Spitzelnetz überzieht das ganze Lager. Ramdohr hat den Ruf, raffinierte Verhöre zu führen. Er ist, das merkt Carmen sogleich, von anderm Kaliber als Treite, schärfer und kälter, dauernd auf der Hut; doch dies übertüncht er mit einem stereotypen Lächeln, das manchmal zu einem grimassierenden Zucken wird. Er leidet an einer Hautkrankheit; dazu hat er die Marotte, Daumen und Mittelfinger aneinander zu reiben und überraschend mit ihnen zu schnippen, so dass, wer nicht darauf gefasst ist, zusammenzuckt und hinter dem Schnippen einen verborgenen Sinn sucht.
Wir Gutgesinnten, sagt er zu Carmen, müssen das Verbrechen und die Korruption im Lager gemeinsam bekämpfen. Sie sind doch auch gegen die Kommunisten, nicht wahr? Die haben ihre Finger überall im Spiel, schüchtern Häftlinge ein, benützen sie zu ihren Zwecken. Sagen Sie mir, wer unter ihnen den Ton angibt! Und neh-

men Sie auch die Aufseherinnen ins Visier, die Ärzte. Unter ihnen gibt es solche, die anfällig sind für – na, sagen wir – Zweifel, verbotene Genüsse. Beobachten Sie genau, Mory, Sie haben als Stubenälteste Zugang zur Schreibstube, zur Kartothek; vielleicht finden Sie auch heraus, wer Karten fälscht oder manipuliert. Es geht nicht darum, ob Sie an den Endsieg glauben oder nicht, Mory, es geht darum, dass wir die Ordnung in diesem Lager aufrechterhalten, wenn nötig bis zum bittern Ende, sonst versinken wir in einem Chaos, das keiner überlebt, verstehen Sie? In Ramdohrs Mundwinkeln haben sich Speichelbläschen gebildet; er schaut zu Carmen auf, die mit durchgestrecktem Rücken, in vorgeschriebener Haltung vor ihm steht.

Extrarationen für Sie, Mory, wenn Sie mich zufrieden stellen, fährt er fingerschnippend fort. Pakete werden ihnen ohne vorherige Kontrolle ausgehändigt; und sollten Sie in Gefahr geraten, werde ich mich für Sie einsetzen. Er streckt die Hand aus. Nun, schlagen Sie ein? Arbeiten wir künftig zusammen?

Ihr schwindelt, und doch hält sie sich gerade, darum bemüht, nicht auf den Bock zu schielen, der neben Ramdohrs Schreibtisch steht. Sie nickt, ergreift Ramdohrs Hand, lässt sie gleich wieder los. Einmal Spitzel, auf ewig Spitzel.

Ramdohr zieht Carmen, indem er aufsteht und ihre Hand noch einmal packt, zu sich heran; einen Augenblick lang hat sie, eine antiseptische Hautcreme riechend, sein von roten Flecken übersätes Gesicht so nahe vor sich, als wollte er sie küssen, dann stößt er sie weg und sagt: Bilde dir ja nichts ein, du wirst auch überwacht.

Sie wollen mich zurichten, sie alle wollen mich zurichten, jeder auf seine Art. Der Vater. Fritz. Weber. Abbé Alphonse.

Vuillemin. Laurent. Heydrich. Treite. Ramdohr. Die Liste hört nicht auf. Zurichtung. Abrichtung. Hinrichtung. Mit Leib und Seele sollen wir zu ihrer Verfügung stehen. Sie träumt von Ramdohr, der eigentlich eine Fleisch fressende Pflanze ist, eine Art Aronstab mit klebrig aufgeschlitzter Blüte; sie fühlt im Traum, dass sie ebenfalls am Boden festgewachsen ist; ihre Schreie wirbeln Blütenstaub auf, von dem sie nicht weiß, woher er kommt, gelbe, die Sicht trübende Wolken, die sie mit fuchtelnden Händen zu vertreiben versucht.

Sie meldet Ramdohr mehr, als sie sich vorgenommen hat: die Namen derer, die betrügen und erpressen, die Namen der kommunistischen Drahtzieherinnen, genau wie er's will. Einmal pro Woche hat sie zum Rapport anzutreten oder, wenn er nicht da ist, in seinem Dienstzimmer einen ausführlichen Bericht zu schreiben. Danach verschwinden über Nacht einzelne Häftlinge aus Block 10; sie werden versetzt, abtransportiert, eingebunkert. Carmen verwünscht ihre Schwäche und kann doch ihre Angst vor dem Bock nicht besiegen. Nicht nur Treites Liebling sei Carmen, heißt es nun, sondern auch Ramdohrs Hure. Die einen, vor allem die Französinnen, weichen ihr aus, die andern nähern sich ihr mit speichelleckerischer Devotheit. Es hat keinen Sinn, den Gerüchten entgegenzutreten. So rinnt die Furcht, die sie empfindet, gleichsam durch sie hindurch, steckt die andern an, die mit ihr zu tun haben.

Wieder das Fieber; es zehrt die letzte Kraft auf. Mit vierzig Grad bleibt sie liegen. Schüttelfröste; dazu der Husten, der sie zu zerreißen droht. Es sei wohl eine Lungenentzündung oder ein schwerer Bronchialkatarrh, sagt eine neue Ärztin, die sich, von Treite geschickt, in Block 10 getraut.

Carmen wird ins Revier gebracht, also nicht bei den unheilbaren Fällen gelassen. Jemand beugt sich über sie: Ich bin Anne, Anne Spörry, erinnerst du dich? Leichte Berührungen, ein Streicheln eher als ein Abtasten; sie flößt Carmen lauen Tee ein, sie wäscht ihre Achselhöhlen, säubert ihr Gesäß; sie besorgt ihr frische Bettwäsche, legt eine Wolldecke über sie, beschafft sich, wie durch ein Wunder, eine zweite. Anne, Häftling und Hilfsärztin von Treites Gnaden. *Anuschka. Annisch.* Und manchmal Claude, das war ihr Deckname in der Résistance.

Sie bringt Carmen, die eine Weile zwischen Tod und Leben schwebt, mit der rudimentären Medizin durch, die im Lager möglich ist, mit Wickeln, viel Flüssigkeit, Schwitzen, Zureden, Massieren. Einmal spritzt sie ihr ein Beruhigungsmittel in die Vene.

Flüstergespräche, beargwöhnt und gestört von den Aufseherinnen. Sie wechseln, um Lauscherinnen zu täuschen, mitten im Satz vom Deutschen ins Französische, vom Französischen ins Englische. Es gibt plötzlich so viel zu erzählen. Anne hat, als geheime Botin, einen Briefkasten der Résistance betreut; sie ist verhaftet worden, als sie ihn leeren wollte; danach sieben Monate in einem Pariser Gefängnis (nein, nicht in *La Roquette*); dann der Transport nach Ravensbrück. Auch ihren Bruder hat man gefasst. Er ist zarter als ich, sagt sie, ich bezweifle, ob er das Lager überlebt. Ihr Medizinstudium hat sie noch gar nicht beendet; das darf Carmen niemandem verraten. Es fehlt ja nur noch ein Semester, sagt Anne; ich bin gut, ich weiß alles, was nötig ist.

Langsam geht es aufwärts; der Hunger meldet sich zurück. Anne organisiert Extra-Rationen für Carmen, ein Rätsel, woher sie Fleischstücke, Brotrinden nimmt, einmal sogar einen halben Riegel Schokolade, den Carmen unendlich langsam im Gaumen zergehen lässt. Von Anne erfährt sie, dass ein alter Bekannter, Graf Helldorf, seit ein paar Tagen im Zellenblock sitzt. Man beschuldigt ihn, an der Verschwörung gegen Hitler beteiligt gewesen zu sein. Helldorf, der Charmeur! Carmen will es nicht glauben; aber es muss stimmen, andere sagen es auch. Es gehe ihm schlecht, hört sie; die Verschwörer seien misshandelt worden, lägen halb tot in den Zellen; sie würden wohl alle erschossen. Carmen, die inzwischen die Schmuggelwege kennt, versucht Helldorf eine Botschaft zukommen zu lassen, sie will ihm zeigen, dass jemand an ihn denkt. Ob er die paar Worte jemals gelesen hat, erfährt sie nicht. Kurz darauf bringt man ihn weg.

Nach wochenlanger Bettlägerigkeit die ersten Schritte durch den Gang zwischen den Betten. Dass man überhaupt so mager sein kann, sagt Carmen und umfasst, zum Beweis, mit beiden Händen ihren Oberschenkel. Dabei war ich einmal richtig drall!
In Block 10, bei den Tuberkulose- und Nervenkranken, empfängt man Carmen ohne Überschwang. Der Gestank in den überfüllten Räumen: schlimmer als im Revier. Leonie, die Hilfsschwester aus Holland, sagt, Treite habe die bisherige Blockleiterin, Bertha Viebig, abgesetzt; der Posten sei vakant. Aber was ist aus dem Dienstzimmer geworden? Leonie führt Carmen zur abgeschlossenen Tür, öffnet sie kurz, drückt sie wieder zu und dreht den Schlüssel im Schloss, gegen den Widerstand von innen. Das Bild

hat sich auf Carmens Netzhaut eingebrannt: Eingesperrte Frauen, nur mit Hemden bekleidet, verdreckt und mager; wie viele wohl auf diesen paar Quadratmetern? Sie stehen im Stroh, kauern irgendwo an den Wänden, kein Platz zum Liegen. Einzelne erhobene Hände wie Wimpel über dem Gliedergewimmel, Kratzspuren auf den kahl geschorenen Schädeln.

Es sind die Verrückten, die Verwirrten aus dem ganzen Lager, die hierher gebracht werden; jene, die nach einem Verhör nicht zu schreien aufhören, jene, die sich selber erwürgen wollen, jene, die alle angreifen, die ihnen zu nahe kommen. Doktor Orandi, ein junger Arzt, sagt Leonie, habe diese Maßnahme, mit Treites Einwilligung, angeordnet. Aber warum bloß? Warum all diese Wracks auf einem Haufen? Um sie so schnell wie möglich sterben zu lassen, sagt Leonie. Sie sind auf halbe Ration gesetzt, und sie zerfleischen dich, wenn du mit dem Suppenkübel hineingehst. Wir sollen sie waschen, den Boden desinfizieren. Wie wohl? Carmen fasst sich, öffnet selber noch einmal die Tür; da steht eine Riesin mit hängenden Brüsten, will, von hinten gestoßen, hinaus, zeigt lächelnd ihre verfaulten Zähne: Ich bin Paula.

Carmen lässt Leonie stehen, läuft in die Dämmerung, in den Regen, platscht durch den Morast. Wo ist Treite? Die Aufseherin Bösel, der sie begegnet, will sie zurückjagen, droht, ihren Hund auf sie zu hetzen. Doch Carmen lässt sich nicht einschüchtern, findet Treite in der Lagerapotheke: Das geht nicht, Herr Doktor. Das übersteigt unsere Kräfte. Das müssen Sie ändern.

Treite scheint verlegen, tritt aus dem Licht der Glühbirne in eine dunklere Zone: Ich kann es nicht ändern. Die Lagerleitung will es so.

Dann kommen Sie mit. Schauen Sie sich an, was Sie angerichtet haben.
Das lehne ich aus hygienischen Gründen ab. Wahllos reißt er ein paar Packungen Medikamente aus einem Schrank, wirft sie vor Carmen auf den Tisch: Da, nehmen Sie. Da haben Sie doch wenigstens etwas. Sie mit Ihren ewigen Beschwerden.

Noch am gleichen Abend ruft Treite Carmen zu sich in die Kommandantur und schockiert sie mit seinem Entscheid, dass er sie, in Absprache mit dem Lagerkommandanten, Hauptsturmführer Suhren, zur Blockältesten ernannt habe. Er gratuliert zu Beförderung; sie verweigert den Handschlag.
Warum ich?, fragt sie, nahe daran, ihre Stimme wieder zu verlieren.
Sie haben nicht zu fragen, sondern zu gehorchen, erwidert er. Ich nenne Ihnen trotzdem einen Grund: Ihr bedingungsloser Einsatz für Block 10 imponiert mir. Sie werden das Mögliche tun. Sein Blick verrät nicht, was er wirklich denkt.
Wenn es so ist, sagt Carmen, dann will ich Anne Spörry als Häftlingsärztin bei mir haben.
Er nickt. Sie brauchen ohnehin Verstärkung.
Wir haben bloß hundertachtzig Pritschen, sagt sie. Aber jetzt sind uns schon beinahe sechshundert Frauen zugewiesen.
Rücken Sie eben enger zusammen. Irgendwo ist immer noch ein Plätzchen frei. Treite zögert, schaut an ihr vorbei. Etwas Luft werden wir uns höchstens mit den nächsten Selektionen verschaffen können.
Und wohin geht der Transport?, fragt Carmen. Nach Auschwitz?

Treite blinzelt und reibt sich mit dem Zeigefinger am Augenwinkel, als sei ihm dieses eine Wort wie ein Fremdkörper auf die Bindehaut geflogen. Nach Linz. Ins Landeskrankenhaus. Dort ist man auf Nervenkrankheiten spezialisiert. Er steht nun wieder, kreidig weiß wie ein Pierrot, im Licht. Sie glauben wohl, besonders gut informiert zu sein. Ihre Zusammenarbeit mit Ramdohr scheint Früchte zu tragen.
Carmen schießt das Blut ins Gesicht; doch es ist klüger zu schweigen. Früher oder später weiß man im Lager alles übereinander. Ist es vielleicht sogar Ramdohrs Wille, dass sie Blockälteste wird?

Die Neuigkeit hat, sie weiß nicht wie, vor ihr Block 10 erreicht. Ihre Günstlinge beglückwünschen sie; die meisten bleiben gleichgültig und matt.
Jetzt stände ihr, als Blockleiterin, ein eigener Raum zu; aber es gibt keinen ungenutzten Quadratmeter in Block 10; wo also soll Carmen hin? Ins Dienstzimmer, befiehlt die Binz, zu den Idiotinnen; dort sei ihr Platz. Die Binz droht, den ganzen Block Strafe stehen zu lassen, wenn dem Befehl nicht Folge geleistet werde. So räumen die paar, die Carmen zugetan sind, im Dienstzimmer nahe bei der Tür eine Ecke frei, bugsieren die Kranken in den hintern Teil, obwohl es erst gar nicht möglich scheint, dass sie noch enger zusammenrücken. Gemeinsam schieben sie den kleinen Wandschrank zur Tür, stellen ihn quer, grenzen damit Carmens Schlafplatz vom übrigen Raum ab. Sie hängen Tücher auf, legen einen sauberen Strohsack auf den Boden. An der Wand ein Lederriemen. Anne, inzwischen in Block 10 umgezogen, bekommt den Ersatzschlüssel zum Dienstzimmer.

Wie soll ich das überleben, Anne? Schon nur dieser Gestank!

Du wirst dich daran gewöhnen. Ich passe draußen auf dich auf.

Ja, das tut sie; *dearest Ann* nimmt sich die Bettkante im obersten Stock, gerade beim Ausgang, den gefährlichsten Platz, von dem man leicht heruntergestoßen wird; aber von dort ist sie am schnellsten bei Carmen.

25

Hamburg, Januar 1947

Von der anhaltenden Kälte, unter der das Land litt, war im Gerichtssaal am vierundzwanzigsten Verhandlungstag, als Carmen Mory aussagte, nichts zu spüren. Die Sitzreihen waren voll besetzt; die Zuschauer standen sogar den Wänden entlang und heizten den Saal auf mit ihrer gleichsam dampfenden Neugier. Die Zeitungen und die Filmwochenschau hatten der Angeklagten Mory zu unerwarteter Berühmtheit verholfen; man kam, um sich das Bild von ihr, das man sich schon gemacht hatte, bestätigen zu lassen. Der tschechische Journalist begrüßte den Konsul, der sich zwischen den Stehenden durchgeschlängelt hatte, mit der Vertraulichkeit eines alten Bekannten: Jetzt werden wir ja sehen, wie löchrig Morys Aussagen sind. Auch andere Zuschauer in der gleichen Reihe nickten dem Konsul zu; er nickte befangen zurück und setzte sich auf seinen Eckstuhl.
Als man die Angeklagten hereinführte, wurde er wieder von einem Mitleid erfasst, das ihm beinahe den Atem abschnitt. So bleich und kränklich hatte er Carmen Mory noch nie gesehen. Ihre Augen lagen tief in den Höhlen; sie hüstelte und hustete, den Mantel eng um sich gezogen, in einem fort, konnte sich kaum aus eigener Kraft aufrecht halten und musste auf dem Weg zum Zeugenstand gestützt werden. Sie brachte den Eid nur stockend über die Lippen; danach erlaubte der Präsident, dass sie, so lange ihre Schwäche andaure, ausnahmsweise sitzen dürfe.

Sitzend schaute sie knapp über den Rand der Holzkoje hinaus; wie abgetrennt vom übrigen Körper schien ihr Kopf über dem Geländer zu schweben. Doch schon bei Doktor Zippels ersten Fragen, die ihre Herkunft und Ausbildung betrafen, lebte sie wieder auf. Der Hustenanfall klang ab; ihre Stimme wurde geschmeidiger.

Sie stellte sich als Arzttochter vor, die es aus einem Schweizer Bergtal in die Ferne gezogen habe, um Sprachen zu lernen, nach München dann, um Sängerin zu werden; sie schilderte ihren Stimmverlust nach der Mandeloperation; sie beschrieb, von Zippels Fragen geführt, die Stationen ihrer Verstrickung mit dem Nationalsozialismus, die Verlobung mit Fritz Erler, der sie unmerklich, mit kleinen und wohl berechneten Schritten in die Agententätigkeit hineingelockt habe. Sie beteuerte, die Anschuldigungen, derentwegen sie in Paris verhaftet worden war, seien erlogen oder maßlos übertrieben gewesen. Weder habe sie dem jüdischen Emigranten Max Braun nach dem Leben getrachtet noch irgendwelche militärischen Geheimnisse an die Deutschen verraten. Der Prozess sei eine Farce gewesen. Die französische Gegenspionage habe ihr, nach dem Todesurteil, in der Tat eine Zusammenarbeit angeboten; doch sie sei vom französischen Staatspräsidenten begnadigt worden, bevor sie eingewilligt habe.

An dieser Stelle unterbrach sie der Judge Advocate und forderte sie und ihren Verteidiger auf, sich um Kürze zu bemühen. Es gehe hier nicht um den längst abgeschlossenen, sondern um den jetzigen Prozess. Doktor Zippel nickte und ließ seine Mandantin die nächste Phase – ihre Flucht aus Paris, die neuerliche Verhaftung durch die Deutschen, die Verhöre im Gestapo-Hauptquartier – in Stichworten zusammenfassen und leitete dann gleich zur

Bunkerhaft in Ravensbrück über. Auch hier hielt er sie an kurzer Leine, befragte sie schon nach wenigen Sätzen über ihre zweite Einlieferung und ihre Zeit als Stuben- und Blockälteste in Block 10. Bisher hatte die Angeklagte, zur Überraschung vieler, wie der Konsul spürte, keinen schlechten Eindruck gemacht; sie wirkte nicht unbescheiden oder rechthaberisch, wie er befürchtet hatte, sondern glaubwürdig und entschlossen. Woher sie plötzlich die Kraft nahm, war dem Konsul ein Rätsel.

Auch im Folgenden, wo's um den Kern der Sache ging, versuchte Zippel seine Mandantin in ein möglichst günstiges Licht zu rücken. Doch jetzt reagierte sie auf seine Fragen mit übertriebener Emphase; jeden Verdacht, sie könnte vor allem ans eigene Überleben gedacht haben, wies sie weit von sich. Noch empörter bestritt sie körperliche Übergriffe: Nein, sie habe nie blindlings dreingeschlagen, sondern sich höchstens gegen die Angriffe der Geisteskranken gewehrt; nein, sie habe keine Frauen zu Tode gespritzt, sie habe überhaupt nie jemanden getötet. Sie wisse von einer einzigen Tötung, die ihre Freundin, die Ärztin Anne Spörry, verübt habe; dies sei aus Mitleid geschehen und habe eine Sterbende vor weiteren Qualen bewahrt. Zusammen mit Anne Spörry habe sie, unter Einsatz ihrer letzten Kräfte, alles daran gesetzt, das Los ihrer Mitgefangenen zu erleichtern.

Die Stimmung im Saal, die schon beinahe zu Gunsten der Angeklagten umgeschlagen war, hatte sich wieder verändert. Es war, dachte der Konsul, eine falsche Strategie, sich selber so vehement vom allgemeinen Unrecht auszunehmen, das im Lager, quer durch alle Hierarchien, geherrscht hatte; es war illusorisch, eine Form von Selbstbetrug, den das unruhig werdende Publikum instinktiv durchschaute. Hätte Carmen Mory eingestanden, dass sie angesichts der

Zustände überfordert war, dass sie zwar vielen geholfen, aber auch versagt hatte, wären ihr Publikum und Gericht möglicherweise gewogen geblieben. Aber sie hielt an ihrer Unschuld fest. Und als sie, die Stimme erhebend, behauptete, nichts als grundloser Hass habe die Französinnen zu ihren Falschaussagen verleitet, hatte sie sich schon wieder alle Sympathien verscherzt.

Zippel lenkte zwar geschickt von den Französinnen ab; mit zahlreichen Detailfragen zum Idiotenstübchen versuchte er herauszuarbeiten, dass seine Mandantin ihren Spielraum als Befehlsempfängerin, als winziges Rad im Lagergetriebe immer wieder aufs Äußerste ausgenutzt, ja sogar mehrfach unter Lebensgefahr durchbrochen habe, was ja von der Oberaufseherin Binz bestätigt worden sei. Aber statt die Ereignisse zurückhaltend zu schildern, zeigte sich Carmen Mory hochfahrend und besserwisserisch; sie stellte sich selber als Heldin dar und verurteilte den Opportunismus anderer Blockältester, den Egoismus der Französinnen, die nicht nur Wolldecken, sondern auch Brot und Medikamente für ihre Gruppe gehortet hätten. Sie selber hingegen habe ihre Care-Pakete geteilt und ihre Lungenzulage weiterverschenkt. Ein paar protestierenden Zwischenruferinnen auf der Galerie rief sie zu: Das ist die Wahrheit, die Wahrheit!, und wurde deswegen erneut vom Präsidenten verwarnt. Als die Verhandlung gegen ein Uhr unterbrochen wurde, erlosch schlagartig alles Aufbegehrende in ihr, erschöpft sank sie auf den Stuhl zurück; ihr Gesicht wurde grau und unansehnlich.

Der Konsul hatte befürchtet, sie werde die Nachmittagsverhandlungen nicht durchstehen. Wie so oft täuschte er sich auch dieses Mal in ihr. Sie hatte sich geschminkt und gepudert, was ihr Gesicht verjüngte, aber ihm zugleich einen maskenhaften Zug verlieh. Es war wohl ihre einzige Möglichkeit, sich gegen Major Stewart abzuschirmen, der sie nun ins Kreuzverhör nahm. Stewart kam schnell, ohne zeitraubende biographische Umwege, auf die kritischen Punkte ihrer Selbstdarstellung zu sprechen und versuchte das Verteidigungsgebäude, das sie errichtet hatte, zum Einsturz zu bringen.

Sind Sie bei der Tötung der Sterbenskranken, die Sie erwähnt haben, dabei gewesen?, fragte er als Erstes.

Nein, Anne Spörry hat mir am selben Abend davon erzählt, antwortete Carmen Mory in fließendem Englisch, ohne die deutsche Übersetzung abzuwarten, und sie beharrte auch im Folgenden, gegen Doktor Zippels Einspruch, darauf, englisch zu sprechen.

Haben Sie, fragte Stewart, als Blockälteste diese Tötung angeordnet?

Nein, ich habe nie eine Tötung angeordnet. Meine Freundin handelte aus eigenem Antrieb. Es geschah aus Mitleid. Die alte Zigeunerin wollte sterben. Sie schlug immer wieder mit dem Kopf gegen die Wand. Sie wäre, nach der Selektion durch Treite und Winkelmann, abtransportiert worden und hätte noch länger gelitten.

Antworten Sie kürzer und präziser. Wurde die Frau mit Gift getötet?

Nein, uns stand kein Gift zur Verfügung. Wir hätten zum Beispiel dringend Morphium gebraucht. Es gab keines.

Geben Sie eine eindeutige Antwort. Womit wurde die alte Zigeunerin getötet?

Mit Luft. Anne Spörry injizierte ihr fünfzehn Kubikzentimeter Luft direkt ins Herz. Das wirkt unmittelbar tödlich.

Woher wissen Sie das?

Anne Spörry hat es mir erklärt.
Sie haben diese Methode, über die Sie Bescheid wussten, selber nie angewendet?
Nein, nie.
Und Sie behaupten, auch sonst keine Spritzen verabreicht zu haben?
Zwei-, dreimal, als wir noch über Schmerzmittel verfügten, habe ich intramuskulär gespritzt, auf Anordnung der Oberschwester Marschall, nie aber intravenös, dafür war ich nicht ausgebildet.
Wie haben Sie reagiert, als Anne Spörry Ihnen von dieser Tötung erzählte?
Erstmals zögerte Carmen Mory; der Stolz, der bisher aus ihrer Stimme und ihren prompten Antworten geklungen hatte, schien zu zerbröckeln. Ich habe sie getadelt. Ich habe ihr gesagt, dass sie sich, als Katholikin, an die Gebote halten müsse ... Aber ich habe sie auch getröstet, sie war sehr niedergeschlagen nach dieser Tat.
Stewart näherte sich ihr, die Hände auf dem Rücken, mit ein paar Schritten und fasste sie scharf ins Auge: Ist dies Ihrer Meinung nach der Grund, weshalb Anne Spörry nicht vor Gericht erscheinen will? Hat sie Angst, zur Rechenschaft gezogen zu werden?
Ich weiß nicht, weshalb sie nicht kommt, antwortete Carmen Mory so leise, dass ihre Worte im atemlos lauschenden Saal zu versickern schienen. Ich weiß es nicht ... Man kann ihr ... Man kann uns doch nicht vorwerfen, eine Sterbende erlöst zu haben ...
Sie haben *uns* gesagt, hakte Stewart sogleich ein. Was heißt das genau?
Carmen Mory schwieg und weinte; sie setzte sich, stand wieder auf; die Tränen zeichneten Spuren in die Puder-

schicht, die sie aufgetragen hatte. Stewart legte eine Pause ein und schaute mit scheinbar unbewegter Miene, die aber seine Genugtuung kaum verbarg, zum Gerichtstisch hinüber, wo der polnische und der französische Beisitzer miteinander flüsterten. Dann wandte er sich erneut der Angeklagten zu. Ob ihre immer wieder beschriebenen Wutanfälle, fragte er, alle erfunden seien. Nein, erwiderte Carmen Mory wiederum sehr leise, sie erinnere sich, ein paar Mal außer sich gewesen zu sein; da habe sie, wie viele andere, unter dem Lagerkoller, der *camp madness* gelitten. Es war das erste Mal, dass sie einräumte, die Kontrolle über sich verloren zu haben, und der Konsul war erleichtert; er hatte den Eindruck, dass ihr dieses Eingeständnis eher nützen als schaden würde, obwohl der Tscheche neben ihm ungläubige Laute von sich gab und hinter das letzte Stichwort, das er notiert hatte, ein überdimensioniertes Fragezeichen setzte.

Am Ende seines Kreuzverhörs – der Konsul sehnte es schon lange herbei – trieb Stewart die erschöpfte Angeklagte noch einmal in die Enge: Miss Mory, Sie sind zweifellos eine hochintelligente Frau. Aber sind Sie nicht auch eine berechnende Opportunistin, die sich immer gerade im richtigen Moment auf die Seite der jeweiligen Sieger stellte?
Carmen Mory schloss die Augen und strich mit den Fingern langsam über die Stirn. Ich weiß nicht, wie Sie darauf kommen, *Sir*.
Nun, ganz einfach. Im Lager haben Sie mit der stärksten Kraft, der SS, zusammengearbeitet. Und als die SS besiegt war, sind Sie zu uns übergelaufen und haben uns Ihre Dienste angeboten.

Sie antwortete nach einer Pause, in der sie den aufkommenden Husten bezwang: Ich habe nicht mit der SS zusammengearbeitet. Ich bin Kompromisse eingegangen, um die Lebensbedingungen meiner Lagergefährtinnen zu verbessern. Nehmen Sie das endlich zur Kenntnis, Sir. Ich habe die SS gehasst, besonders die SS-Ärzte, die uns wie Ungeziefer behandelten. Sie hob den nahezu erloschenen Blick und drehte sich halb nach der Anklagebank um. Deshalb habe ich das meine getan, um zu ihrer Verhaftung beizutragen. Professor Gebhardt, der Verantwortliche für die Gasbrand-Experimente, wäre ohne meine genauen Beschreibungen vermutlich noch auf freiem Fuß.
Ja, fuhr Stewart dazwischen, Sie haben Leute denunziert, in deren Dienst Sie vorher standen.
Das ist nicht wahr. Ich habe mich immer nur für meine Mitgefangenen eingesetzt und nicht für die SS.
Stewart bedeutete dem Präsidenten, er habe keine weiteren Fragen mehr; Carmen Mory wurde zur Anklagebank zurückgeführt, und plötzlich schienen nur noch ihr Husten und ihr Mantel mit dem hochgestellten Kragen vorhanden zu sein; sie selber war, als Person, dahinter verschwunden.

Der Konsul wurde von der Menge aus dem Saal geschoben; er merkte erst, dass er schon in der Vorhalle war, als ihm von draußen die Kälte entgegenschlug. Wie lange das Kreuzverhör nachwirken, ob es letztlich für oder gegen die Angeklagte sprechen würde, vermochte der Konsul nicht zu beurteilen. Wenn es nur aufs Gefühl ankam, dann stand er auf ihrer Seite, gerade wegen ihrer Schwächen und Ausflüchte; dass sie, mit dem Rücken zur Wand, um ihre Glaubwürdigkeit kämpfte, rührte ihn. Aber konnte er deswegen über ihre dunkle Seite hinwegsehen? Wenn sie auch nur die Hälfte, nur ein Zehntel von dem verschuldet hatte, was man ihr vorwarf, dann war dies unverzeihlich.

Die Sitzung hatte fast eine Stunde länger als vorgesehen gedauert; der Konsul hatte mit Trenkel vereinbart, dass dieser, um nicht festzufrieren, in einem solchen Fall zum Konsulat zurückfahren werde. So war der Konsul wieder einmal zu einem Fußmarsch genötigt. Es dämmerte schon; hier und dort brannten nun wieder Straßenlaternen. Er kannte die Strecke, passte aber auf, dass er beim schnellen Gehen nicht über ein Hindernis stolperte. Die größten Löcher hatte man in den letzten Wochen aufgefüllt oder mit Brettern abgesperrt; auf einem Trümmergrundstück war ein Barackenlager mit Notunterkünften entstanden, über denen beißender Rauch hing; irgendwo ratterte eine Straßenbahn. Die wenigen Menschen, die dem Konsul entgegenkamen, tauchten als Schattenwesen vor ihm auf, nahmen im Laternenlicht für wenige Schritte knapp erkennbare Züge an. Es waren meist halb vermummte Männer; sie waren zu zweit oder zu dritt, trugen irgendwelche Lasten, Hamsterware zweifellos. Auch sie gingen eilig und wortlos, befürchteten wohl, in eine Razzia hineinzugeraten. Obwohl sie verschieden groß und verschieden alt sein mussten, glichen sie einander wie Brüder. Ihre graudunklen Kleider erinnerten an Uniformen, ihre Gesichter, die er kaum erkennen konnte, an die der Männer auf der Anklagebank. Als der Konsul an sich heruntersah, waren sein Mantel und seine Hosen von der gleichen graudunklen Farbe. Wie konnte man jetzt, da die beginnende Nacht alle Unterschiede auswischte, die einen von den andern unterscheiden?

Außer Atem, mit stechender Milz hatte er endlich das Konsulatsgebäude erreicht; die Fenster im ersten Stock waren erleuchtet, und das bewies ihm, dass es außerhalb der Dämmerzone eine andere Welt gab, in die er gleich nachdem sich die Tür für ihn geöffnet hatte, hinüberwechseln würde, in die Amacher- und Mürner-Welt, eine Welt der hell erleuchteten Berechenbarkeit und der gurgelnden Heizkörper. Er betrat, noch in Mantel und Hut, das Sekretariat.

Frau Amacher hatte offenbar sein flüchtiges Klopfen überhört; sie fuhr auf ihrem Stuhl herum und stieß einen leisen Schrei aus; dann lachte sie verlegen. Ich habe Sie nicht gleich erkannt, sagte sie. Wegen Ihres Mantels, wissen Sie. Ich bin sonst nicht so schreckhaft. Aber diese Geschichte vom Trümmermörder, die macht einem allmählich zu schaffen. Ihre Miene wurde besorgt. Sie sind allein durch die Dunkelheit gegangen, nicht wahr? Ist das nicht ein bisschen fahrlässig?

Der Trümmermörder beschäftigte nicht nur Frau Amachers Phantasie; drei Raubmorde innerhalb kurzer Zeit, vermutlich vom selben Täter verübt, hatten in Hamburg ungeheures Aufsehen erregt. Die nackten Leichen, zwei Frauen, ein Mädchen, waren auf verlassenen Grundstücken gefunden worden; die Kriminalpolizei tappte im Dunkeln und hatte die Bevölkerung zur Vorsicht ermahnt.

Frau Amacher ließ sich seit Neujahr von ihrem siebzehnjährigen Sohn abholen und nach Hause begleiten; dieser Sohn, ein frecher, breitschultriger Kerl, war vermutlich in Schiebereien verwickelt und wusste sich, wie seine Mutter durchblicken ließ, notfalls zu wehren.

Dem Konsul kam es absurd vor, dass sich eine Stadt, in der noch Tausende von Kriegstoten unter den Trümmern lagen, von drei Morden derart in Schrecken versetzen ließ; es war, als hätten diese drei Toten, die ein Einzelner auf dem Gewissen hatte, mehr Gewicht als alle Opfer der vergangenen Jahre.

Doch der Konsul sagte nicht, was er dachte. Ich fühle mich sicher auf der Straße, erwiderte er. Und als Frau Amacher ihn kopfschüttelnd anschaute, fügte er hinzu: Ich trage ja nie etwas Wertvolles bei mir.

Ihr Anzug und Ihr Mantel, sagte sie in mütterlicher Barschheit, sind in diesen Tagen wertvoll genug, Herr Konsul. Sie zögerte und wich seinem Blick aus. Ihre Frau hat vorhin angerufen. Ich soll Ihnen Grüsse ausrichten. Sie möchte wissen, wie es Ihnen geht.

Danke, sagte der Konsul, seine Verlegenheit überspielend. Ich werde so bald wie möglich zurückrufen. Aber er wusste, dass er es heute und morgen nicht tun würde; auch der Brief, den er Adele unbedingt schreiben wollte, war bisher nicht über die paar ersten Zeilen hinausgekommen.

26

Ravensbrück, Spätherbst 1944

Allein auf dem Strohsack. Frischluft nur durch einen Fensterspalt. Ständiges Rumoren hinter dem Schrank und den Tüchern, Schnarchen und Wimmern, das plötzlich umschlägt in Geheul. Sätze in Sprachen, die sie nicht versteht, leises Singen, dann das Klatschen von Schlägen, Beschimpfungen: Krepier doch, krepier doch, du Sau! Sie zittert vor Zorn, wenn an die Schrankwand geklopft, an den Tüchern gefingert wird. Ich ertrage es nicht, ich ertrage es keine Sekunde länger. Sie stopft sich die Finger in die Ohren; es nützt nichts. Dann schreit sie selber: Ruhe, verdammt! *Dormez enfin!* Jemand höhnt: Komm doch heraus, SS-Hure!
Carmen fällt in kurze Träume wie in Gefäße, die mit Unrat gefüllt sind, sie bleibt stecken, zappelt sich frei. Um vier Uhr dreißig endlich die Sirene. Anne schaut herein, dann Leonie. Carmen liest ihnen im anschwellenden Lärm von den Lippen ab, was sie sagen. Für ein paar Minuten gelingt es, die Verrückten zu beruhigen. Zwei regen sich nicht mehr; man trägt sie hinaus, legt sie im Korridor nebeneinander. Ein bisschen mehr Platz für die Übrigen. Kaffee-Ersatz, diese gelbe Brühe. Paula trägt Kübel und Kelle ins Stübchen, verschafft sich Platz mit Ellbogenstößen. Draußen bellt ein Hund; eine der Verrückten ahmt ihn nach, laut und täuschend echt. Ihre Nachbarin schlägt vor Schreck um sich, wirft den Kübel um; die heiße Brühe ergießt sich über nackte Füße. Carmen ru-

dert und schwimmt hinein ins Gewühl: Hört auf, hört endlich auf! Sie möchte weinen und kann nicht, die Augen wie trockene Perlmutterknöpfe. Anne entwindet ihr den Riemen: Genug, lass das! Die Kranken sind verstummt, die hintern umklammern einander.
Sie hat auch Marta getroffen, die schwermütige Ukrainerin, fünfzehn oder sechzehn ist sie, nicht älter. Marta kauert neben dem Schrank, leckt sich den Handrücken, über den sich ein Striemen zieht. Carmen kauert sich neben sie, streichelt die Hand, die sie verletzt hat. Wie mager sie ist und wie vollkommen; diese Finger mit den biegsamen Gelenken, diese ovalen Nägel. Du hast so schöne Kleider, sagt Marta in ihrem harten Deutsch. So schöne Kleider. Sie zittert, als würde sie gleich von ihren eigenen Worten weggeweht.

Morgenappell. Der erste Frost, gefrorene Pfützen, das Splittern, wenn man aufs dünne Eis tritt. Na, du kannst es ja, wenn du willst, sagt die Binz zu Carmen. Noch steigt kein Rauch aus dem Kamin. Hoch über ihnen am dämmrigen Himmel Flugzeugstaffeln. Am Horizont, wo Berlin sein muss, eine große Röte. Nicht hinschauen. Hoffen ist gefährlich.
Die Minuten auf dem Klo, vor Arbeitsbeginn. Die Blockälteste darf vor allen andern austreten, die Schlange muss warten. Herausgerissene Buchseiten, vom Stubendienst neben den Kloschüsseln gestapelt; gegenwärtig sind russische Schulbücher an der Reihe, Beutegut. Carmen bekommt zwanzig Seiten aufs Mal! Auch im Waschraum, wo sie sich die Hände wäscht, wird der Blockältesten sogleich Platz gemacht. Nicht an Ramdohr denken, nicht jetzt, dafür ans Blockbuch, das sie nachführen muss, an

die Meldezettel für die Abgänge. Durch die Lagerläuferin den Leichenkarren herbeiordern. Mit den Leichen zum Leichenkeller, Befehl von Treite, der interessante Fälle obduziert haben will. Die Blockälteste hat den Transport zu begleiten. Der Keller ist in den Erdwall hineingegraben, der hinter dem Revier das Lager begrenzt, innen mit Baumstämmen abgestützt, grell ausgeleuchtet; die Toten neben dem blechbeschlagenen Seziertisch neben- und übereinander geschichtet. Antonina, eine junge russische Ärztin, grauhaarig geworden in drei Wochen, arbeitet am Tisch. Viel zu tun, sagt sie. Die Herren Doktoren wollen abends die Rapporte lesen.

Die beiden Schlafräume kontrollieren, bevor die Aufseherin die Betten mit den vorschriftswidrigen Falten herunterreißt. Schnell, schneller. Dann zu den Kranken mit offener Tuberkulose, die auf den untern Pritschen liegen.

Da bist du ja, Anne. Kannst du etwas für sie tun?

Beinahe nichts. Sechs liegen in Agonie. Wir müssten alle gegen Typhus geimpft werden. Aber ohne Serum?

Auch Anne weint nicht, lacht sogar ein bißchen, als Stella, eines der Kinder, die dem Block zugeteilt sind, ihr ein Stück hauchzarter Schale von einem Vogelei zeigt, das sie irgendwo gefunden hat.

27

Hamburg, Januar 1947

Fünf Frauen erschienen am sechsundzwanzigsten Prozesstag als Zeuginnen der Verteidigung vor Gericht und versuchten die Angeklagte Mory zu entlasten. Der Konsul war dieses Mal sogar früher da als der tschechische Journalist, was ihn mit absurdem Stolz erfüllte.

Die erste Entlastungszeugin, Hilde Pechter, hatte öffentlich über Hitler geschimpft und war deswegen nach Ravensbrück gekommen, wo sie fünf Jahre verbracht hatte, darunter, einer schweren Hautkrankheit wegen, auch einige Zeit in Block 10. Sie sagte unter Eid aus, Carmen Mory habe ihr immer wieder Gazebinden verschafft, mit denen sie ihr verunstaltetes Gesicht abdecken konnte; sie habe auch andern Kranken, unabhängig von ihrer Herkunft und Nationalität, nach besten Kräften geholfen; sie habe, als Blockälteste, im Unterschied zu ihrer korrupten Vorgängerin ein höchstmögliches Maß an Hygiene durchgesetzt und dadurch Leben gerettet; sie habe weder Medikamente für sich zurückbehalten noch Häftlinge gequält.

Dem Ankläger gelang es, Hilde Pechters Glaubwürdigkeit zu erschüttern; er brachte aus ihr heraus, dass sie, als Spezialfall, gar keinen Zugang zur Abteilung mit offener Tuberkulose und zum Idiotenstübchen gehabt habe. Mit den nächsten drei Zeuginnen, die Zippel aufgeboten hatte, verhielt es sich ähnlich. Sie belegten Carmen Morys Hilfsbereitschaft mit eigenen Erfahrungen, und Stewart versuchte zu beweisen, dass es sich hier um Einzelfälle handelte.

Erst Fräulein Lamprecht, eine ältliche Münchnerin, die nach der Mittagspause vernommen wurde, brachte neue Fakten vor. Sie war Ramdohrs Sekretärin in der Kommandantur gewesen. Sie habe, sagte sie, vom Nebenzimmer aus mehrfach gehört, wie sich Carmen Mory bei Ramdohr bitter über die Ärzte beschwert habe, die überhaupt nichts täten, um die Zustände in Block 10 zu verbessern. Auf die Fragen des Anklägers hin sagte sie, in der Erklärung, die Ramdohr Carmen Mory im Mai 44 habe unterschreiben lassen, sei gestanden, sie, Mory, stelle sich zur Verfügung, um den Bolschewismus und die Korruption im Lager zu bekämpfen. Ob Mory irgendwelche schriftlichen Rapporte für Ramdohr verfasst habe, wisse sie nicht; sie habe keinen gesehen.

Im Verlauf dieser Befragungen, so empfand es der Konsul, hatte sich wieder ein ganz anderes Bild der Angeklagten ergeben; es blieb ein Schimmer von Uneigennützigkeit sichtbar, den auch Major Stewarts forsche Fragen nicht vertreiben konnten.

Bis dahin hatte Carmen Mory sämtlichen Aussagen mit stoischer Ruhe zugehört; sogar wenn ihr beinahe ein Heiligenschein aufgesetzt wurde, schien sich nichts in ihr zu regen. Das änderte sich erst, als Doktor Zippel um Erlaubnis bat, die notariell beglaubigte Aussage von Anne Spörry vorzulesen, die leider nicht persönlich vor Gericht erscheinen könne. Carmen Morys Lippen, ihr Kinn begannen zu zittern; sie umklammerte mit beiden Händen das Geländer. Der Ankläger erhob Einspruch: Die Zeugin Spörry entziehe sich dem Kreuzverhör mit voller Absicht; ihre Aussage sei nicht überprüfbar und daher wertlos. Zippel widersprach; der Judge Advocate schaltete sich ein. Carmen Mory verfolgte das juristische Geplänkel mit ängstlichem Ausdruck. Als das Gericht nach kurzer Beratung entschied, Stewarts Einspruch nicht stattzugeben, und der Judge Advocate sich anschickte, das Dokument in der englischen Übersetzung vorzulesen, schien sie nicht erleichtert zu sein, sondern setzte sich verkrampft hin, als ob ihr nun das Urteil eröffnet werde.

Anne Spörry hatte die schriftlichen Fragen, wie es dem Konsul schien, sachlich und kühl beantwortet: Carmen Mory habe nie systematisch geprügelt; sie sei aber oft aufgeregt gewesen und habe Ohrfeigen ausgeteilt, um die Disziplin aufrechtzuerhalten. Im Abteil für die Tobsüchtigen habe Carmen Mory einen Lederriemen aus Notwehr benützt, um die dauernden Angriffe abzuwehren; sie, Spörry, habe selber gesehen, wie die Blockälteste geschlagen und zerkratzt worden sei. Tobsüchtige habe Carmen Mory gelegentlich, da es kein anderes Mittel gab, um sie zu beruhigen, mit kaltem Wasser übergossen. Für die Zustände im Idiotenstübchen sei nicht Carmen Mory verantwortlich gewesen, sondern die SS-Ärzte. An der Organisation von Vernichtungstransporten habe sich Carmen Mory nicht beteiligt. In seltenen Fällen habe sie intramuskuläre Injektionen gemacht; diese hätten nie den Tod herbeigeführt. Ebenso wenig habe sie Kranke hungern lassen, höchstens das Essen aus disziplinarischen Gründen um eine oder zwei Stunden zurückbehalten. Sie habe immer wieder Zusatzrationen für den Block erkämpft und, so lange dies möglich gewesen sei, für frische Wäsche gesorgt. Mit den Französinnen, vor allem mit den Häftlingen Hereil und Le Coq, habe sie sich, wegen deren Bequemlichkeit, oft gestritten.

Anne Spörrys Aussage war, das musste der Konsul sich eingestehen, zu wenig detailliert und präzis, als dass sie der

Angeklagten wirklich genützt hätte; sie enthielt nichts wirklich Neues, vertiefte bloß die Widersprüchlichkeiten, die sich von Anfang an gezeigt hatten. Dennoch hatte sich Carmen Morys Miene wieder aufgehellt. Als von ihren Verdiensten – den Extrarationen, der frischen Wäsche – die Rede war, hatte sie sogar gelächelt. Hörte sie aus den Sätzen ihrer abwesenden Freundin noch andere – liebevollere – Töne heraus, die dem Publikum verborgen blieben? Oder bildete sie sich ein, dass Anne Spörrys Zeugnis sie gerettet, vom schwersten Schuldverdacht befreit habe?

Der Konsul fror. Die eisige Kälte drang nun auch ins Curio-Haus ein; die Wärme der zusammengedrängten Körper reichte nicht mehr aus, im schlecht beheizten Gerichtssaal eine annehmbare Temperatur zu erzeugen. In der Vorhalle, wo man sich während einer kurzen Verhandlungspause die Füße vertrat, stieg die Kälte von den Fliesen auf.
Nun, was halten Sie inzwischen von Ihrer Landsmännin?, fragte der Tscheche, als die Glocke sie wieder in den Saal zurückrief. Es war das vierte oder fünfte Mal, dass er eine ähnliche Frage stellte, als wolle er überprüfen, ob der Konsul innerlich mit dem Prozessgeschehen Schritt halte.
Ich lasse mich nicht festlegen, erwiderte der Konsul, an der Grenze zur Unhöflichkeit.
Der Tscheche zuckte mit den Achseln. Wie Sie meinen. Die Aufgabe des Gerichts ist es allerdings gerade, sich festzulegen. Vielleicht begnügt es sich ja mit einer Zuchthausstrafe.
Der Konsul schwieg; die nächste Angeklagte, Vera Salvequart, wurde in den Zeugenstand gerufen. Beinahe schadenfreudig schaute der Konsul seinen Nachbarn an, als die üblichen Fragen nach der Herkunft ergaben, dass Salvequarts Vater Deutscher, die Mutter aber Tschechin war.

28

Ravensbrück, Spätherbst 1944

Zu Treite in die Kommandantur. Medizinische Fachbücher, Familienfotos, die Aussicht auf die lagerabgewandte Seite, auf die dottergelb gestrichenen Giebelhäuser der SS, den Kiefernwald, den Kirchturm des Städtchens Fürstenberg. Man dreht sich einfach um, kehrt dem Lager den Rücken zu. So einfach ist das.
Herr Doktor, Sie müssen etwas tun, die Idiotinnen bringen sich gegenseitig um.
Er saugt an seinem Wangenfleisch, lächelt dünn. Bald. Ich warte auf die Anweisungen von oben.
Diese Zustände sind unmenschlich, Herr Doktor.
Er schweigt, zündet sich eine Zigarette an.
Sie darf ihn sich nicht zum Feind machen; darum geht sie.

In der Nacht muss sie wieder in den winzigen Raum mit dem Strohsack, den Tüchern, der Schrankwand. Sie hat Angst. Marta, die Unberechenbare, greift Carmen an, als sie das Stübchen betritt, taumelt zurück von Paulas Ohrfeigen. Dafür will die Riesin gestreichelt werden, hämmert mit den Fäusten an die wacklige Schrankwand: Paula ist lieb; Paula ist lieb. Sieben Neuzugänge heute, es werden immer mehr. Die Lungen tun weh. Die Beine. Die Arme. Carmen kann nicht schlafen. Aber ein Wunder geschieht. In der dritten Nacht kommt Anne zu ihr, *dearest Ann,* die beste Ärztin der Welt; sie kommt lautlos, steigt über Schlafende hinweg, schiebt die Tücher zur Seite. Carmen erkennt Annes Stimme beim ersten geflüsterten Wort. Eng zusammengedrängt auf dem Strohsack, Bauch an Rücken, anders geht es nicht. Löffelchen im Etui, lacht Anne leise in Carmens Ohr, das habe ich von dir. Carmen: von hinten umschlungen und gewärmt, Annes Bein über ihres geschoben, die Brust umfasst von Annes Hand. Weggezaubert der Gestank und das Gefühl zu ersticken.

Endlich der Schlaf; Carmen träumt von einem Pelzmantel, der sie umhüllt. In der nächsten Nacht kommt Anne wieder. Und in der übernächsten auch.
Bleib bei mir, Anne. Wir gehören zusammen, nicht wahr?
Die Freundin nickt. Zwischen den Nächten wird der Tag zum Traum, zu einer Kette irrealer Ereignisse.
Was ahnt die Binz? Hat man ihr etwas zugetragen? Unvermutet ordnet sie an, dass die Blockälteste draußen im Korridor schlafen müsse; vom Korridor aus habe sie nachts die bessere Übersicht. Käme Anne nun zu Carmen, würden sie beobachtet und belauscht. Hunderte von Frauen schlafen so wie sie im Stübchen, aneinander geschmiegt, beieinander Wärme suchend, und doch tun sie es beide jetzt nicht mehr; es wäre zu riskant.

Die Schlange der Häftlinge reicht aus dem Untersuchungszimmer hinaus, krümmt sich um den Block bis zur Lagerstraße. Wer vor die Ärzte hintritt, hat nackt zu sein, unabhängig vom Gesundheitszustand; die meisten müssen sich schon draußen, in der Novemberkälte, ausziehen. Drinnen winkt Treite: die Nächste. Die drei SS-Ärzte am langen Tisch, Schreibkräfte zu beiden Seiten, begutachten Gang, Haltung, Allgemeinzustand, unterhalten sich halblaut über die zu erwartende Arbeitsleistung. Bisweilen stellen sie der zuständigen Häftlingsärztin eine Frage, die sie mit einem klaren Ja oder Nein zu beantworten hat. Dann gibt Doktor Treite oder Doktor Winkelmann ein Zeichen; die Schreibkräfte kreuzen eine Kolonne an. Die Nächste. Und wieder die Nächste. Carmen versucht eine alte Zigeunerin auf den Beinen zu halten. Treite, der seinen Mundschutz hochgezogen hat, murmelt: Offene Tbc, Syphilitikerin, bedeutet der Blockältesten, die Alte hinauszuschaffen. *Nicht mehr einsatzfähig. Abzubuchen.*

Vom Idiotenstübchen sind beinahe alle für den Abtransport vorgesehen, dazu die schlimmsten Fälle mit Tbc, hundertsiebzig Frauen im Ganzen. Es gebe, sagt die Binz sarkastisch, genügend Anwärterinnen im Lager, um das Stübchen gleich wieder aufzufüllen. Carmen bekommt die Liste mit den Namen; sie hat dafür zu sorgen, dass am nächsten Morgen alle zur Stelle sind, verladebereit.

Fieberhafte Versuche, die eine oder andere zu retten. Fälschen. Lügen. Bestechen. In der Schreibstube laufen die administrativen Fäden zusammen; eine der Gefangenen, die dort im Schichtbetrieb arbeiten, setzt ihr Leben aufs Spiel, korrigiert Nummern, tauscht Akten aus gegen schon abgelegte.

Am nächsten Morgen haben es Carmen und Anne geschafft, drei von hundertsiebzig freizubekommen. Sie rufen die Namen auf, treiben die Frauen hinaus zu den beiden Lastwagen mit offener Laderampe. Die alte Zigeunerin, die zusammengekrümmt auf dem Stübchenboden liegt, dämmert vor sich hin, fleht in lichten Momenten darum, sterben zu dürfen.

Sie wird den Transport nicht überleben, sagt Anne. Was tun wir mit ihr?

Die entblößte Brust der Sterbenden. Fleckige Haut. Flohbisse. Die Rippen wie Knochengrate. Der Einstich in eines der Täler dazwischen. Die Alte entspannt sich; aus der Einstichstelle tröpfelt Blut.
Weine nicht, Anne.
Noch ein Abgang. Nummer? Die Binz schüttelt ihre Dauerwellen, streicht eine Nummer auf der Liste durch, rechnet neu zusammen. Das Lager scheint für ein paar Sekunden stillzustehen; in Annes Augen spiegeln sich, winzig wie in einem Zaubermärchen, Rauch und Himmel.
Jemand verliert eine Holzpantine, wagt nicht, sich danach zu bücken, humpelt über die Schlacke zum Wagen. Die Frauen helfen sich gegenseitig hinauf, schieben und heben die Kränksten hinterher; keine wehrt sich. Treite gibt mit erhobenem Arm das Zeichen zur Abfahrt; eine der Frauen auf dem Lastwagen ruft: Heil Hitler! Sie ist eingezwängt von andern; man kann ihr nichts anhaben. Die Wagen wenden auf der Lagerstraße; das Lagertor öffnet sich; der Blick geht auf See und Kiefern. Die Wagen werden durchs Städtchen fahren; auf dem Bahnhof wartet der Waggon für die Weiterfahrt.
Doch die drei Geretteten werden weiterleben. Ein Lieblingswort der Kommunistinnen: Solidarität. Daran glaubt Carmen nicht; sie glaubt an List, Verschwörung, Verrat, an den Zusammenhalt der wenigen, an ihre Schwesternschaft mit Anne, manchmal an Gott.

29

Hamburg, Januar 1947

Es ging gegen Ende Januar. Obwohl der Prozess im Curio-Haus weiterhin Tag für Tag stattfand, war er für den Konsul in den Hintergrund gerückt. Die Stadt wurde in einem solchen Maß von der Kälte beherrscht, dass neben der Anstrengung, ihre Folgen zu bekämpfen, kaum noch etwas anderes Platz hatte. Es fehlte an allem, an Kohle, an Nahrungsmitteln, an Kleidern, an heizbaren Unterkünften. Die Elektrizitätswerke arbeiteten, des Kohlenmangels wegen, nur noch zwei Stunden pro Tag. Jugendliche riskierten beim Kohlenklau ihr Leben; manchmal waren es Hunderte und Tausende, die auf einen der wenigen Kohlenzüge, die noch fuhren, aufsprangen und ihn ausplünderten. In fast allen Fabriken war der Betrieb eingestellt. Bei Temperaturen, die nachts unter minus zwanzig Grad sanken, erfroren geschwächte Menschen in ihren Wohnungen; tagtäglich brachen Feuer aus, die improvisierte Öfen verursacht hatten.
Mit Lastwagen und Traktoren schaffte die britische Armee Tausende von Kubikmetern Brennholz nach Hamburg; aber es war zu wenig. Man erklärte öffentliche Säle zu Wärmehallen und forderte die Frierenden auf, die Nächte dort zu verbringen. Bürgermeister Brauer, erst seit kurzer Zeit im Amt, erbat sich Hilfe von überall, auch von der Schweiz. Der Konsul nahm an Konferenzen teil, die Brauer einberief, und versuchte den Druck der Deutschen abzufedern, die sich vom wohlhabenden Nachbarn Großzügigkeit er-

hofften. Einerseits versprach er Lieferungen von Kondensmilch, Eipulver, Konserven, Alttextilien; andrerseits versuchte er den Bittstellern klarzumachen, dass die Schweiz ihren rasch schwindenden Kohlenvorrat selber brauchte. Entsprechend seinen Direktiven verlangte er die Zusicherung, dass die Hilfsgüter aus der Schweiz in erster Linie an Kinder, Mütter und Alte verteilt würden. Er wies seine Gesprächspartner, die mehr Vertrauen forderten, in die Schranken. Einem forschen Amtsdirektor, der Wehrmachtsoffizier gewesen war, gab er zu verstehen, wer einen Krieg verschuldet habe, müsse seine Ansprüche eben zurückschrauben. Aber eigentlich ärgerte er sich über seine Chefs, die ihm diese kleinliche Rolle aufzwangen; und so sandte er lange Telegramme nach Bern, in denen er die dramatische Lage in der Britischen Besatzungszone schilderte und um weitere Hilfsgüter ersuchte; er telefonierte, da er keine Zusagen erhielt, mit Parlamentariern, die er kannte, mit Beamten, sogar mit dem Generalsekretär des Departementes, und immer wieder wurde er mit vagen Zusicherungen vertröstet.

Es gab zwei, drei hektische Tage, an denen er Carmen Mory beinahe vergaß. Von Mürner allerdings, der alle nachgesandten Schweizer Zeitungen las, hatte er gehört, dass die Bundesanwaltschaft inzwischen aufgrund der deutschen Prozessberichte Anne Spörrys Verhaftung veranlasst habe; man kläre ab, ob sie in der Schweiz wegen der Beteiligung an Kriegsverbrechen vor Gericht gestellt werden solle. Diese Nachricht erreichte, da so viel anderes zu tun war, nur die Oberfläche seines Bewusstseins.

Doch dann erhielt er eine Nachricht von Carmen Mory, ein paar hingeworfene Zeilen; und alles veränderte sich wieder auf einen Schlag. *Ich muss Sie sehen*, schrieb sie. *Es*

ist etwas Schlimmes geschehen. Ich weiß nicht mehr aus und ein. Kommen Sie rasch, bitte.
Diesmal ging er hin. Er erstritt sich eine Besuchsbewilligung für den prozessfreien Sonntagnachmittag. Oberst Le Cornu, der Gefängnisoffizier, lehnte sein Gesuch zunächst ab; es sei unüblich, sagte er, dass ein Diplomat durch einen solchen Besuch in den laufenden Prozess eingreife. Der Konsul berief sich auf die Genfer Konvention, appellierte dann, als dies nichts nützte, an Le Cornus Menschlichkeit. Die Angeklagte benötige offenbar dringend psychische Unterstützung; und warum denn die Zensur den Brief durchgelassen habe, wenn die Bitte, die er enthalte, nicht statthaft sei? Erst als der Konsul damit drohte, sich an den Oberkommandierenden persönlich zu wenden, gab Le Cornu nach.

Sie lag ausgestreckt, in Pelz und Schuhen, auf dem Klappbett, als er die Zelle betrat; ihr Atem hing über ihr wie Rauch. Ihr Gesicht war fleckig; über Kinn und Wange breitete sich ein Ausschlag aus. Der Anblick des Konsuls schien sie kaum zu überraschen; sie musterte ihn matt, schloss dann die Augen.
Er grüßte sie und sagte: Ich komme diesmal mit leeren Händen. Es ging alles so schnell, dass ich keine Zeit hatte, etwas für Sie zu besorgen.
Knapp fünf Grad hier drin, erwiderte sie. Bei Ihnen ist es sicher wärmer.
Er blieb, den Hut in den Händen, vor ihr stehen und glaubte den Blick der Wärterin, die ihn hergeführt hatte, in seinem Rücken zu spüren.
Sie haben mich aus dringenden Gründen um einen Besuch gebeten. Was kann ich für Sie tun?

Carmen hatte ihre Hände unter den Mantel geschoben, doch es sah aus, als habe sie keine mehr. Es geht um Anne Spörry, Herr Konsul. Man hat sie in der Schweiz verhaftet, ich habe es heute gehört. Warum? Was ist geschehen? Die Nachricht, die er von sich fern gehalten hatte, ritzte ihn wie ein scharfes Messer. Ich weiß nichts davon, log er, aber ich werde mich erkundigen. Woher wissen Sie es denn?
Im Prozess war gestern davon die Rede. Nein, vorgestern. Sie waren nicht da, Herr Konsul. Sie hatten Wichtigeres zu tun, nicht wahr? Auch Ihren Stellvertreter habe ich nicht gesehen. Sie setzte sich auf, schob, den Mantel hochziehend, ihre Beine über den Bettrand, stellte die Füße exakt nebeneinander auf den Boden, als ob eine Inspektion im Gang sei. Der Pelz modellierte ihren Körper in viel zu üppiger Form; nur die dünnen Waden, die daraus hervorstachen, verrieten, wie mager sie war. Nun gut, ich erzähle es Ihnen, sagte sie mit leisem Spott. Der nimmermüde Major Stewart hat, gegen alle Regeln, noch einmal eine Zeugin gegen mich aufgeboten, eine weitere Französin, Roussel heißt sie. Ich kenne sie nicht, habe sie nie im Leben gesehen. Sie hat offenbar einem Ehrengericht der Résistance angehört, vor dem Anne erscheinen musste. Wann und wo das gewesen sein soll, ist mir ein Rätsel. Man beschuldigte Anne, sie habe sich als Ärztin ausgegeben, obwohl sie noch Studentin gewesen sei. Das stimmt; ich habe es gewusst: Es fehlten ihr ein Semester und das Diplom. Sie hatte aber schon mehrere Praktika hinter sich; sie wusste alles, was eine Ärztin wissen muss.
Carmen stockte und berührte mit den Fingerspitzen ihren Hals, als ob sie dort eine Geschwulst vermute. Die zweite Aussage ist vernichtend für mich. Anne habe nach langem

Leugnen vor diesem Ehrengericht gestanden, die sterbende Zigeunerin mit einer Injektion getötet zu haben, was ja mit meiner Aussage übereinstimmt. Doch Anne habe alles auf mich geschoben. Sie sei vollständig unter meinem Einfluss gestanden, ich hätte ihr befohlen, diese Frau zu töten, und sie habe es getan wie unter Hypnose. Ist das nicht lächerlich? Ich sei ein wahrer Teufel gewesen. Wortwörtlich: ein Teufel! Ein Teufel, der sie gerettet, gehätschelt und gepflegt hat, ein Teufel, der mit ihr die letzte Brotrinde geteilt hat! Ein wahrhaft teuflischer Teufel, wie? Carmen hatte sich vom Bett hochgestemmt und vor dem Konsul aufgepflanzt; sie war beinahe gleich groß wie er, und ihr Atem, der weißwolkig an ihm vorbeistrich, roch nach Sauerkraut und Wacholder. Entweder lügt diese Roussel, oder Anne hat mich wirklich verleumdet. Aber warum?

Der Konsul befürchtete, Carmen werde wieder, wie vor Gericht, außer sich geraten, und wich zurück. Obwohl Carmens bedrängende physische Präsenz nicht nur unangenehm war, beruhigte es ihn, als die Wärterin, an ihm vorbei, auf sie zuging und sie mit einem freundlichen, aber entschiedenen Griff dazu nötigte, sich wieder aufs Bett zu setzen. Carmen sträubte sich nicht, schien plötzlich zusammenzufallen: Verstehen Sie das nicht, Herr Konsul?, fragte sie. Wir haben einander blind vertraut. Wir haben uns geschworen, füreinander einzustehen. Sie brachte sich, indem sie die Hand auf den Mund presste, selber zum Schweigen; der Konsul sah, dass sie sich in den Daumenballen biss, sogar daran nagte, was ihr etwas erschreckend Tierhaftes verlieh.

Ich nehme an, sagte der Konsul, Ihre Freundin stand unter Druck und wusste nicht mehr, wem sie Loyalität schul-

dete, Ihnen oder der Résistance. Oder vielleicht hatte sie einfach Angst. Gebannt schaute er zu, wie aus der Bisswunde, die sie sich zugefügt hatte, Blut sickerte. Sie sollten aufpassen, sagte er, auf ihre Hand deutend, die Wunde könnte sich infizieren.
Gleichgültig wischte sie die Hand am Fuchspelz ab. Ich dachte, sie werde mich entlasten. Und jetzt hat sie das Gegenteil getan. Auch mein Verlobter will nichts mehr von mir wissen. Man lässt mich einfach fallen.
Sie sind verlobt?, fragte der Konsul erstaunt.
Ja. Mit einem britischen Offizier, den man nach England zurückgeschickt hat. Aber das ist jetzt vorbei. Ich werde ohnehin bald sterben, ob mich die Briten nun hinrichten oder nicht.
Sagen Sie das nicht! Es besteht immer noch die Möglichkeit, dass Sie mit einer milderen Strafe davonkommen oder freigesprochen werden. Der Konsul wusste, dass er wieder log; doch wäre es ihm grausam erschienen, es nicht zu tun.
In dubio pro reo, meinen Sie? Und gar ein Freispruch? Sie zwang sich zu einem Lachen. Nein, daran glaube ich nicht mehr. Die Anklage hat dafür gesorgt, dass ich mich im Lügengewebe der Französinnen verfange. Was meine Feindinnen behaupten, nehmen die Richter als Beweis. Was andere zu meiner Entlastung sagen, geht ihnen zum einen Ohr herein und zum andern hinaus. Ich seh es Ihnen ja an … Sie schwieg und saugte mit kindlichem Ausdruck an ihrer kleinen Bisswunde.
Wie kann ich Ihnen jetzt noch behilflich sein?, fragte der Konsul. Ich fürchte, ich habe meine Möglichkeiten ausgeschöpft.
Ein Teil in mir, sagte sie, ist schon wie abgestorben. Aber ein anderer Teil wird kämpfen bis zum Schluss. Sie rutsch-

te auf dem Bett zurück, lehnte sich an die Wand, schlang die Arme um die angezogenen Beine, so dass das Kleinmädchenhafte an ihr, trotz des voluminösen Mantels, noch stärker zum Vorschein kam; in merkwürdigem Kontrast dazu wurde ihre Stimme wieder klangvoller und fraulicher: Ich wollte Sie bitten, Herr Konsul, mich auch nach einem Todesurteil nicht im Stich zu lassen.
Der Konsul hob abwehrend die Hände. Noch ist es nicht so weit! Und wenn, dann wird Doktor Zippel in Berufung gehen ...
Ein förmliches Appellationsgesuch, unterbrach sie ihn, gibt es in diesem Verfahren nicht; ich könnte höchstens auf Begnadigung hoffen. Ich weiß auch gar nicht, ob eine langjährige Zuchthausstrafe für mich erstrebenswerter wäre als der Tod ... Nun begann sie doch wieder zu husten, in flachen, lang dauernden Stößen; die Wärterin trat zu ihr hin und reichte ihr ein Taschentuch, in das sie mit abgewandtem Gesicht hineinspuckte. Aber Sie, Herr Konsul, fuhr sie fort, Sie könnten, sofern Sie von der Unhaltbarkeit des Urteils überzeugt sind, den schweizerischen Bundesrat dazu bringen, beim britischen Premierminister zu meinen Gunsten zu intervenieren. Werden Sie das tun für mich, Herr Konsul?
Es wäre, seien wir offen, nicht leicht, so etwas zu erreichen ... und sehr ungewöhnlich ... Er bemühte sich, das Stottern, das seine Wörter taumeln ließ, zu überspielen. Aber es ist immerhin nicht ganz undenkbar ...
Versprechen Sie es?
Ich kann nichts versprechen, wehrte er ab und signalisierte zugleich mimisch – es unterlief ihm, ohne dass er's wollte – sein Einverständnis. Was in meiner Macht steht, werde ich tun ...

Sie entspannte sich und lächelte, so dass ihr Gesicht wieder viel jünger erschien. Ich habe es gewusst. Und nach einem Zögern fügte sie hinzu: Finden Sie doch bitte heraus, was man mit Anne vorhat. Vielleicht ist alles nur ein Irrtum.
Er nickte beklommen, merkte, dass seine Füße auf dem kalten Steinboden gefühllos geworden waren, und bewegte die Zehen, um das Blut zum Fließen zu bringen. Fehlt Ihnen sonst etwas? Werden Sie gut behandelt?
Sie müssen gehen, sagte die Wärterin von der Tür her, die Besuchszeit ist abgelaufen.
Carmen achtete nicht auf sie. Eine Zigarette manchmal, das wäre schön. Obwohl ich eigentlich Nichtraucherin bin. Die Zwiesprache mit dem Rauch, wissen Sie. Sie blies ihren Atem aus; und obwohl er sich rasch verflüchtigte, tat sie, als vertreibe sie ihn mit der Hand. Das hier ist ein schlechter Ersatz, viel zu flüchtig.
Der Konsul hatte in seiner Manteltasche gesucht und streckte ihr ein halb volles Zigarettenpäckchen entgegen. Mehr habe ich leider nicht bei mir.
Sie schüttelte eigensinnig den Kopf, bevor die Wärterin eingreifen konnte. Hier drin ist's sowieso verboten. Auf dem Hofgang bekomme ich ab und zu eine geschenkt. Das genügt.
Sie müssen jetzt gehen, sagte die Wärterin zum Konsul.
Gleich, erwiderte er und wandte sich noch einmal an Carmen: Wie haben Sie denn die Weihnachtstage verbracht? Ich habe oft an Sie gedacht.
Weihnachten? Ihre Verwirrung war nicht gespielt; dann begriff sie. Es waren lange Tage. Ich habe das Beten wieder gelernt. Und ich habe mich in meine Kindheit zurückversetzt. Kennen Sie Adelboden?

Er nickte. Ich war zwei-, dreimal mit meinen Eltern dort. Es kann sein, dass wir uns als Kinder begegnet sind.
Sie lächelte wieder, strahlend für ein paar kostbare Sekunden. Die Blumen trösten mich. Können Sie das verstehen? Arnika und Knabenkraut. Silberdistel und Männertreu. Ich gleiche am ehesten der Silberdistel.
Kommen Sie. Man macht mir sonst Schwierigkeiten. Die Wärterin packte den Konsul am Mantelärmel und zog ihn aus der Zelle hinaus. Er drehte sich zu ihr um und verabschiedete sich mit einem leichten, beinahe graziösen Winken; das Letzte, was er von Carmen Mory sah, war ihr bleiches Gesicht, das in der trüben Beleuchtung zu schweben schien.

30

Ravensbrück, Dezember 1944

Man hat das Zelt neben den Baracken aufgestellt, um die Neuankömmlinge unterzubringen, die Hälfte von ihnen Jüdinnen, viele mit Kindern. Die Lager im Osten würden wegen der näher rückenden Front geräumt, hat Carmen von Häftlingen aus der Schreibstube gehört; die Gaskammern in Auschwitz seien schon gesprengt, auch Buchenwald werde bald aufgegeben. Ein paar Masten, darüber Zeltplanen, nachlässig an Pflöcken befestigt. Eine dünne Schicht Stroh auf dem Sandboden; die Planen knattern im Wind. Dreitausend Frauen darin, auf den Weitertransport wartend, auf den Typhus, aufs Erfrieren. Es gibt kein Geschirr mehr für sie, keine Decken. In der Mitte zwei zusammengeschobene Tische für die Schreiberinnen, mit Brettern notdürftig vom Leibergedränge getrennt; auch hier der Befehl, neue Listen zu erstellen. Ein schwaches, nie verstummendes Klagen. Wer nachts das Zelt verlässt, um die Latrine aufzusuchen, findet seinen Schlafplatz nicht mehr. Deshalb bleiben die meisten, wo sie sind, beschmutzen das Stroh. Die Kränksten können sich ohnehin nicht mehr erheben. Sobald es hell ist, suchen Häftlinge mit dem violetten Winkel nach den Toten, schaffen sie hinaus, wo sie vom Räumkommando übernommen werden.
Wissen aus zweiter Hand: Wie soll ich beschreiben, was ich anderswo, bei Anja Lundholm, Charlotte Müller, Isa Vermehren, gelesen habe. Ich möchte vergessen, die Stoffpuppe vergessen, die, in den zerlumpten Rock eines toten

Mädchens geknüpft, hinter ihm hergeschleift wird, das Lächeln seiner Mutter, die gleich darauf ihren Kopf gegen einen Zeltmast schlägt, das Greisengesicht des Jungen, der nur einen letzten Wunsch hat: noch einmal ein Stück Würfelzucker zu bekommen. Es ist zu viel, es geht zu weit, ich lösche, was folgt. Ein Tastendruck, ein Mausklick, dann Schwärze. Die Wohltat des Löschens. Selbstbetrug für ein paar Stunden. Denn alles, was geschehen ist, bleibt bestehen; es gibt bloß unterschiedliche Grade des Verdrängens. Ich schreibe dies in Berlin. Nachmittags ein Spaziergang am Wannsee, März 1998, die Haselsträucher grünen bereits. In einer Villa mit Park, die am Ufer steht, haben Heydrich und die Spitzenvertreter der obersten Reichs- und Parteibehörden die Endlösung beschlossen; danach gab es Kuchen und Kaffee. Was hat Bestand angesichts des Zeltes am einen und der Villa am andern Ende des Vorstellungshorizontes? Was hat Bestand? Kein abstraktes Gedankengebäude, kein Kunstwerk. Nur die Zärtlichkeit, mit der sich zwei Fingerspitzen berühren, der Versuch, eiskalte Füße zwischen Händen zu wärmen, ein kleiner Zuspruch, das Aufwischen von Erbrochenem mit einer Hand voll Stroh. Und der Blick des Jungen, der kein Zuckerstück bekommt und nun zuschaut, wie der Strohhalm zwischen seinen Fingern vom Zugwind bewegt wird. Und dennoch: Überlebende berichten, dass es ihnen half, Gedichtzeilen aus dem Gedächtnis zu sprechen. *Mit gelben Birnen hänget / Und voll mit wilden Rosen / das Land in den See, / Ihr holden Schwäne, / Und trunken von Küssen / Tunkt ihr das Haupt / Ins heilignüchterne Wasser.*

Was sich im Zelt abspielt, durchbricht, wie die Quellen belegen, die Abwehr gegenüber dem Leiden der anderen.

Aus eigener Initiative versuchen ein paar Blockälteste, die Zustände zu verbessern. In Block 10 sammelt Carmen Decken fürs Zelt; Paula folgt ihr wie ein Wachhund. Wer schon länger hier ist, hat vielleicht irgendwann Brot, Zigarettenkippen, Aspirin eingetauscht gegen eine zweite Decke. Das Recht darauf wird von Neulingen nicht angetastet. Nun aber setzt Carmen ihre ganze Überredungsgabe daran, die Zweitdecken fürs Zelt zu bekommen; sie schmeichelt, droht: Es sei ja nur für die nächsten bitterkalten Nächte; niemand in Block 10 schlafe auf dem bloßen Boden. Was Carmen antreibt, könnte sie nicht sagen. Sind es die Blicke der Kinder?
Die Französinnen streiten ab, dass sie überzählige Decken hätten; Carmen schiebt Jacqueline Hereil, die auf der Kante sitzt, zur Seite, stemmt ihren Strohsack in die Höhe, zerrt die zwei Decken hervor, die darunter versteckt sind. Dank Paulas Kraft gelingt es, auch die nächsten Säcke hochzuwuchten. Sechzehn Decken haben die Französinnen gehortet, als Tauschmittel oder zum Schutz gegen noch tiefere Temperaturen. Verbittert starren sie Carmen an, die inmitten der zusammengeworfenen Decken steht.
Un jour, tu t'en repentiras. Das wirst du eines Tages bereuen.
Ohne ein Wort der Erwiderung rafft Carmen die Decken zusammen, geht mit ihnen hinaus zum Zelt.

Zu Weihnachten steht auf dem einzigen Tisch im ehemaligen Tagesraum von Block 10 ein kleiner, schiefer Weihnachtsbaum. Ein paar Talgkerzen brennen, von denen niemand weiß, woher sie kommen. An die Baumspitze haben die Belgierinnen einen schwarzen Kartonengel gehängt; *l'ange noir*; allen ist klar, wen sie damit meinen. Carmen ist am Ende ihrer Kräfte; sie könnte sich ins Fieber, in ihre Brust- und Gliederschmerzen fallen lassen wie in ein Nesselbett; es wäre besser als das ewige Standhalten.

31

Hamburg, Februar 1947

Bis zum dritten Februar, dem vierundvierzigsten und letzten Prozesstag, passierte wenig Neues. Die Kälte hing über Hamburg wie eine undurchdringliche Glocke; ein ständiges leises Klirren lag in der Luft. Die Elbe war beinahe einen Meter dick gefroren; das Wasser gefror auch in den ungeheizten Wohnungen. Die Elektrizitätswerke verfeuerten die letzten Tonnen Kohlen und gaben nur noch kleinste Strommengen ab. Tausendzweihundert Polizisten bewachten in drei Schichten die wenigen Kohlenzüge, die in Hamburg ankamen. Die Schulen waren geschlossen, der Hochbahnring stillgelegt. Dennoch zog der Prozess im Curio-Haus das Publikum magnetisch an; zur Urteilsverkündung konnten längst nicht alle eingelassen werden. Der Konsul, dem die Zeit unter den Händen zerrann, hatte der Urteilsverkündung eigentlich fernbleiben wollen; er würde das Urteil noch früh genug erfahren, und er hatte ja im Gerichtssaal keine Möglichkeit, Carmen Mory beizustehen. Wieder war es das unterschwellige Konkurrenzverhältnis zu Mürner, das ihn bewog, seinen Vorsatz umzustoßen. Mürner nämlich, der sein Interesse am Fall in letzter Zeit heruntergespielt hatte, anerbot sich so nachdrücklich, den Konsul zu vertreten, dass dieser instinktiv widersprach und sich sogar auf sein Pflichtenheft berief, das die Präsenz des Generalkonsuls beim Abschluss eines die Schweiz betreffenden Prozesses zwingend vorschreibe. Um es nicht ganz mit Mürner zu verderben, ging der

Konsul einen Kompromiss ein: Sein Stellvertreter würde sich vormittags den Schuldspruch des Gerichts und die Plädoyers der Verteidiger anhören; der Konsul würde bei der Urteilsverkündung anwesend sein, die für den spätern Nachmittag vorgesehen war.

Sie spielten einander vor, sie hätten sich freundschaftlich geeinigt. Aber beiden war klar, dass der Konsul einen Befehl erteilt hatte; und hinter Mürners jungenhaft glatter Fassade glomm verstohlener Zorn. Worum kämpften sie so verbissen? Um eine trügerische Nähe zur Angeklagten? Oder um die Macht über eine Frau, die ihrem Wohlwollen und ihrer Willkür ausgeliefert war?

Der Konsul flüchtete sich in seine Arbeit, diktierte Frau Amacher ein paar Briefe, organisierte übers finnische Konsulat zwei Zentner Kohlen, überstand eine weitere aufreibende Sitzung mit dem Roten Kreuz.

Am frühen Nachmittag war er zurück. Mürner wartete schon auf ihn. Das Gericht hatte sämtliche Angeklagten, also auch Carmen Mory, im Sinn der Anklage für schuldig befunden; das Strafmaß hing nun davon ab, in welchem Maß mildernde Umstände berücksichtigt würden. Doktor Zippel, sagte Mürner vorwurfsvoll, habe unverständlicherweise auf ein Plädoyer verzichtet.

Für schuldig befunden: Der Konsul versuchte seine Bestürzung zu überspielen. Ein Plädoyer, sagte er, das zum x-ten Mal aufgreift, was man schon weiß, kann auch schaden.

Nein, widersprach Mürner, der Verteidiger darf keine Gelegenheit versäumen, seiner Mandantin zu nützen.

Hätten Sie sich denn gewünscht, dass Carmen Mory freigesprochen würde?

Es geht mir ums Prinzip, erwiderte Mürner mit verschränkten Armen. Es geht mir darum, dass in einem

Rechtsstaat die Rechte der Angeklagten voll ausgeschöpft werden. Sie selber haben doch davon gesprochen, dass Schuld nie gerecht gewogen werden kann. Sollten Sie nicht Ihr ganzes Gewicht in die Waagschale werfen, um die Chancen einer Angeklagten gegenüber einem voreingenommenen Gericht zu verbessern?
Ich habe mehr getan, als Sie ahnen. Aber ich lasse mich – muss ich's nochmals betonen? – nicht dazu hinreißen, private Gefühle über meine Pflichten zu stellen.
Sie musterten einander wie Streithähne; ihr Wortwechsel steckte ein Kampffeld ab, das keinem von beiden geheuer war. Dem Konsul erschien ihr Gezänk plötzlich so lächerlich, dass er den Blick senkte und übergangslos auf ein Geschäft zu sprechen kam, das Mürner noch gleichentags erledigen sollte.

Der Konsul war eine Stunde zu früh im Curio-Haus. Die Beratung des Gerichts dauerte länger als erwartet, was sofort zu Gerüchten Anlass gab. War es tatsächlich der Fall Mory, der die Richter so lange beschäftigte? Oder konnten sie sich nicht über Treites Strafmaß einigen? Auch Treite hatte behauptet, er habe sein Möglichstes getan, um Häftlingen zu helfen und sie vor Brutalitäten zu schützen. Entlastungszeuginnen hatten dies bestätigt; andere hatten ihn schwer belastet, so dass, ähnlich wie im Falle Mory, Aussage gegen Aussage stand. Treite aber war, im Gegensatz zu Carmen Mory, nicht KZ-Häftling, sondern SS-Angehöriger gewesen und hatte mit seiner freiwilligen Mitgliedschaft deren verbrecherische Ziele gebilligt.
Während er wartete, dachte der Konsul auch an Anne Spörry, die offenbar immer noch in Untersuchungshaft saß. Er kannte diese Frau nicht. Sie hatte, unter unge-

klärten Umständen, mindestens einen Menschen getötet und wurde deswegen zur Rechenschaft gezogen. Was sollte er mit ihr zu schaffen haben?
Manchmal schien es ihm, der Fall Mory habe sein ganzes Rechts- und Unrechtsempfinden verändert. Alles, was mit diesem Fall in Berührung kam, verlor allmählich die klaren Umrisse; Bedenken und Zweifel breiteten sich aus wie Schimmel. Und während seine Gedanken noch ziellos herumwanderten, glühte plötzlich der alte Zahnschmerz im Kiefer wieder auf. Er verwünschte den Tag, an dem er sich den Zahn von diesem dilettantischen Sachsen hatte plombieren lassen.

Um Viertel nach vier Uhr wurden die Angeklagten hereingeführt. Danach erschienen die Militärrichter in Uniform, der Judge Advocate mit Perücke. Der Aufmarsch unterschied sich in nichts vom bisherigen Prozedere; doch die Equipe der Wochenschau hatte wieder Jupiterlampen und zwei Kameras aufgestellt, und die Bühne war wie am ersten Prozesstag grell ausgeleuchtet. Der Gerichtspräsident, General Westropp, ergriff das Wort und erklärte, dass die Urteile, die nun gleich verlesen würden, noch von einer höhern Instanz, vermutlich dem Oberkommandierenden der britischen Streitkräfte in Deutschland, bestätigt werden müssten.
Der Konsul hörte kaum hin. Er hatte Carmen Mory vor Augen. Ihr vom Scheinwerfer angestrahltes Gesicht war kreideweiß; die Nase warf einen Schlagschatten, der einen Teil des Mundes verdunkelte. Sie blickte abwesend vor sich nieder, es sah aus, als habe sie sich ganz in sich zurückgezogen. Zippel redete, über die Abschrankung hinweg, leise auf sie ein; doch sie reagierte weder auf sei-

nen Zuspruch noch darauf, dass er hin und wieder mit seiner Hand flüchtig ihren Pelzärmel berührte. Überhaupt half der Mantel, der ihr sonst auch bei Verzweiflungsausbrüchen noch etwas Mondänes verliehen hatte, jetzt kaum mehr, ihr Elend zu verbergen.

Der Präsident wies darauf hin, dass einer der Angeklagten, Doktor Winkelmann, an Herzversagen gestorben sei und also nicht verurteilt werden könne; die Übrigen würden der Reihe nach aufgerufen, müssten ihr Urteil stehend entgegennehmen und würden gleich danach abgeführt. Johann Schwarzhuber, der ehemalige Schutzhaftlagerführer, erhob sich als Erster und vernahm scheinbar ungerührt, dass er zum Tod durch Erhängen verurteilt sei. Ein Seufzen ging durch den Saal; Entsetzen klang daraus und Genugtuung. Auch Ludwig Ramdohr wurde zum Tod verurteilt, auch Dorothea Binz und Elisabeth Marschall. Die Binz gab einen krächzenden Laut von sich, sie drohte umzusinken, zwei Militärpolizistinnen hielten sie fest und begleiteten sie zum hintern Saalausgang.

Jedes Mal dieses Seufzen im Saal, das wie eine unsichtbare Woge der Zustimmung durch die Reihen lief. Das Seufzen wurde zum empörten Raunen, als Doktor Percy Treite sein Todesurteil mit einer abfälligen Gebärde kommentierte; doch der hagere Mann, der die andern um einen Kopf überragte, begann gleich darauf am ganzen Körper zu zittern; er drehte sich um, damit man sein Weinen nicht sah, und hielt den Kopf noch abgewandt, als er weggeführt wurde.

Dann wurde Carmen Maria Mory aufgerufen. Sie hielt sich hinter der Abschrankung mit Mühe gerade, wehrte die Hilfe einer Bewacherin ab, die sie stützen wollte. Der Konsul, dessen Zahnschmerz immer stärker wütete, versuchte genau hinzuhören, damit ihm kein Wort entging; er verstand nur die Formel *hanging by the neck*. Es flimmerte vor seinen Augen; ein roter Schmerzschleier senkte sich über ihn, dann wurde es schwarz. Die Absenz dauerte bloß zwei, drei Sekunden, und doch schien ihm, als durchlebe er in dieser winzigen Zeitspanne den ganzen Gefühlswirrwarr, den diese Frau in ihm ausgelöst hatte. Als er die Augen wieder öffnete, sah er, dass Carmen Mory sich bekreuzigte und sich hierauf ruhig, ja mit staunenswerter Würde wegführen ließ; erst bei den letzten Schritten krümmte sie sich, von einem ihrer Hustenanfälle erfasst, zusammen, richtete sich aber gleich wieder auf. Hatte sie nicht noch zu ihm geblickt? Der Konsul schämte sich, dass er nicht fähig gewesen war, ihr irgendein Zeichen zu geben; er hörte, dass der Präsident die Zuschauer tadelte, die offenbar auf das Urteil mit Bravorufen und Klatschen reagiert hatten. Es wurde wieder still im Saal. Doktor Zippel saß gebeugt hinter seinem Pult und stützte den Kopf auf die Hände.

32

Ravensbrück und Barth, 1945

Ohne Begründung wird Carmen, kurz nach der Jahreswende 44/45, von Treite als Blockälteste abgesetzt. Danach schickt Ramdohr sie ins Außenlager Barth an der Ostsee; sie soll ihm melden, wer in Barth stehle, betrüge, herumhure. Es sei, sagt Ramdohr, das einzige Mittel, Carmen vor Treite zu schützen; Treite arbeite gegen sie, ihr Leben sei in Gefahr. Was stimmt daran? Sie hat dem Stärkeren zu gehorchen. Einmal Spitzel, immer Spitzel.
Abschied von Anne; es ist ja bloß für ein paar Wochen, sagen sie sich. Sie wissen, dass sich jetzt, wo der Krieg dem Ende zugeht, von Tag zu Tag alles ändern kann. Carmens Abfahrt ist für Sonntagabend, sechs Uhr, vorgesehen; die Transporte finden, der Fliegerangriffe wegen, bei Dunkelheit statt. Die Armbinde der Blockältesten hat Carmen bereits vom Ärmel abgetrennt. Draußen, vor der Baracke, das letzte Treffen mit Anne; ein rauchverschleierter Winterhimmel. Es sind die einzigen Stunden, wo die Gefangenen sich frei auf der Lagerstraße bewegen dürfen. Man vergisst dabei den Hunger, die Frostbeulen. Blicke fliegen hinüber zum Zaun, hinter dem das kleine Männerlager liegt. Gerüchte gehen um von Todesmärschen, auf die man entkräftete Gefangene geschickt habe; Hunderte von Kilometern zu Fuß, angetrieben von SS-Kommandos in panischer Angst vor den Russen.

Das bleibt uns hoffentlich erspart, sagt Anne; wir sind ja schon im Kernreich rund um Berlin. Wohin könnten sie uns noch bringen?
Dorthin, sagt Carmen und deutet auf den Kamin.
Wir haben nun so lange überlebt, sagt Anne. Vielleicht hat irgendeine himmlische Bürokratie entschieden, dass wir zwei davonkommen sollen.
Sie umarmen sich flüchtig.
Das letzte Bild von Anne, bevor Carmen sie verlässt: Sie lehnt, beinahe lässig, an der Barackenwand, ohne Kopftuch, mit stachligem, zentimeterlang nachgewachsenem Haar und vogelscharfen Zügen; zerbrechlich und zäh sieht sie aus, ein junger Mumienmensch.
Als sich Carmen, ihr Bündel in der Hand, zu ihr umwendet, hebt Anne langsam, wie in Zeitlupe, die Hand.

Eine endlose Fahrt durch die Nacht. Abgedunkelte Scheinwerfer; nur einige Meter Sichtweite. Dauernd sackt der Lkw in Schlaglöcher. Carmen wird gegen den Fahrer und die Aufseherin Mewes geschleudert, zwischen denen sie sitzt. Flakfeuer, Flugzeuggedröhn; Bombenexplosionen von weit her mit lange nachrollenden Echos. Carmen hat wieder, trotz des Schnees auf den Feldern, den metallischen Geschmack auf der Zunge, der sie an Frankreich und den Juni 40 erinnert.
Straßensperren zwischendurch; Jugendliche, noch halbe Kinder in zu grossen Uniformen, kontrollieren sie im Schein von Taschenlampen. Dann wieder ein Halt auf offener Strecke; der SS-Scharführer, der dem Lkw auf einem Motorrad vorausfährt, kommandiert die Insassen zwischen die Bäume eines Obstgartens, wo man sich in den Schnee wirft. Man wartet, bis das Bombergeschwa-

der vorbei ist; man rappelt sich auf, sieht die Röte im Süden.
Die fliegen nach Berlin, sagt die Mewes tonlos.

Das Außenlager Barth; Licht, Weite und Salzgeruch lassen die Ostsee ahnen. Eine Mauer mit Stacheldraht, Barackenreihen wie in Ravensbrück, alles aber viel kleiner; nebenan die Rüstungsproduktion für die Heinkel-Werke. Carmen freundet sich mit den Pritschennachbarinnen an, horcht genau hin, tut tagsüber ihre Arbeit als Häftlingsschwester im Krankenrevier. Medikamente und Verbandsstoff sind hier ebenso rar wie in Ravensbrück.
Nachts, wenn sie allein ist, macht sie sich im Dienstraum Notizen; sie schreibt Namen auf, Dutzende von Namen, aber nicht nur die neuen von Barth, auch die andern, an die sie sich aus Ravensbrück erinnert, Namen von SS-Ärzten, Dienstpersonal. Jedem Namen fügt sie eine Charakteristik in Stichworten bei, verzeichnet Ereignisse, möglichst mit dem genauen Datum.
Die eng beschriebenen Zettel faltet sie drei- und vierfach zusammen, stopft sie in einen Beutel, den sie an einer Schnur um den Hals trägt. Sie will gewappnet sein für das, was kommt; sie wird zu denen gehören, die Zeugnis ablegen. Korrupte Zustände. Abtreibungen an SS-Aufseherinnen. Brotdiebstahl. SS-Offiziere zahlen mit Büchsenbohnen für einen willfährigen Körper. Ein getarnter Mord kostet, je nachdem, zwei Zigaretten oder eine Schachtel Aspirin. Und Carmen schreibt alles auf, vergisst nichts. Im Traum sitzt sie auf einem Karussell, das sich immer rasender dreht. Keine Pferdchen darauf, keine Elefanten, nur Frauen in schwarzer Uniform.

Mitte März befiehlt Ramdohr sie zurück; Ravensbrück ist nicht wiederzuerkennen, das Zelt abgebrochen, das Barackenlager in voller Auflösung; wo vorher sechzigtausend um Schlafplätze, um Luft und Nahrung kämpften, irren jetzt noch tausend oder zweitausend Frauen durch das Gelände. Wo sind sie alle hingekommen? Auch Anne ist nicht mehr da; das schwedische Rote Kreuz hat die Französinnen freigekauft, einen Teil von ihnen nach Schweden, andere in die Schweiz geschafft. Als es darum ging, sich zu retten, hat Anne, die Doppelbürgerin, sich wieder auf die Seite der Französinnen gestellt. Hätte Carmen anders gehandelt?
Treite ist weg, die Binz und Ramdohr sind noch da. Ausharren bis zum Endsieg, spotten die Althäftlinge. Kein langes Anstehen mehr, weder beim Essen noch beim Waschen; die Zählappelle finden nur noch sporadisch statt. Das Essen allerdings bewahrt einen nach wie vor nur knapp vor dem Verhungern: dünne Steckrübensuppe mit Kartoffelschalen, ein Liter pro Tag. Dabei, so heißt es, verfaulten Kartoffelvorräte im Keller; im Beutelager sei Büchsennahrung bis zur Decke gestapelt.

Zwei Tage lang wird Carmen von Ramdohr verhört. Sie muss über jedes Detail aus Barth berichten. Ramdohr spielt sich auf, spielt sich und Carmen vor, er habe noch immer Mittel und Zeit, die Schuldigen zu bestrafen. Seine Feinde, sagt er, hätten ihm Bestechlichkeit vorgeworfen; doch er habe seine Unschuld bewiesen. Carmen spielt mit, sie spielt die unbestechliche Spionin und weiß hinterher nicht mehr, ob sie um ihr Leben gespielt hat oder bloß aus Gewohnheit. Es ist jetzt möglich, ohne bewaffnete SS-Begleitung aus dem Lager hinaus- und wieder hereinzukommen. Du wirst am Tor, sagt Leonie, manchmal gefilzt und manchmal nicht; und es hängt von ihrer Laune ab, ob du eine Bewilligung vorweisen musst oder nicht. Am leichtesten sind sie mit Zigaretten zu bestechen. Oder du schließt dich einem Arbeitstrupp an, der zu einem Außenwerk geht. Und dann setzt du dich ab, machst einen Spaziergang am See. Leonie lacht; im zunehmenden Durcheinander wird sie von Tag zu Tag kindlicher. Natürlich, man könnte auch zu fliehen versuchen; aber wohin? Die Wälder ringsum sind voller Truppen, die sich eingraben; du würdest entdeckt und gleich erschossen.

Am zweiten Abend, nachdem die Vernehmung in der Kommandantur beendet ist, schickt die Aufseherin Carmen allein zurück ins Lager: Du kennst ja den Weg. Beiläufig überprüft Carmen, ob sich die Tür, die auf den Parkplatz führt, öffnen lässt. Und schon ist sie draußen, im Freien, in der Frühlingssonne, die tief über dem Zellenbau und der Mauer steht, hinter der, als sie ein paar Schritte hinaustritt, nichts mehr zu erkennen ist, nichts, keine Baracke, keine Toten. Nur der Rauch lügt nicht.
Der See, zu dem ein Schottersträßchen führt, glitzert; im leichten Wind stäuben die blühenden Haselkätzchen. Carmen hört Vogelgekrächz und aus weiter Ferne, wie es scheint, ein körperloses vielstimmiges Gemurmel. Die Arbeitskommandos kehren im Gleichschritt zurück, mit befohlenem Gesang. Carmen, von niemandem beachtet, biegt um die Ecke der Kommandantur: ihre Neugier ist plötzlich unbezähmbar, eine andere Art von Hunger. Sie sieht vor sich die Barackenreihe, die, wie sie weiß, Kriegsbeute der SS enthält. Zwei patrouillierende Wachen fragen Carmen nach ihrem Auftrag; in diesen Tagen weiß

niemand mehr, woran er ist. Ramdohr, sagt Carmen, wolle abgeklärt haben, ob in den Baracken genügend wetterfeste Mäntel und Jacken für die Evakuierung vorhanden seien. Sie zieht aus der Tasche ein zerknittertes Formular hervor, das die beiden ratlos studieren. Aber der Name Ramdohr hat Eindruck gemacht; der jüngere SS-Mann führt Carmen zu einer der Baracken, öffnet die Tür, macht Licht.

Ein dumpfer Geruch schlägt Carmen entgegen. Der Raum ist, vom Boden bis zur Decke, voll gestopft und voll gehängt mit Kleidern; es gibt nur einen schmalen Durchgang. Hosen zu Hunderten, zu Tausenden; Hemden, Blusen, Röcke, Unterwäsche in Bündeln, irgendwo Hüte, haufenweise übereinander gestülpt, Abendkleider an Bügeln, die meisten mit Kreidenummern; eine Ecke voller Regenmäntel, lohfarbenen, grauen, grünlichen. Von nahem sieht Carmen, die Schritt um Schritt in diesen Kleiderkosmos eindringt, Fadenreste und Einstiche, eine Handbreit neben dem Revers; dort hat man die Judensterne abgetrennt.

Na?, fragt der SS-Mann, der sich dicht hinter ihr hält. Gibt's genug davon?

Sie nickt. Er ist ihr zuwider.

Ich zeige dir noch was anderes. Komm. Er führt sie hinaus und zur benachbarten Baracke. Als Carmen sieht, was darin ist, prallt sie zurück. Dann geht sie hinein. Pelze, nichts als eingemottete Pelze. Nerz, Iltis, Fuchs, Biber. Diese delikaten, in allen Nuancen spielenden Farbtöne zwischen Umbrabraun und leuchtendem Krapprot, die Silbersträhnen darin, die, je nach Blickwinkel, aufschimmern und wieder verschwinden. Man könnte versinken in Schimmer und Glanz, in Weichheit und Wärme. Carmen

weint lautlos. Sie hebt hier einen Ärmel, dort einen Saum und lässt ihn wieder fallen. Dann schlüpft sie in einen Nerzmantel, der nicht mit andern zusammengebunden ist, dreht sich um sich selbst: Ich, die Mantelfrau.
Der Mann, der sich an Carmen vorbeigewunden hat, breitet im Durchgang ein Eisbärenfell aus. Fickst du mit mir?, fragt er lauernd. Schön weich hier. Du bist ja ganz rosig. Anders als diese Klappergestelle. Komm. Leg dich hin. Was weinst du denn?
Ich weine gar nicht, sagt sie. Lass mich in Ruhe.
Wie ist sie zurückgelangt? Hat sie bloß geträumt? Es könnte sein und ist doch so wirklich wie Luft und Rauch, wie die Melodie der Habanera, die ihr neuerdings wieder nachläuft. Aber nicht einmal im Traum brächte sie es über sich, dem Lager zu entfliehen.

33

Hamburg, Februar 1947

Die Urteilsverkündung nahm ihren Fortgang; die nächste Angeklagte, Vera Salvequart, eine ehemalige KZ-Insassin wie Carmen Mory, war bereits aufgestanden.
Ist Ihnen nicht gut?, flüsterte der Tscheche; er beugte sich näher zum Konsul, als dieser ihn verwirrt ansah, und wiederholte seine Frage.
Der Konsul deutete auf seine Wange. Zahnweh, murmelte er; seine Zunge gehorchte ihm nur mit Verzögerung.
Ruhe! zischte jemand hinter ihnen; auch über Vera Salvequart war inzwischen das Todesurteil verhängt worden.
Der Tscheche schüttelte mitleidig den Kopf, kramte in seiner Manteltasche und drückte dem Konsul ein metallenes Schächtelchen in die Hand. Saridon, flüsterte er, den Mund nun ganz nah an dessen Ohr, schlucken Sie zwei, drei Tabletten. Ich habe immer einen kleinen Vorrat bei mir.
Der Konsul dankte gequält, er stand auf, drängte sich an den stehenden Zuschauern vorbei. Draußen, in der leeren Vorhalle, hallten seine Schritte; beinahe fand er den Weg zu den Toiletten nicht mehr, öffnete schließlich doch die richtige Tür.
Der Wasserhahn über dem Waschbecken war eingefroren und ließ sich nicht aufdrehen; eine Eisschicht bedeckte den Beckenboden. Der Konsul klaubte zwei Tabletten aus dem silbergrauen Schächtelchen, steckte sie in den Mund; er bückte sich, leckte am Eis, um die Speichelmenge zu vergrößern, zerbiss die Tabletten, schluckte sie, dem bit-

tern Geschmack widerstehend, mit Mühe hinunter. Aus dem Spiegel, dessen Unebenheiten die Konturen verzerrten, starrte ihm ein Fremder entgegen. Er riss den Mund auf; die untere Zahnreihe mit den Goldplomben bleckte ihn an. Aber der schmerzende Stockzahn sah nicht anders aus als die andern Zähne. Als er ihn vorsichtig betastete, verlagerte sich das Schmerzzentrum; es sprang vom Zahn auf die tastende Fingerspitze über, durchglühte die Hand, den Unterarm.

Er brauchte mehrere Anläufe, um sich eine Zigarette anzuzünden; mit dem Rauch vernebelte er sein Spiegelbild, so dass er sich selber, zumindest optisch, ein wenig entrückte. Sie sollte sterben; so hatten es sieben Männer beschlossen. Das Gesetz räumte ihnen das Recht ein, über Leben und Tod zu entscheiden. Sie war eine unter vielen. Was zählte schon ihr Leben angesichts der Millionen, die in diesem Krieg umgekommen waren? Warum berührte ihn, was ihr widerfuhr, und warum ließ ihn das Schicksal anderer kalt? Wer hatte sie ausgewählt und ihm in den Weg gestellt? Er nicht; aber er hatte ihr versprochen, sie nicht im Stich zu lassen, und er wusste nicht, ob er die Kraft haben würde, sein Versprechen einzulösen.

Als er in die Vorhalle zurückkehrte, hatte die Wirkung des Schmerzmittels bereits eingesetzt; oder zumindest bildete er sichs ein. Der Schmerz schrumpfte wie ein zum Platzen gefüllter Ballon, der endlich Luft verliert; dafür hatte sich die Übelkeit verstärkt. Aus der offenen Saaltür klang die vom Lautsprecher verzerrte Stimme des deutschen Übersetzers; offenbar näherte man sich dem Verhandlungsende.

Ein paar Journalisten hatten sich in der Halle versammelt, wo sie rauchten und halblaut aufeinander einredeten. Von

ihnen vernahm der Konsul, es seien elf Todesurteile ausgesprochen worden; vier Angeklagte seien, mildernder Umstände wegen, mit langjährigen Gefängnisstrafen davongekommen, darunter Margaretha Mewes, die ehemalige SS-Aufseherin, und Doktor Martin Hellinger, der ehemalige Lagerzahnarzt. Ob mildernde Umstände, fragte der Konsul mit aggressivem Unterton, nicht eher für die Häftlinge gelten müssten? Die Männer musterten ihn erstaunt. Einer sagte: Was ist mit Ihnen? Sind Sie krank? Der Konsul wandte sich, unmerklich torkelnd, dem Saaleingang zu, beschloss aber, da die Zuschauer bereits herauskamen, nicht noch einmal hineinzugehen. Er umklammerte in seiner Manteltasche das Tablettenschächtelchen und wartete auf den Tschechen, um es ihm zurückzugeben. Der Tscheche erschien nicht; dafür sprach ihn plötzlich Doktor Zippel an. Er wirkte verstört und zwinkerte heftig. Es ist vorbei, sagte er, alle Mühe war umsonst. Kommen Sie, wir müssen miteinander sprechen.
Der Konsul folgte ihm; sie gingen draußen nebeneinander her. Zippel bestürmte ihn mit Bemerkungen zum Prozessverlauf, mit der Erläuterung juristischer Finessen, die er eingebracht habe und die viel zu wenig gewürdigt worden seien. Immer wieder berief er sich darauf, dass ihm dieses unselige Mandat erst vier Tage vor Prozessbeginn übertragen worden sei und er deshalb zu wenig Zeit gehabt habe, bessere Zeuginnen ausfindig zu machen. Er hätte andernfalls ein Visum beantragt, um persönlich in die Schweiz zu reisen und Anne Spörry zu überreden, ihrer Freundin beizustehen. Die Spörry werde übrigens – das habe er vom Schweizer Anwalt, der sie vertrete – mangels Beweisen demnächst wieder auf freien Fuß gesetzt, und wenn man die Spörry laufen lasse, könne man auch

Carmen Mory nicht verurteilen. Der Konsul wollte einwenden, seiner Meinung nach hätten auch zehn weitere Zeuginnen den Umschwung nicht gebracht; das Gericht habe sich von Anfang an auf die Aussagen der Französinnen festgelegt. Aber er kam nicht zu Wort, war auch zu erschöpft, sich gegen Zippels Redefluss durchzusetzen.

Irgendwann saßen sie in einem Taxi, das Zippel angehalten hatte, und steuerten eine Kneipe an, die Zippel zu kennen schien. Um diese Tageszeit, am späten Nachmittag, war sie halb leer. Der Kanonenofen summte vor Hitze; doch schon in ein paar Metern Abstand fror man wieder. Sie tranken nicht Bier, sondern Tee mit Rumersatz, dessen Wärme bis in die klammen Zehen fließen sollte. Zippel beklagte sich darüber, dass die Briten ihm aus Carmen Morys beschlagnahmtem Guthaben bisher bloß das Mindesthonorar bezahlt hätten, obwohl seine Mandantin bereit sei, ihn nach den Sätzen der Anwaltskammer zu honorieren. Wenn er nun ein Begnadigungsgesuch verfasse, so müsse er damit rechnen, dies unbezahlt zu tun.

Der Konsul ging nicht darauf ein, sagte vielmehr beiläufig und doch mit verhaltenem Eifer, als komme ihm der Gedanke gerade jetzt: Die größte Wirkung hätte es zweifellos, wenn die Schweizer Regierung direkt bei Premierminister Attlee intervenieren und um eine Überprüfung des Urteils bitten würde.

Zippel, aus dem Konzept gebracht, setzte seine Tasse heftig ab. Sie denken doch nicht, dass Ihre Regierung sich mit diesem Einzelfall beschäftigen wird?

Und warum nicht? Wenn ich den Bundesrat von der Fragwürdigkeit des Urteils überzeugen kann, wird er sich für eine Einzelperson ebenso einsetzen wie für eine Gruppe.

Zippel schaute den Konsul skeptisch an. Verzeihen Sie meine Zweifel, aber verfügen Sie denn über die notwendigen Beziehungen?

Herr Anwalt, erwiderte der Konsul, die Schweiz ist seit ihren Ursprüngen eine Demokratie. Jedes ihrer Glieder ist so viel wert wie das andere. Ein einfacher Bürger wagt es durchaus, einen Bundesrat auf der Straße anzusprechen. So viel mindestens dürfen Sie mir zutrauen.

Ein schönes Konzept, antwortete Zippel mit leisem Sarkasmus. Ich hoffe, dass es auch im Falle Mory funktioniert. Er wurde wieder ernst. Viel Zeit haben wir nicht. Ein paar Wochen höchstens. Die Verurteilten werden noch heute nach Fuhlsbüttel gebracht. Dort beginnt in den Todeszellen das lange Warten. Kennen Sie Fuhlsbüttel? Holstenglacis ist, damit verglichen, ein Sanatorium. In Fuhlsbüttel waren während der Nazizeit Hunderte und Tausende lebendig begraben.

Und Sie haben davon gewusst? Die Frage mit ihrem anschuldigenden Unterton sollte Zippel treffen; der Konsul hatte plötzlich den Drang, ihm seinen Unglauben heimzuzahlen.

Die Röte stieg in Zippels Gesicht. Das haben natürlich fast alle gewusst. Aber was stellen Sie sich denn vor? Wären Sie an meiner Stelle über die Mauer geklettert und hätten die Häftlinge befreit?

Nein, sagte der Konsul, dessen Wangenmuskeln sich verkrampften. Aber ich hoffe, ich hätte den Mut gehabt, mich politisch gegen Hitler aufzulehnen, als dies noch möglich war.

Ausgezeichnet! Zippel tarnte seine Verstimmtheit mit Ironie, atmete aber schneller und heftiger. Hat Hitler denn bei Ihnen, in Ihrer direkten Demokratie keine Anhänger

gefunden? Und ich denke dabei nicht an die Damen Mory und Spörry. Im Übrigen muss ich mich ein wenig wundern. Sie wissen doch jetzt, wozu Gestapo und SS fähig waren. Nicht jeder von uns ist zum Helden geboren. Aber ich muss gehen. Verzeihen Sie meine Direktheit.
Zippel stand auf und streifte sich mit fahrigen Bewegungen die Handschuhe über. Er verabschiedete sich knapp; danach sass der Konsul da und starrte auf die Teepfütze, die in der Untertasse entstanden war. Was hatte er in den letzten Wochen nicht alles zu verstehen versucht! Aber hinter der Grenze des Verstehens lag das Niemandsland der Zweifel, der unbeantwortbaren Fragen; es war gefährlich, sich dorthin zu verirren.

34

Barth, Rostock, 1945

Irgendwann nach dem zwanzigsten April ist sie wieder in Barth; der Geschützdonner nähert sich mit jeder Stunde. Die SS verbrennt Akten, sprengt Bunker und Materialdepots in die Luft. Lagerabbruch, überhasteter Wegmarsch. Carmen inmitten des Zuges, der, nach Anweisung des Kommandanten Heuser, so schnell wie möglich Rostock erreichen soll; dort, so sagt er, würden sie mit unbekanntem Ziel eingeschifft. Nach Madagaskar, flüstert man sich zu. Ab auf die Tropeninsel, die das Reich einst für die Juden bestimmt hatte, Untermenschen zu Untermenschen. Ach was, sagen die Hoffnungslosen, wir werden eingeschifft und danach versenkt; das ist die billigste Methode, uns loszuwerden.
Die großen Straßen sind verstopft von Flüchtlingstrecks; Heuser ordnet an, sie zu meiden und sich auf Nebensträßchen zu bewegen. Das alles kennt Carmen doch schon. Ist ihr Leben nichts als eine Spirale, die sie in Abständen an den gleichen Stellen vorbeiführt? Und was wäre denn das Zentrum, dem sie sich nähert?
Die Nächte im Freien oder in Scheunen, von Bauern widerwillig zur Verfügung gestellt. Man muss Erschöpfte liegen lassen. Entgegen den Befehlen weist Heuser in Dörfern, die der Zug durchquert, darauf hin, dass am Straßenrand entkräftete Frauen auf Hilfe warten. Die Ortsgruppenleiter stellen sich den Elendsgestalten entgegen; sie wollen, auch in den letzten Tagen des Kriegs,

nichts zu tun haben mit Schutzhaftgefangenen. Die meisten Siedlungen sind ohnehin überfüllt von Ostflüchtlingen. Ein NS-Funktionär tobt, besteht darauf, die KZ-Häftlinge seien, laut Befehl des Reichsführers SS, zu erschießen. Ohne auf ihn zu achten, bewegt sich der Zug weiter.

Lassen Sie uns frei, sagt Carmen zum Kommandanten, der schweigend vorangeht und sich kaum mehr umschaut, ob der Zug ihm folgt. Was nützt es Ihnen, diesen Auftrag zu Ende zu führen? Tauchen Sie unter, wir werden, falls erforderlich, zu Ihren Gunsten aussagen. Auch das kennt sie doch längst: Bestechungsversuche mit künftiger Gunst, möglich nur, weil der Wind sich gedreht hat; wie oft wird er sich noch drehen?

Am dritten Marschtag, ein paar Kilometer vor Rostock, mitten in einem Kiefernwald, lässt Heuser die sechshundert Frauen, die er noch anführt, im Karree antreten. Nachdem sie Haltung angenommen haben, befiehlt er: Rührt euch! Abtreten! Und als die sauber ausgerichteten Kolonnen noch ein paar Sekunden zögern, schreit er: Habt ihr nicht verstanden? Haut ab! Die Stimme versagt ihm; er wendet sich ab.

Ein paar versuchen zu jubeln; doch die Kraft zum großen Freudenausbruch fehlt. Ohne Hast löst die Formation sich auf. Wohin?, wird gefragt. Mit wem zusammen? Wachleute und Aufseherinnen, die den Zug bis hierher begleitet haben, setzen sich ab, werfen ihre Gewehre und Bajonette weg. Carmen bedankt sich bei Heuser für seine Menschlichkeit; er reißt sich die Achselstücke von der Uniform, verschwindet im Gehölz, Richtung Westen, während die freigelassenen Kommunistinnen nach Osten aufbrechen, den Sowjets, den Befreiern, entgegen.

Carmen, denke ich mir, gehört zu denen, die noch eine Weile warten, unschlüssig, was sie tun sollen. Ihre Heimat, an die sie sich plötzlich erinnert, ist weit weg: die Schweiz, ein Phantomland, kriegsverschont; wie gelangt man, als verratene Verräterin, zurück ins Paradies?

Ihr Leben verschwimmt für mich von diesem Moment an; die Quellen sind karg und widersprüchlich. Carmen Mory gerät in sowjetische Gefangenschaft oder stellt sich – das ist die wahrscheinlichere Version – als ehemaliger KZ-Häftling unter sowjetischen Schutz; es gelingt ihr, noch vor der Kapitulation in das von den westlichen Alliierten besetzte Gebiet hinüberzuwechseln. Auf welche Weise wohl?

35

Hamburg, Februar 1947

Die Schweizer Zeitungen kommentierten das Todesurteil gegen Carmen Mory mit offener oder versteckter Zustimmung; es wurde vor allem von linker Seite als angemessen empfunden. Carmen Mory hatte zweifellos mit den Nazis kollaboriert und war damit nach Schweizer Maßstäben zur kriminellen Außenseiterin geworden. Wenn ein alliiertes Militärgericht sie nun nach den strengen Regeln des britischen Rechtssystems zum Tode verurteilte, konnte man nicht viel dagegen haben, auch wenn in der Schweiz selber, nach der Aufhebung des kriegsbedingten Notstandsregimes, die Todesstrafe wieder abgeschafft war. Für die verschwiegene Kollaboration der Geschäftemacher, der Banken und der Rüstungsbetriebe hatte man damals – und noch Jahrzehnte danach – kein Sensorium; es scheint sogar aus heutiger Sicht, dass der Fall Carmen Mory von unangenehmeren Zusammenhängen ablenkte, mehr noch: dass er als eines der Ventile diente, durch welche das angestaute Unbehagen über die eigene Rolle im Krieg entweichen konnte.
Frau Amacher fand zwar das Erhängtwerden schrecklich (*gruusig*, sagte sie in ihrem Ostschweizer Dialekt); Erschießen hätte sie humaner gefunden; und auch der elektrische Stuhl, den man in einigen Staaten der USA verwendete, machte ihr weniger Angst. Aber dann straffte sie sich und sagte mit Überzeugung: Strafe muss sein; und es war klar, dass die Strafordnung, die sie für die richtige

hielt, stufenweise von mütterlichen Ohrfeigen bis zum richterlich verordneten Erhängen führte.

Merkwürdigerweise billigte nun auch Mürner das Urteil. Nachdem er wochenlang die Zweifel des Konsuls an Carmen Morys Schuld bestärkt hatte, lief er, als ob er dem innern Zwiespalt nicht länger standhalte, sozusagen mit fliegenden Fahnen zur Gegenseite über. Alles in allem sei der Prozess doch außerordentlich fair gewesen. Er stemme sich nicht gegen ein Begnadigungsgesuch, sei aber dagegen, die ganze Maschinerie des Politischen Departementes zu Morys Gunsten in Bewegung zu setzen. Der Bundesrat habe sich weiß Gott mit Wichtigerem zu befassen als mit dem Überleben einer kranken Nazikollaborateurin.

Eigentlich war der Konsul froh darüber, dass Mürner jetzt in fassbarem Gegensatz zu ihm stand und er den Untergebenen, der sich wie ein aufsässiger Sohn benahm, in die Schranken weisen konnte. Eine leise Verachtung gegenüber Mürner, dem Anpasser, begann sein Verhalten zu färben; Mürner schien es zu spüren und zog sich immer mehr von ihm zurück.

Der Konsul schrieb ein Memorandum und fasste darin noch einmal seine Vorbehalte gegenüber der Prozessführung zusammen. Die Zweifel an Carmen Morys Schuld seien nicht ausgeräumt; das Gericht sei vom französischen Beisitzer vermutlich stark beeinflusst worden. Zudem schade es dem Prestige der Schweiz, wenn sich der Eindruck verfestige, eine Schweizerin habe sich an Kriegsverbrechen beteiligt. Es sei also durchaus wünschenswert, die britische Regierung aufzufordern, Carmen Mory zu begnadigen oder den Fall durch eine höhere Instanz neu aufrollen zu lassen.

Cantieni, der direkte Vorgesetzte des Konsuls, sträubte sich erst, die Affäre aufzugreifen; doch der Konsul bearbeitete ihn so lange, bis er das Memorandum weiterzuleiten versprach. Da der Konsul wusste, wie verschlungen die Amtswege im Politischen Departement waren, nahm er gleichzeitig mit dem Schweizer Gesandten in London Kontakt auf. Er kannte ihn und seine Empfänglichkeit für gefühlsbetonte Anliegen von früher her, und darum verbarg er weder sein Mitleid mit der Verurteilten noch die Faszination, die sie auf andere ausübte, und er hängte erst auf, als der Gesandte die Möglichkeit, den Premierminister deswegen zu behelligen, zumindest nicht mehr ausschloss.

Eines Morgens lag die Kopie eines Briefes von Leontine Mory auf seinem Schreibtisch. Sie bat den Bundesrat, die drohende Hinrichtung von ihrer Schwester abzuwenden; im naiven Versuch, Carmen für unzurechnungsfähig zu erklären, fragte sie, ob denn niemand wisse, dass ihre Schwester seit Jahren Morphium nehme und dies ihren Charakter vollständig zerstört habe. Der Brief rührte den Konsul auf irritierende Weise; er las nicht nur Schwesternliebe daraus, sondern erkannte in ihm zugleich den Ton moralischer Überlegenheit, der ihm selber nicht fremd, aber deshalb umso unangenehmer war. Auch andere Briefeschreiberinnen forderten Milde gegenüber Carmen Mory; einige warnten sogar vor einem Justizmord. Der Konsul sandte die an ihn gerichteten Briefe mit Kurierpost nach Bern und hoffte, damit den Druck auf die Behörden zu verstärken.

Von seiner Schwiegermutter bekam er in diesen Tagen die Nachricht, Adele gehe es schlecht, der Gynäkologe habe ein Unterleibsleiden diagnostiziert, das eine Operation, vermutlich die Entfernung der Gebärmutter, erfordere. Das Kinderproblem, das ihn und ihre Tochter entzweie, fügte die Schwiegermutter hinzu, werde so wohl endgültig gelöst. Aber Adele, die sehr niedergeschlagen sei, bringe es nicht über sich, ihm dies persönlich mitzuteilen; sie habe das Gefühl, sie müsse ihren Mann auf seinem schwierigen Posten schonen, eine Ansicht, die sie, die Mutter, nicht teile.

Der Konsul schrieb ein paar bedauernde Zeilen zurück, deren Kälte vom Fußboden her in die Tinte geflossen zu sein schien; er riet dazu, für die Operation nur eine allererste Adresse, mit Vorteil eine Privatklinik, in Betracht zu ziehen, und ließ Adele alles Gute wünschen. Was Adele betraf, ging ihn nicht wirklich an; er war besetzt, buchstäblich besetzt, besessen von jemand anderem.

Seine Hartnäckigkeit brachte einzelne Beamte um ihre Ruhe; das schlechte Gewissen, das er in ihnen schürte, machte sie zu Verbündeten, die nun ihrerseits Sitzungen einberiefen und das Anliegen des Konsuls auf die nächsthöhere Hierarchiestufe abzuschieben trachteten. Das Dossier wurde angereichert mit Randbemerkungen, beigehefteten Durchschlägen, Originalbriefen. So gelangte es, als vertraulich klassifiziert, in das Vorzimmer des Außenministers und wurde diesem in einem günstigen Moment mündlich zur Kenntnis gebracht. Als sich auch noch die Londoner Botschaft einschaltete, gewann das Dossier Mory weiter an Gewicht. Bundesrat Petitpierre entschloss sich, den Fall bei der nächsten Sitzung dem Gesamtbundesrat vorzulegen.

Am 18. Februar, zwei Wochen nach der Urteilsverkündung, hörten sechs Herren dem Vortrag des siebenten, des

Außenministers, zu; dieser empfahl eine klug formulierte Intervention bei den Briten, mit der man sich alle weitern Optionen offen halte.

Der Polizeiminister, der im Krieg für die Abweisung jüdischer Flüchtlinge verantwortlich gewesen war, stimmte als Erster zu. Es gehe hier zwar offensichtlich um eine Abenteurerin, eine Femme fatale, sagte er; aber gerade deshalb gelte es, der Welt zu zeigen, dass die Schweiz alle ihre Bürger schütze, ungeachet ihrer politischen Couleur; die Endgültigkeit der Todesstrafe rechtfertige schon bei geringen Zweifeln – und hier seien sie offenbar mit Händen zu greifen – eine strenge Überprüfung des Urteils. Der Innenminister schloss sich an; man habe, ergänzte er, hier Gelegenheit, das ungünstige Bild der Schweiz, das bedauerlicherweise hier und dort im befreundeten Ausland entstanden sei, zu korrigieren: erstens, indem sich der Bundesrat von seiner menschlichen Seite zeige, zweitens, indem man klarer als bisher aufzeige, dass die Verurteilte von einer Nazisympathisantin zur Nazigegnerin geworden sei. Die Herren nickten. Es gab keine weiteren Wortmeldungen; der Antrag Petitpierres wurde gutgeheißen.

Das Pressecommuniqué kam erst zwei Tage später in Umlauf; aber noch am gleichen Nachmittag, als die Hamburger Telefonleitungen nach längerer Unterbrechung wieder funktionierten, erfuhr der Konsul von seinem Sieg: Der Bundesrat bat die Briten, das Todesurteil zu überprüfen und die Möglichkeit einer Begnadigung in Erwägung zu ziehen; die Begründung folgte, zum Teil wörtlich, den Argumentationslinien des Konsuls.

Er hatte gewonnen, und er tanzte, nachdem er das Fernschreiben flüchtig durchgelesen hatte, in einem Ausbruch wilder Freude durch sein Bürozimmer. Ein wenig später ging er zu Mürner hinüber, um ihn, scheinbar nüchtern, über die neuste Entwicklung im Fall Mory zu unterrichten. Mürner gratulierte dem Konsul zu seinem Erfolg; man dürfe sich jetzt allerdings nicht einbilden, sagte er leichthin und doch provokativ, dass die Briten sich von der Schweiz ins Bockshorn jagen ließen.

Das mag sein, antwortete der Konsul und versuchte, das Gift in Mürners Bemerkung nicht in sich eindringen zu lassen. Aber ich habe wenigstens getan, was in meinen Möglichkeiten lag.

Im Unterschied zu mir, nicht wahr? Das meinen Sie doch. Mürners Unterlippe begann zu zittern. Unser Beruf verpflichtet uns zu Sachlichkeit, Herr Konsul, das wissen Sie so gut wie ich. Da ich inzwischen zum Fall Mory genügend Abstand gewonnen habe, bin ich zum Schluss gekommen, dass eine Intervention, wie Sie sie jetzt durchgesetzt haben, unsere Position in künftigen Verhandlungen mit den Briten schwächt.

Der Konsul hielt den aufsteigenden Ärger zurück; es war dumm gewesen, vor Mürner zu prahlen. Wortlos verließ er den überheizten Raum.

Ja, Kohlen und Briketts hatten sie jetzt wieder genug; Trenkel hatte sich auf dem Schwarzmarkt eingedeckt.

Nachdem die Presse den Schritt des Bundesrats gemeldet hatte, brach in der Schweiz ein Sturm der Kritik los. Die Zeitungsredaktionen, aber auch das Bundeshaus wurden mit Briefen überschwemmt, in denen oppositionelle Gruppierungen und Personen – zum Teil ehemalige, in die Schweiz emigrierte Häftlinge – ihrer Entrüstung Luft machten. Sie alle waren von Carmen Morys Schuld überzeugt und fanden es unerträglich, dass die Regierung für eine Gestapo-Agentin Partei ergreife; diese Frau, schrieben sie, verdiene keine Milde. Kommunistische Frauen aus Genf beschuldigten den Bundesrat, mit ungleichen Ellen zu messen; während des Krieges habe er es versäumt, sich für inhaftierte Antifaschistinnen einzusetzen, und vor Hitler gebuckelt; nun stelle er sich ausgerechnet hinter eine Frau, die für die Nazis gespitzelt und andere Häftlinge gequält habe. Die Briefe machten Carmen Mory zum Sündenbock für die Verfehlungen vieler. Anne Spörry indessen, die wieder in Freiheit lebte und ihre Auswanderung nach Afrika plante, meldete sich nicht zu Wort; auch der Bundesrat hielt sich bedeckt. Erst eine dringliche Anfrage der Sozialdemokraten im Parlament zwang ihn dazu, sich zu rechtfertigen; er versprach, einen Strafrechtsexperten einzusetzen, der den Fall objektiv überprüfen werde.

36

*Plön-Neumünster, Paderborn, Juni bis
November 1945*

Im Juni 1945, nach der deutschen Kapitulation, ist Carmen Mory auf britischer Seite zu finden, in Plön-Neumünster, wo sie aus eigenem Antrieb, wie es scheint, den englischen Besatzungsbehörden ihre Dienste anbietet; sie will, als Augenzeugin und Dolmetscherin, bei der Verfolgung und Identifizierung von Kriegsverbrechern mithelfen. Schon wieder hat sie eine Rolle gefunden, die ihr Einfluss verschafft. Jetzt endlich sind ihre Aufzeichnungen, die zahllosen Namen, die sie sich gemerkt hat, von Nutzen. Die Namen der Ärzte kann sie auswendig: Orandi, Trommer, Winkelmann, Oberheuser, Treite, ja, auch Doktor Percy Treite; und sie weiß, wer für die Gasbrand-Experimente an den Polinnen verantwortlich war: Professor Gebhardt aus Berlin.

Ihre Beschreibungen sind präzis und werden geschätzt; Carmen Mory besteht darauf, dass sie nicht vernommen wird, sondern sich an Ermittlungen beteiligt. Hunderte von Fotos durchmustert sie. Auf einem von ihnen erkennt sie die Binz.

Sie isst wieder anständig, manchmal üppig; von der Nahrungsknappheit, die auch in England herrscht, bleibt die Armee verschont. Sie schlingt in sich hinein, was sie bekommt, Rindsgulasch, Bratkartoffeln, eingemachten Pfirsich. Sie nimmt zu, trotz gelegentlicher Übelkeit und Schwächeanfällen; mit dem alten Körpergewicht kehrt auch das verloren geglaubte Freiheitsgefühl zurück.

Genug zu essen, ein eigenes Zimmer zu haben, das bedeutet Glück. Müsste sie nicht dankbar sein? Sie entdeckt wieder das Bedürfnis, sich schön zu machen, die Freude an Samt, Seide, Perlen. Mit Schminke und Puder zu lügen, ist gestattet; hat sie die tiefen Falten, die ihre Mundwinkel furchen, die grauen Haare verdient? Sie macht sich mit Quaste und Stift wieder dreißig; so alt war sie vor dem Abstieg ins Fegefeuer. In sanftem, schummrigem Licht darf sie nach wie vor als Schönheit gelten. Die häufigen Stromausfälle machen ihr nichts aus, sie hält sich am liebsten im Halbdunkel oder im Kerzenschimmer auf, scherzt gerne, ein Glas in der Hand, lacht oft ungewöhnlich laut. Ein Captain Clarke bemüht sich um Carmen, ein schlanker Mann, wesentlich jünger als sie, in tadellos sitzender Uniform. Sie nennt ihn Carlos, ein opernhafter Name, weit entfernt vom biederen Fritz. Ihr Englisch, sagt er zu ihr, sei perfekt; wo sie es gelernt habe? Sie inszeniert mit Carlos das vertraute Spiel: seine Werbung, ihr Zögern, die erste Verliebtheit. Spaziergänge, Hand in Hand, durch den mondbeschienenen Garten, lange Küsse. Auch das kennt sie doch, den Überschwang, die Lebenslust. Sie erinnert sich an die Nächte auf dem Landgut bei Tours, an Nächte im Englischen Garten. Es ist immer zu Ende gegangen, es wird auch dieses Mal so sein, bald. Im Stein, den sie geschluckt hat, ist dieses Wissen eingeschlossen; darin ruht auch ein Name, an den sie sich um keinen Preis erinnern will: Anne. Sie träumt von ihr, beinahe jede Nacht: Annes Gesicht, die blau gefrorenen Fingerknöchel. Anne auf dem Appellplatz, Anne, die ohne Kopftuch an der Barackenwand lehnt.

Ihr liegt viel daran, die Verlobung mit Captain Clarke offiziell bekannt zu geben. Seine Offizierskollegen stoßen

mit dem Paar an; auch Deutsche sind unter den Gratulanten, Dolmetscher, zurückgekehrte Emigranten, die beim Wiederaufbau der Presse mitarbeiten. Carmen bekommt einen Blumenstrauß; Rittersporn, Gladiolen, gefüllter Mohn; die Natur, sagt ein beschwipster Redner, fange schon an, die Trümmer zu überwuchern.
Die Rede ist von Verhaftungen, von Internierungslagern, von Entnazifizierung. Wann bekommt sie den Pelzmantel, den sie während des Prozesses tragen wird? Ist er ein Geschenk von Carlos? Gehört er zu ihrer Habe, die auf einem Dachboden den Krieg überstanden hat? Ist er neu, gegen Lebensmittel aus britischen Vorräten eingetauscht? Sie trägt ihn manchmal mitten im Sommer, darunter beinahe nichts, und Carlos Hände haben leichten Zugang zu ihren Brüsten, die sich wieder langsam runden.
Dann ist der Sommer vergangen, die Luft riecht nach Kartoffelfeuern; Städter machen sich mit Rucksäcken auf, um bei Bauern Vorräte für den Winter gegen Tafelsilber und Teppiche einzutauschen. Und jetzt? Wie soll es weitergehen?

Am fünften November 1945 wird Carmen Mory unter der Beschuldigung, Agentin der Gestapo gewesen zu sein und Verbrechen gegen Angehörige alliierter Nationen begangen zu haben, von der britischen Militärpolizei verhaftet und ins Internierungslager nach Paderborn gebracht. Andere Verhaftete, von Carmens Aussagen belastet, haben die ehemalige Blockälteste schwerster Verbrechen bezichtigt. Man sei, wird ihr kühl gesagt, im Stadium der Abklärung; das Material, das gegen sie vorliege, rechtfertige indessen eine Untersuchungshaft.
Der Schock macht sie sprachlos; aber war sie nicht heimlich darauf gefasst, dass die Spirale sie wieder abwärts

führen würde? Also alles von vorn; nur die Sprache der Wärterinnen wechselt bei jeder Verhaftung. Die Ledertasche mit den Notizen und Dokumenten wird ihr abgenommen; sie muss sich künftig auf ihr Gedächtnis verlassen. Wer bin ich, dass ich nicht in Ruhe leben kann? Eine Schattenpflanze, die Freiheit und Licht nicht erträgt?
Captain Clarke ist indigniert, dass seine Verlobte ins Zwielicht geraten ist; doch er bewahrt Haltung, besucht sie mehrfach, verspricht Unterstützung, die dann aber ausbleibt. Die Vernehmungen durch Leutnant Ratcliffe finden in ausgesprochen höflichem Ton statt. *Interrogation Report: This is an extremely complicated case ... The woman herself does not make too bad an impression, but with the scanty evidence and the complexitiy of the case it is impossible to make a just recommendation about her.* Sie wird von der *War Crime Investigation Unit* übernommen. Captain da Cunha schlägt einen härteren Ton an; über Tage hinweg seine hämmernden, unablässig wiederholten Fragen. Die Protokolle, die sie unterzeichnet, füllen ganze Ordner; das Netz, in dem sie sich verstrickt, wird enger.
Ein Krankheitsschub mit hohem Fieber, ebenfalls vertraut; wenigstens bekommt sie jetzt wirksame Medikamente. Der beigezogene Arzt bejaht, trotz der angegriffenen Lungen, Carmens Haftfähigkeit. Dann der Entscheid, dass sie, zusammen mit der Führungsspitze des Lagers Ravensbrück, vor ein alliiertes Kriegsgericht in Hamburg gestellt werde; Prozessbeginn im Dezember 46. Sie müsse mit einem harten Urteil rechnen.
Absurd!, schreit sie, als Leutnant Ratcliffe ihr dies eröffnet. Das ist absurd! Ich war Häftling in Ravensbrück! Ich habe nie der SS angehört!

Sie werden sich ordnungsgemäß verteidigen können, erwidert der Leutnant mit leicht erhobener Stimme; ein unabhängiges Gericht wird über Ihren Fall entscheiden. Anne, wo bist du jetzt? Komm und hilf mir.

37

Hamburg, März/April 1947

Ein Monat war seit der Urteilsverkündung vergangen. Anfang März, als die Elektrizitätswerke ihre letzten Tonnen Kohle verfeuerten, traf endlich der lang erwartete Nachschub in Hamburg ein und rettete die Stadt. Kurz danach begann das Tauwetter, und die Erleichterung, die Hamburg belebte, nein, durchfloss und durchströmte, erfasste auch den Konsul. Vom Hafen her hörte er Schiffe tuten, und in diesem Klang war etwas sehnsüchtig Frühlingshaftes, das Ferne und Wärme versprach. Das Alstereis wurde dünner; ein Netz von schwarzen Rissen zog sich über die braungrau und bläulich gescheckte Fläche. Das neu erwachte Ungestüm der Stadt schien die Wolken vor sich herzutreiben; sie erinnerten an flatternde Wäsche im Wind, an die Samenknäuel des Wollgrases, und aus dem strahlenden Blau zwischen ihnen war alle Schwermut herausgewaschen.
Wohl dachte der Konsul oft – zu oft noch, schalt er sich – an Carmen Mory; doch sie war in diesen Wochen hektischer Aktivitäten und diplomatischer Vorstöße in gewisser Weise zu einem Abstraktum geworden; sie war ihm, als leibhaftige Person, entschwunden. Er fragte sich selten, wie es ihr wohl ging; er wollte es gar nicht wissen; das Mitleid, das er Mürner gegenüber verteidigt hatte, kostete ihn zu viel Kraft.
Von Doktor Zippel, der sie wöchentlich besuchte, hörte er am Telefon, dass sie litt. Sie protestiere gegen die An-

ordnung, wie alle anderen Gefangenen Anstaltskleidung zu tragen, mit einem neuerlichen Hungerstreik; zwei Löffel Milchsuppe täglich und ein paar Tassen Tee erhielten sie am Leben. Man habe ihr den Mantel abgenommen und befürchte nun einen Selbstmordversuch, habe aber alles vorgekehrt, um dies zu verhindern. In ihrem Verhalten schwanke sie zwischen tagelangem Schweigen und Wutausbrüchen. Sie habe während einer längern Stromsperre eine rußende Karbidlampe, von der sie sich beschmutzt fühlte, mutwillig zerschmettert, was ihr einen strengen Verweis des Gefängnisoffiziers eingetragen habe. Sie sei noch magerer geworden, fiebere zwischendurch, ersticke nachts beinahe an ihrem Husten, rufe nach ihrer Mutter, nach Anne, nach jemandem, der Toni heiße. Der Anstaltsarzt gebe ihr Medikamente, die sie, je nach Stimmung, manchmal schlucke und manchmal nicht; er, Zippel, könne dem Zerfall dieser Person, deren Stärke ihn früher beeindruckt habe, fast nicht zuschauen. Er habe versucht, ihre Haftbedingungen, die ja die gleichen seien wie die der andern Verurteilten, zu verbessern; er habe jedoch nur erreicht, dass der englische Gefängnisgeistliche, Pater Moriartry, sie jederzeit besuchen dürfe und dass man ihr erlaube, religiöse Werke zu lesen.

Der Konsul hörte sich alles an und schob es sogleich von sich weg. Er fragte nicht einmal, ob Carmen Mory wisse, dass die Schweizer Regierung sich für sie verwendet habe. Das Zahnweh verschonte ihn jetzt nach weitern Arztbesuchen, oder dann hatte sich der Schmerz in tiefere Regionen seines Körpers zurückgezogen. Ab und zu spürte er eine unbestimmte Verhärtung in der Bauchgegend; wenn er sie betastete, schien es, als ob ein scharf geschliffenes Messer in seine Därme schneide.

Er reagierte auch nicht auf Carmen Morys Briefe, in denen sie ihn um einen weitern Besuch bat. Es ging über seine Kraft, nach Fuhlsbüttel hinauszufahren. Er hatte getan, was in seiner Macht stand; er ließ ihr sogar Tee und Zucker ins Gefängnis schicken, erfuhr aber zwei Tage später, Oberst Le Cornu habe ihr, wegen der Vorschriften, die Geschenke nicht aushändigen dürfen.

Derselbe Oberst Le Cornu rief ihn am achten April an und orientierte ihn darüber, dass sämtliche Todesurteile, auch jenes über Carmen Mory, bestätigt worden seien. Man habe die Einwände der Schweizer Regierung geprüft und aus guten Gründen verworfen; die Urteile würden demnächst vollstreckt. Er, Le Cornu, habe Carmen Mory den Entscheid vor einer Stunde persönlich eröffnet. Wenn der Konsul die Verurteilte noch einmal sehen wolle, müsse er sich beeilen: *You better hurry up.*

Wie hat sie es aufgenommen?, fragte der Konsul, nachdem er die Sprache wieder gefunden hatte.

Sie hat gelacht, antwortete Le Cornu abweisend, und der Konsul stellte sich dieses Lachen unwillkürlich vor: verzweifelt, einem Schluchzen nahe, mit verzerrtem Mund. Einen Augenblick lang stand sie wieder vor ihm, zum Greifen nah; er erschrak und verjagte den Spuk mit aller Willensanstrengung.

Schon am nächsten Morgen, gerade als der Konsul wegfahren wollte, ließ ihn Le Cornu erneut ans Telefon holen. Diesmal klang seine Stimme weniger forsch; er bemühte sich sogar um einen einfühlsamen Ton. Ich habe Ihnen eine betrübliche Mitteilung zu machen, sagte er, Carmen Mory ist tot.

Der Herzschlag des Konsuls schien einen Augenblick auszusetzen.

Es ist ihr leider gelungen, sich selber zu richten, fuhr Le Cornu fort. Wir verstehen nicht, wie das geschehen konnte. Das Wachpersonal hat versagt. Wir werden selbstverständlich schärfste Sanktionen ergreifen. Er stockte. Auch der Konsul schwieg; ihre Atemzüge vermischten sich.

Schließlich sagte der Konsul tonlos: Was wissen Sie über die näheren Umstände?

Le Cornu räusperte sich: Am Vortag habe bereits Doktor Treite Selbstmord verübt; danach habe man die Wachen massiv verstärkt. Dennoch seien Carmen Mory und Dorothea Binz in den Besitz einer Rasierklinge gelangt; er, Le Cornu, werde herausfinden, wer sie ihnen in die Zelle geschmuggelt habe, selbst der Gefängnisgeistliche stehe unter Verdacht. Die beiden Frauen hätten sich nach dem Lichterlöschen, gut versteckt unter der Decke und völlig lautlos, die Pulsadern aufgeschnitten; Carmen Mory habe sich zudem am Hals einen tiefen Schnitt zugefügt, deswegen sei sie, als ein Seufzen die beiden Wärterinnen an der Tür misstrauisch gemacht habe, bereits verblutet gewesen, während man Dorothea Binz glücklicherweise habe retten können.

Warum glücklicherweise?, fragte sich der Konsul im panischen Bestreben, hinter dem, was Le Cornu brockenweise erzählte, eine geheime Logik zu entdecken.

Le Cornu schilderte ausführlich, wohl um sich selber zu beruhigen, wie im Weiteren das Räderwerk der Gefängnisbürokratie, die vorher versagt hatte, fehlerfrei funktionierte: Die Aufseherin Schregel habe um halb drei Uhr morgens den Inspektor vom Dienst, Hartmann, und den Anstaltsarzt, Herrn Doktor Otto, alarmiert; diese seien kurz danach eingetroffen. Man habe vergeblich versucht, die Mory ins Leben zurückzurufen, die Blutung bei der Binz indessen erfolgreich gestillt. Eine Stunde später sei auch er, Le Cornu, informiert worden.

Der Konsul hörte schweigend zu, er fragte nicht nach, bezeugte auch an keiner Stelle sein Verständnis. Am Schluss fragte Le Cornu, ob der Konsul die Tote sehen wolle; alle erforderlichen Formulare seien ausgefüllt und unterzeichnet. Carmen Mory liege aufgebahrt im Keller des Gefängnisses, sie sei schon gewaschen und ins Totenhemd gekleidet.

Nein, antwortete der Konsul, erneut von Panik gestreift, ich brauche sie nicht zu sehen, ich bezweifle ja nicht, dass ... Die Stimme versagte ihm.

Wie Sie meinen. Le Cornus Verhalten kühlte sich noch einmal um einige Grade ab. Die Tote – er gebrauchte nun konsequent diesen Begriff – hat übrigens einen Brief an mich hinterlassen, in dem sie ihre Tat begründet.

Was steht darin?, fragte der Konsul.

Er hörte Papiergeraschel, und nach einer Pause sagte Le Cornu: Ich lese Ihnen nicht alles vor. Der Anfang lautet: *Es tut mir Leid, aber ich kann Ihre britische Hinrichtung nicht abwarten ...* Und hier steht: *Es ist ein schwerer Tod, aber es ist mein Tod ...* Dann beteuert sie erneut ihre Unschuld. Am Schluss schreibt sie: *Millionen wurden in Deutschland gehängt und erschossen. Ich teile ihr Los, gemordet von den Briten, gezwungen, mich selbst zu töten. Versuchen Sie nicht herauszufinden, wie ich die Rasierklinge bekam. Es war sehr einfach, und keiner ist zu tadeln.* Danach die Unterschrift. Das ist alles.

Le Cornu hatte monoton gelesen, den Gefühlsgehalt der Sätze heruntergespielt; dennoch empfand sie der Konsul

als für ihn bestimmte Wurfangeln, die sein Fleisch aufrissen. Es gebe noch andere Briefe, sagte Le Cornu, darunter einen an Anne Spörry. Doktor Zippel, den man bereits benachrichtigt habe, meine, über diesen Brief solle der Schweizer Konsul verfügen, da ja das Schicksal der Empfängerin ungewiss sei. Er, der Konsul, werde selbstverständlich auch eine Kopie des Nachlassverzeichnisses erhalten, damit er Kontakt mit den Erben in der Schweiz aufnehmen und für einen reibungslosen Transfer sorgen könne.
Wo wird sie begraben?, fragte der Konsul.
Darüber können Sie mit entscheiden, entgegnete Le Cornu. Eine Überführung in die Schweiz wird ja wohl nicht gewünscht. Schon der Kosten wegen, nicht wahr? Er lachte trocken. Wir werden Ihnen sagen, ab wann die Leiche freigegeben ist. Das Klügste wäre wohl ein anonymes Grab auf dem Friedhof Ohlsdorf.
Das Klügste? Dem Konsul entglitt zusehends der Sinn von Le Cornus Worten. Wie meinen Sie das?
Nun ja, es gibt wohl Namen, die der Nachwelt eher erhalten bleiben sollten als ausgerechnet der Name Mory. Ich jedenfalls, Herr Konsul, bin froh, dass eine Angelegenheit, welche die Beziehung zwischen unsern Ländern belastet hat, hiermit bereinigt ist.
Bereinigt, dachte der Konsul. Bereinigt. Und das Wort schoss, wie eine eingesperrte Fliege, kreuz und quer durch sein Gehirn. Aber Le Cornu hatte ja Recht. War nicht auch er, der Konsul, erleichtert?

Hamburg, April bis Juni 1947

Den Brief an Anne Spörry hatte Carmen Mory bereits am dreiundzwanzigsten Februar geschrieben; doch er war von der Gefängnisverwaltung zurückbehalten worden.
Mein Leben, las der Konsul, ist ein einziger schrecklicher Alptraum. Die Zelle wenig größer als ein Sarg. Keine Kleider. Äußerste Kälte. Essen ohne Gabel und Messer. Wie ein Tier. Im KZ konnte man wenigstens ums nackte Leben kämpfen. Und meine Todeszelle in Frankreich, 1940, war, verglichen damit, das reinste Palace-Hotel ... Das ist mein letzter Brief an dich, kleine Ann; ich weiß nicht einmal, ob er dich erreichen wird. Denke bitte nicht, dass ich dir in meinem Herzen grolle; es ist nicht jedermanns Sache, ein Held zu sein ...
Und bitte vergiss nicht, der Tod bedeutet für mich keineswegs das Ende. Der Tod wird süß sein für mich nach diesen entsetzlichen Wochen, die ich im Dämmerzustand verbringe ... Ich wünsche, dass du glücklich bist ... es gibt noch viele schöne Dinge im Leben trotz dieses furchtbaren Kriegs ... Das Wandern in den Bergen – Musik – Bücher – die Gesellschaft aufrichtiger Menschen ... Ich bedaure jede Stunde, die ich in meinem Leben für nutzlose Dinge vergeudet habe. Bis zur Stunde meines Todes wirst du meine Freundin bleiben, Ann, und nichts wird dies ändern. Je t'embrasse mille fois, tout à toi. Carmen.
Der Tonfall dieses Briefs war so intensiv, dass der Konsul Carmens Stimme unwillkürlich zu hören glaubte, in allen

Nuancen von der Schmeichelei bis zur Verzweiflung, so wie sie selber zu ihm gesprochen hatte. Er legte den Brief, nur halb gelesen, beiseite, ließ die Ecke, die er zwischen den Fingern hielt, hastig los, als könne die Berührung zwischen seiner Haut und ihren Wörtern das Papier in Brand setzen. Er vertiefte sich stattdessen ins Nachlassverzeichnis und hoffte, die sachliche Aufzählung würde seine Gewissensbisse mildern. Er las:

1 *Pelzmantel, brauner Fuchs*
1 *Seidenkleid, lila mit rot*
1 *Kostüm, braun kariert, Rock mit Reißverschluss, Jacke mit Schweizer Abzeichen*
3 *Blusen, beige, mit kurzem Arm*
1 *Nachthemd, rosa kariert*
1 *Büstenhalter, rosa Kunstseide*
mehrere Schlüpfer, mattrosa Wolle mit Seide
1 *Paar dunkelblaue Pumps*
1 *Paar Stoffhausschuhe (sehr defekt)*
1 *Reisenecessaire (Leder, braun) mit 1 Pinzette, 1 Nagelreiniger, 1 Blechschachtel mit Augenbrauentusche, 1 Pappschachtel mit Rouge, 1 Nickelseifendose*
1 *Lederhandtasche (Krokodil mit Wildlederfutter und 3 Innentaschen, darin:*
1 *Geldbörse, schwarz, Saffian, mit RM 0.60 Inhalt, mehrere verbogene Stricknadeln, 2 kleine Tabletten, 1 Pulverpäckchen)*
1 *Karton mit angefangenem Wollpullover (kornblumenblau) mit dazugehörigen Wollknäueln und 1 aufgetrennte Herrensocke*
1 *Nähbeutel, darin 1 Rosenkranz, 1 Falzbein, 1 Glasröhre mit Tabletten, 3 Zigaretten*
1 *Kleiderbürste*

11 Haarnadeln
1 Schreibmappe (Pappe) mit div. handschriftlichen Aufzeichnungen, Zeitungsausschnitten, Karten und Briefen
1 engl. Bibel mit Postkarte (Bergansicht)
1 schwarzes Kreuz mit Heilandsfigur
1 Papierschnur

Nicht nur die Deutschen sind gründlich, dachte der Konsul mit einer Aufwallung von verächtlichem Hohn. Seine Hände zitterten; es dauerte eine Weile, bis er die widerspenstigen Blätter in den gelben Umschlag zurückgeschoben hatte. Er fühlte sich umzingelt, alle diese Dinge, die ihr gehört hatten, selbst die unbedeutendsten, erzählten etwas über sie; es war wie eine Totenbeschwörung. Er versuchte, an seine Pflichten zu denken; er musste dafür sorgen, dass der Nachlass sicher in die Schweiz, nach Bern, transportiert und dort Carmens Schwester ausgehändigt wurde. Sie wolle allerdings, hatte Zippel ihm mitgeteilt, nur den Pelzmantel, das Seidenkleid und den schriftlichen Nachlass. Den Rest überlasse sie gerne einer karitativen Einrichtung. Und man solle Carmen in Hamburg beerdigen; in ihrer Heimat sei niemand darauf erpicht, ihr die letzte Ehre zu erweisen.

Der Konsul zwang sich dazu, die letzten Blätter zu überfliegen, und hoffte, nun könne ihn nichts mehr erschüttern. Doch zuunterst in der Mappe fand er eine Quittung des Feuerwehr-Anwärters Engelke; er bestätigte darin, dass er die Leiche der Carmen Maria Mory am elften April 1947, um 17.30 Uhr, in Empfang genommen habe, um sie den deutschen Behörden zur Einsargung zu übergeben. Auf dem gleichen Blatt hatte jemand – vermutlich Oberst Le Cornu – vermerkt, zwei Armeefotografen hätten die Leiche zu Studienzwecken fotografiert;

die Bilder seien für die Kriegsverbrecherzentrale in London bestimmt.

Der Konsul verharrte einen Augenblick; dann knüllte er das Blatt zusammen und warf es an die Wand. Keine andere Maßnahme der Briten schien ihm so obszön wie diese; keine andere erfüllte ihn mit derartigem Zorn. Dieser starre, magere, von Krankheit gezeichnete Körper, um den zwei Männer, die Kameras vor Augen, herumtänzelten: es war schlimmer als eine Obduktion, es war eine letzte Entwürdigung, eine Machtgeste der Sieger. Er würde sie nie begreifen, diese Briten, ebenso wenig, wie er die selbstzerstörerische Arroganz der Deutschen je begriffen hatte; aber am wenigsten begriff er sich selber, den pflichtbewussten Mann, der seinen Abscheu für sich behielt, den Diplomaten, der für die Einhaltung skandalöser Regeln sorgte, statt sie zu durchbrechen; nein, er begriff sich nicht, denn tief in seinem Innern darbte der Anarchist, der aufbegehrende Held, und zugleich wusste er, dass diese Figur, mit der er sich in schlaflosen Nächten tröstete, nur eine Schimäre war. Er musste sich selber ertragen. Das Leben ging weiter. Er hob das zusammengeknüllte Blatt vom Boden auf, glättete es und legte es zu den Akten.

Carmen Mory wurde am einundzwanzigsten April, einem überhellen Frühlingstag, in einer Urne auf dem Friedhof von Ohlsdorf beigesetzt. An der kleinen Zeremonie, die Pater Moriartry trotz aller religiösen Bedenken leitete, nahm der Konsul nicht teil; er fürchtete sich davor, seine Fassung zu verlieren. Aber er und Doktor Zippel hatten den Briten die Genehmigung abgerungen, dass auf dem Grab eine schlichte Steinplatte mit dem eingemeißelten Namen und dem Geburts- und Todesjahr angebracht werden durfte. Die Kosten dafür übernahm der Konsul persönlich; er hätte sonst versuchen müssen, Carmens Schwester zur Zahlung zu bewegen; das brachte er nicht über sich. Zippel gegenüber täuschte er vor, es gebe ein für solche Fälle bestimmtes Konto der Eidgenossenschaft; er wollte nicht als Wohltäter gelten. Wo immer es um die Tote ging, spielte er perfekt die Rolle des schweizerischen Geschäftsträgers in der Britischen Besatzungszone, eines effizienten, auf Diskretion und Selbstbeherrschung bedachten Diplomaten. Zwei-, dreimal war er während des Prozesses gegenüber Mürner und Le Cornu aus der Rolle gefallen; das durfte nicht wieder passieren.

Mürner hatte auf die Todesnachricht gelassen reagiert: Man müsse Carmen Mory im Grunde genommen dankbar sein für ihren Selbstmord; er erspare der Schweiz weitere Peinlichkeiten und entlaste das Verhältnis zur britischen Regierung. Der Konsul hätte ihn damals, vor drei Wochen, am liebsten geohrfeigt, und er hätte beinahe auch Frau Amacher angeschrien, die ihre Augen aufriss und mit hörbarem Bedauern bemerkte: So hat sie sich also ihrer Strafe entzogen! Er hatte in beiden Fällen geschwiegen. Er musste den Rebellen in sich abtöten; es genügte nicht, ihn zu verstecken. Nachts, wenn er nicht schlafen konnte, flog ihn manchmal die Frage an, wie er sich wohl, durch den Zufall der Geburt nach Deutschland verschlagen, als redlicher Beamter zwischen 1933 und 1945 verhalten hätte. Dann wurde sein Kopf ganz leer, und in diese Leere schoss blitzhaft der scharfe Schmerz, den er so gut kannte.

Er nahm also, zu seiner eigenen Beschämung, nicht am Begräbnis teil. Erst sechs Wochen später – die andern Verurteilten des Ravensbrücker Prozesses waren Anfang Mai in Hameln gehängt worden – ließ er sich zum Haupteingang des riesigen Friedhofs an der Fuhlsbüttler Straße chauffieren. Er sagte Trenkel, der den Wagen bei der Mauer im Taxusschatten parkte, dass er Auskünfte von der Friedhofsverwaltung benötige und in einer halben Stunde zurück sein werde.

Im Backsteingebäude, wo die Totenregister aufbewahrt wurden, bekam er die Auskunft, Carmen Morys Grab befinde sich am andern Ende des Friedhofs, am Eingang Bramfeld, Reihe 18, Nummer 39. Er folgte der langen Allee, die an einem Wasserturm vorbeiführte. Blühender Rhododendron säumte neben Fichten und alten Eichen die Gräberreihen. Die violetten und roten Blüten hatten etwas Auftrumpfend-Üppiges an sich; man konnte dem Gedanken, dass sie sich von den Toten ernährten, nicht ausweichen.

Der Konsul kam an den Soldatengräbern des Ersten und Zweiten Weltkriegs vorbei, am Massengrab für die Bombenopfer; hier lagen die britischen Soldaten, dort die sowjetischen Kriegsgefangenen; die Reihen mit den Gräbern der Gefallenen nahmen kein Ende. Der Konsul ging und ging, beinahe zwanzig Minuten nun schon. Er begegnete kaum Menschen; in jeder Richtung gab es nichts als Gräber, Grabsteine, Grabplatten, Grabmäler, Kapellen. Er war ins Schwitzen geraten, hatte Durst, trank Wasser mit der hohlen Hand aus einem Brunnenhahn. Als er sich von einem Gärtner beobachtet fühlte, richtete er sich verlegen auf. Er fragte nach dem Eingang Bramfeld.

Noch fünf Minuten, antwortete der Mann. Bei den Polen und Niederländern.

Befinden sich dort auch die verstorbenen Häftlinge aus Fuhlsbüttel?, fragte der Konsul.

Der Gärtner schaute ihn argwöhnisch an. Kann sein. Wen suchen Sie denn?

Erst nach langem Suchen stieß er auf die Grabplatte. Sie war kaum größer als ein Aktendeckel, eingezwängt zwischen den Nachbargräbern; nur gerade ein bisschen Gras spross aus den Ritzen. Da stand ihr Name: CARMEN MARIA MORY, 1906–1947. Der Konsul berührte mit der Schuhspitze den Stein; er hatte vergessen, Blumen mitzubringen, und kam sich, angesichts der steinernen Schmucklosigkeit, kleinmütig vor, nackt und arm. Er wollte schon wieder gehen, doch etwas hielt ihn zurück, und plötzlich packte und schüttelte ihn eine unbekannte Kraft. Er fiel auf die Knie; ein Schluchzen wollte aus ihm heraus. Er presste die Hand auf den Mund, merkte, dass sie nass wurde, dass sein ganzer Körper erbebte. Er wusste, dass er deswegen gekommen war; er wusste, dass er ihr diesen Tribut geschuldet hatte, und er ahnte, dass sie ihn dennoch an jedem schlechten Tag seines künftigen Lebens heimsuchen würde.

Es dauerte ein paar Minuten; dann hatte sich der Krampf gelöst. Er wischte sich mit dem Ärmel Augen und Wangen trocken; er stand auf, klopfte Staub und Erde von den Hosen und hatte dabei das Gefühl, es sei Asche, ihre Asche, die er jetzt abschütteln müsse.

Nachbemerkung

Im Herbst 1995 sprach mich nach einer Lesung eine Zuhörerin an. Sie sei eigentlich gekommen, sagte sie, weil sie geglaubt habe, mein Roman «Die Mohrin», der eben erschienen war, handle von Carmen Mory, einer entfernten Verwandten. Ich hatte diesen Namen noch nie gehört und fragte, wer sie sei. Die Zuhörerin erzählte mir, was sie wusste. Es war wenig; aber ich ahnte vom ersten Moment an, dass mich dieser Stoff nicht mehr in Ruhe lassen würde. Eine Woche darauf begann ich mit ersten Nachforschungen. Sie zogen sich, unterbrochen von der Arbeit an andern Büchern, über zwei Jahre hin, bevor ich mit der Niederschrift begann.
Das Buch, das ich nun geschrieben habe, ist ein biographischer Roman, in dem belegbare und fiktive Elemente miteinander verschmolzen sind. Die lückenhaften Quellen, die Carmen Morys Leben und Tod dokumentieren, ließen mir genügend Freiraum für meine Erfindungen. Ich habe mich bemüht, die äußeren Stationen so genau nachzuzeichnen, wie meine Recherchen es erlaubten; ihr Innenleben jedoch verdanken die beiden Hauptfiguren, Carmen Mory und der Konsul, meiner – durch Dokumente angeregten – Phantasie.

Grundlagen zu diesem Buch

Ungedruckte Quellen
Schweizerisches Bundesarchiv in Bern

2001 (E) 1, EPD 1946–1948 Bd. 111: Carmen Maria Mory

E 2200 Hamburg 3, Bd. 1 (1945–1949), B-II-Hamburg-1: Carmen Maria Mory, Ravensbrücker Prozess

E 2200 Hamburg 3, Bd. 1 (1945–1949), B-I-23: Anna Spörry. Zürich, Prozess im Fall Carmen Mory

E 4264 1988/2 B. 382, P43658: Mory, Carmen Maria

E 4320 (B) 1990/266 Bd. 77, C. 16.212: Mory, Carmen

E 4320 (B) 1990/266 Bd. 268, C. 16.5649: Spörry, Anna

Zentrale Stelle der Landesjustizverwaltungen in Ludwigsburg

JAG 225: Strafverfahren gegen Schwarzhuber u. a. (ca. 1000 Seiten Prozessprotokolle, englisch)

Hamburger Staatsarchiv

Personalakten aus dem Zuchthaus Hamburg-Fuhlsbüttel: Gefangenenbuch Nr. 520/46, Bestandsnr. 242-1 II. Abt. 12, Mory

Nachlass Leontine Mory, Gemeindearchiv Adelboden

verschiedene Postkarten, Briefe

Gedruckte Quellen
Zeitungsberichte Dezember 1946 bis April 1947 zum Fall Mory

Der Bund, Bern; NZZ, Zürich; Hamburger Abendblatt, Hamburg; Der Spiegel, Hamburg; Sie, Hamburg; Der Sozialdemokrat, München

Fachartikel und Bücher (Auswahl)

Arndt, Ino: Das Frauenkonzentrationslager Ravensbrück, in: Dachauer Hefte 3, München 1993

Broszat, Martin: Nationalsozialistische Konzentrationslager 1933–1945, in: Buchheim, Anatomie des SS-Staates, S. 323-445, München 1967

Buchmann, Erika: Frauen im Konzentrationslager, Stuttgart 1946

Deuerlein, Ernst (Hrsg.): Der Aufstieg der NSDAP in Augenzeugenberichten, München 1974

Durrer, Bettina: Als Funktionshäftling im KZ Ravensbrück. Die Blockälteste Carmen Maria Mory, Magisterarbeit an der Universität Heidelberg, Wintersemester 1995/96

Ebbinghaus, Angelika (Hrsg.): Opfer und Täterinnen. Frauenbiographien des Nationalsozialismus, Nördlingen 1987

Elling, Hanna / Krause-Schmitt, Ursula: Die Ravensbrückprozesse vor dem britischen Militärgericht in Hamburg, in: Informationen: Studienkreis Deutscher Widerstand 17 (1992)

Fest, Joachim C.: Das Gesicht des Dritten Reiches. Profile einer totalitären Herrschaft, München 1963

Grobbecker, Kurt / Loose, Hans-Dieter / Verg, Erik (Hrsg.): ... mehr als ein Haufen Steine: Hamburg 1945–1949, Hamburg 1995

Herzog, Monika / Strebel, Bernhard: Das Frauenkonzentrationslager Ravensbrück, in: Füllberg-Stollberg, Frauen in Konzentrationslagern, Bremen 1994

Hilberg, Raul: Täter, Opfer, Zuschauer. Die Vernichtung der Juden 1933–1945, Frankfurt a. M. 1997

Klemperer, Viktor: Ich will Zeugnis ablegen bis zum letzten. Tagebücher 1933–45, Berlin 1995

Klier, Freya: Die Kaninchen von Ravensbrück. Medizinische Versuche an Frauen in der NS-Zeit, München 1994

Klüger, Ruth: weiter leben. Eine Jugend, München 1995

Kogon, Eugen: Der SS-Staat: Das System des Konzentrationslagers, München 1949

Levi, Primo: Ist das ein Mensch? Ein autobiographischer Bericht, München 1961

Levi, Primo: Die Atempause, München 1991

Levi, Primo: Die Untergegangenen und die Geretteten, München 1990

Lundholm, Anja: Das Höllentor. Bericht einer Überlebenden, Reinbek 1988

Müller, Charlotte: Die Klempnerkolonne in Ravensbrück: Erinnerungen des Häftlings Nr. 10787, Berlin 1981

Nossak, Hans Erich: Der Untergang, Erzählung, Frankfurt a. M. 1963

Pollak, Michael: Die Grenzen des Sagbaren. Lebensgeschichten von KZ-Überlebenden als Augenzeugenberichte und Identitätsarbeit, Frankfurt a. M. 1988

Rürup, Reinhard: Topographie des Terrors. Reichssicherheitshauptamt auf dem «Prinz-Albrecht-Gelände». Eine Dokumentation, Berlin 1997

Schmidt, Bernd / Schwenger, Hans (Hrsg.): Die Stunde Eins. Erzählungen, Reportagen, Essays aus der Nachkriegszeit, München 1982

Schwarz, Gudrun: SS-Aufseherinnen in nationalsozialistischen Konzentrationslagern, in: Dachauer Hefte 10 (1994)

Strebel, Bernhard. Verlängerter Arm der SS oder schützende Hand? Drei Fallbeispiele von weiblichen Funktionshäftlingen im KZ Ravensbrück, in: Werkstatt Geschichte 4 (1995)

Vermehren, Isa: Reisen durch den letzten Akt, Ravensbrück, Buchenwald, Dachau. Eine Frau berichtet, Hamburg 1979

Widmer, Paul: Die Schweizer Gesandtschaft in Berlin. Geschichte eines schwierigen diplomatischen Postens, Zürich 1997

Ich danke ganz besonders auch für Auskünfte und mündlichen Rat: Jakob Aellig, Adelboden, Tobias Kästli, Bern, Ernst Oester, Adelboden, Bettina Durrer, Heidelberg, Monika Herzog, Ravensbrück, Paul Widmer, Berlin, Eva Wyss, Bern/Hamburg

Der Verlag dankt Stadt und Kanton Bern
für die Förderung dieses Werks.

Aktuelle Informationen, Dokumente über
Autorinnen und Autoren, Materialien zu Büchern:

Besuchen Sie uns auf Internet: www.naki.ch

3. Auflage 1999

© 1999 Verlag Nagel & Kimche AG, Zürich
Alle Rechte der Verbreitung, auch durch Film, Funk und
Fernsehen, fotomechanische Wiedergabe, Tonträger,
elektronische Datenträger und auszugsweisen Nachdruck,
sind vorbehalten.
Umschlag: Layout Liaison Corinne Oetiker & Ronny Stocker
unter Verwendung von zwei Fotografien von Carmen Mory
© dpa Deutsche Presse Agentur
Vorsatz: Staatsarchiv Hamburg: 242-1 II, Gefängnisverwaltung II,
Abt. 12-Mory.
Foto: Horst Tappe
ISBN 3-312-00250-8